de.mo.cra.ci.a
substantivo feminino

O GEN | Grupo Editorial Nacional – maior plataforma editorial brasileira no segmento científico, técnico e profissional – publica conteúdos nas áreas de concursos, ciências jurídicas, humanas, exatas, da saúde e sociais aplicadas, além de prover serviços direcionados à educação continuada.

As editoras que integram o GEN, das mais respeitadas no mercado editorial, construíram catálogos inigualáveis, com obras decisivas para a formação acadêmica e o aperfeiçoamento de várias gerações de profissionais e estudantes, tendo se tornado sinônimo de qualidade e seriedade.

A missão do GEN e dos núcleos de conteúdo que o compõem é prover a melhor informação científica e distribuí-la de maneira flexível e conveniente, a preços justos, gerando benefícios e servindo a autores, docentes, livreiros, funcionários, colaboradores e acionistas.

Nosso comportamento ético incondicional e nossa responsabilidade social e ambiental são reforçados pela natureza educacional de nossa atividade e dão sustentabilidade ao crescimento contínuo e à rentabilidade do grupo.

democracia s.f. (1671 cf. RB) POLÍTICO 1 governo do povo; governo em que o povo exerce a soberania 2 sistema **Ana Lúcia Arraes de Alencar** político cujas ações atendem aos interesses populares 3 governo no qual o povo toma as decisões **Ana Maria Alves Ferreira** importantes a respeito das **Claudia Politanski** políticas públicas, não de forma **Eliane Cantanhêde** ocasional ou circunstancial, **Janete Vaz** mas segundo princípios permanentes de legalidade **Leila Melo** 4 sistema político comprometido com a igualdade **Lucinéia Possar** ou com a distribuição equitativa de poder **Mara Gabrilli** entre todos os cidadãos 5 governo que acata **Maria Cristina Irigoyen Peduzzi** a vontade da maioria da **Maria Elizabeth Guimarães Teixeira Rocha** população, embora respeitando os direitos e a livre expressão das minorias **Maria Nazareth Farani Azevêdo** 6 por extensão: país em que prevalece um governo democrático **Maria Sylvia Zanella Di Pietro** <ele é cidadão de uma autêntica d.> 7 por extensão: força política comprometida com os ideais democráticos **Maria Tereza Aina Sadek** <a d. venceu as eleições naquele país> 8 figura: pensamento que preconiza a soberania popular **Mónica I. Castillo Arjona** <a d. ganhou espaço na teoria política> 9 d. direta POLÍTICO **Noemia Porto** forma de organização política em que o povo controla diretamente a **Renata Gil** gestão da sociedade, sem delegar poderes significativos **Sylvia Helena Steiner** ou conceder autonomia de ação a representantes ou mandatários [Tende a se

de.mo.cra.ci.a
substantivo feminino

Organizadora encontrar apenas em grupos sociais de pequenas dimensões, tais como algumas cidades **Grace Mendonça** - Estados na Antiguidade grega] por oposição: a democracia representativa • d. econômica POLÍTICO conjunto de teorias de inspiração socialista, sociodemocrata, anarquista ou cooperativista, que propugnam a extensão das práticas políticas democratizantes das sociedades liberais para o âmbito econômico, abarcando ideias heterogêneas como socialização dos meios de produção, **Prefácio** gerenciamento participativo, autogestão, cogestão etc.; democracia industrial por oposição a **Carlos Ayres Britto** democracia política • d. industrial POLÍTICO mesmo que democracia econômica • d. liberal POLÍTICO regime político inspirado nos ideais iluministas que guiaram a Revolução Francesa, baseado nas ideias de soberania popular, separação de poderes, representatividade política, liberdade individual, impondo limites ao poder público e multipartidarismo, por oposição a democracia popular • d. popular POLÍTICO cada um dos regimes políticos que se constituíram inspirados no modelo de Estado socialista da antiga União Soviética (monopartidário ou não), tendo como programa a construção da sociedade comunista, por oposição a democracia liberal • d. representativa POLÍTICO organização social em que o povo, através de eleições, outorga mandatos a representantes que passarão a exercer autoridade em seu nome, por oposição a democracia direta. ETIMOLOGIA: grego: *demokratía*, de dêmos 'povo' + kratía 'força, poder' (do v. gr. kratéo 'ser forte, poderoso') adaptação ao latim tardia: democratia,ae 'id.', prov. através do fr. démocratie (1370 em Nicole D'Oresme, 1694 no sentido moderno); atribui-se à influência do francês a prosódia desse vocábulo em português; ver dem(o)- e -cracia. ANTÔNIMO absolutismo, aristocracia, autocracia, autoritarismo, cesarismo, despotismo, elitismo.

■ O autor deste livro e a editora empenharam seus melhores esforços para assegurar que as informações e os procedimentos apresentados no texto estejam em acordo com os padrões aceitos à época da publicação, e todos os dados foram atualizados pelo autor até a data de fechamento do livro. Entretanto, tendo em conta a evolução das ciências, as atualizações legislativas, as mudanças regulamentares governamentais e o constante fluxo de novas informações sobre os temas que constam do livro, recomendamos enfaticamente que os leitores consultem sempre outras fontes fidedignas, de modo a se certificarem de que as informações contidas no texto estão corretas e de que não houve alterações nas recomendações ou na legislação regulamentadora.

■ Fechamento desta edição: 09.04.2021

■ O Autor e a editora se empenharam para citar adequadamente e dar o devido crédito a todos os detentores de direitos autorais de qualquer material utilizado neste livro, dispondo-se a possíveis acertos posteriores caso, inadvertida e involuntariamente, a identificação de algum deles tenha sido omitida.

■ **Atendimento ao cliente:** (11) 5080-0751 | faleconosco@grupogen.com.br

■ Direitos exclusivos para a língua portuguesa
Copyright © 2021 by
Editora Forense Ltda.
Uma editora integrante do GEN | Grupo Editorial Nacional
Travessa do Ouvidor, 11 – Térreo e 6º andar
Rio de Janeiro – RJ – 20040-040
www.grupogen.com.br

■ Reservados todos os direitos. É proibida a duplicação ou reprodução deste volume, no todo ou em parte, em quaisquer formas ou por quaisquer meios (eletrônico, mecânico, gravação, fotocópia, distribuição pela Internet ou outros), sem permissão, por escrito, da Editora Forense Ltda.

■ Capa: Fabricio Vale
Imagem de capa: verbete "Democracia". INSTITUTO HOUAISS. *Houaiss - Dicionário de língua portuguesa*. São Paulo: Objetiva, 2009.

■ **CIP – BRASIL. CATALOGAÇÃO NA FONTE.**
SINDICATO NACIONAL DOS EDITORES DE LIVROS, RJ.

Democracia: substantivo feminino / Ana Lúcia Arraes de Alencar... [et al.]; organização Grace Mendonça. – 1. ed. – Rio de Janeiro: Forense, 2021.

Inclui bibliografia
ISBN 978-65-596-4052-2

1. Direito fundamental – Brasil. 2. Direitos das mulheres – Brasil. 3. Democracia-Brasil. I. Alencar, Ana Lúcia Arraes de. II. Mendonça, Grace.

21-69881   CDU: 342.7-055.2(81)

Leandra Felix da Cruz Candido – Bibliotecária – CRB-7/6135

Organizadora

Grace Mendonça

Advogada, Mestre em Direito Constitucional, Especialista em Direito Processual Civil, Membro Consultivo da Comissão de Estudos Constitucionais do Conselho Federal da Ordem dos Advogados do Brasil. Autora de artigos jurídicos e palestrante. Foi a primeira mulher a assumir o posto de Ministra Chefe da Advocacia-Geral da União (2016-2018), Instituição na qual atuou como advogada pública perante o Supremo Tribunal Federal (2001-2018) em temas de relevância nacional, tendo alcançado a marca de 100 (cem) sustentações orais na Tribuna da Corte. Trabalhou como mediadora em questões de diferenciada complexidade, como no Acordo dos Planos Econômicos – atuação agraciada com o prêmio Innovare, edição 2018, e eleita como caso contencioso do ano de 2017 pela *Latin Lawyer*. Foi cofundadora e Presidente da Associação Latino-Americana de Advocacias e Procuradorias de Estado – ALAP. Foi professora da Universidade Católica de Brasília (2002-2015) e agraciada com mais de 20 comendas e títulos.

Autoras

Ana Lúcia Arraes de Alencar

Ministra do Tribunal de Contas da União desde 2011. Corregedora e Vice-Presidente da Corte no biênio 2019-2020. Deputada Federal pelo Estado de Pernambuco, 2007-2011. Membro titular da Comissão de Defesa do Consumidor, 2007-2010. Distinções Honrosas: Ordem do Mérito dos Guararapes (Governo de Pernambuco), Medalha do Mérito Judiciário do TRT (por duas vezes) por relevantes serviços prestados ao Judiciário pernambucano, Diploma Destaque Político Caxangá Ágape. Bacharel em Direito.

Ana Maria Alves Ferreira

Auditora Federal de Controle Externo no Tribunal de Contas da União. Diretora na Secretaria de Controle Externo da Saúde no TCU de 2008 a 2016. Especialista Sênior em projetos na área de auditoria da saúde de 2016 a 2018.

Especialista em Auditoria Interna e Externa. Graduada em Ciências Contábeis pela Universidade de Brasília. Bacharel em Direito.

Claudia Politanski

Vice-presidente do Itaú Unibanco e líder das áreas de pessoas, jurídico, relações governamentais e institucionais, comunicação corporativa e marketing. É vice-presidente da Federação Brasileira de Bancos (Febraban) e integra o conselho do Hospital Israelita Albert Einstein. Bacharel em Direito pela Universidade de São Paulo, possui LL.M. pela University of Virginia e MBA pela Fundação Dom Cabral.

Eliane Cantanhêde

Jornalista formada pela UnB, colunista do jornal Estado de S. Paulo e comentarista do telejornal "GloboNews em Pauta" e das rádios Eldorado (SP) e Jornal (PE). Foi diretora das sucursais em Brasília de *O Globo*, *Gazeta Mercantil* e *Folha de S.Paulo*, jornal em que também foi colunista por 17 anos. Autora de *José Alencar, amor à vida*, biografia do ex-presidente da República editada pela Sextante.

Janete Vaz

Cofundadora e Vice-Presidente do Grupo Sabin, um dos maiores *players* de medicina diagnóstica do país, que está presente, no Brasil, em doze estados e no Distrito Federal. Farmacêutica-bioquímica pela Universidade Federal do Goiás, possui MBA em Gestão de Negócios pelo Instituto Nacional de Pós-Graduação (INPG) e MBA em Gestão Empresarial pela Fundação Dom Cabral (FDC). Foi eleita em 2016 e 2017, pela *Revista Forbes*, como uma das mulheres mais poderosa do Brasil e como uma das mulheres de destaque do setor de saúde. Por dois anos consecutivos, também foi eleita uma das melhores gestoras de empresas do Brasil, pela *Revista Valor Liderança*, à frente do Grupo Sabin.

Leila Melo

Diretora executiva da área jurídica, ouvidoria, comunicação e relações governamentais e sustentabilidade do Itaú Unibanco, graduou-se em Direito pela USP, cursou especialização em Direito Financeiro e Mercado de Capitais no Ibmec, além de ter trabalhado atuado em Nova York por um ano no escritório Debevoise & Plimpton. Participou também do programa Women Up – promovido pela McKinsey & Company, Inc., além de atuar como Diretora e Membro do Conselho da WILL Latin America, organização não governamental que promove a discussão sobre liderança feminina nas empresas.

Lucinéia Possar

Advogada e professora de Direito. Especialista e mestre em Direito. Diretora jurídica do Banco do Brasil (BB) desde 2017. Integra também diversos conselhos das empresas do conglomerado BB, além de ocupar postos estratégicos em instituições públicas e privadas.

Mara Gabrilli

Senadora. Aos 26 anos, sofreu um acidente e perdeu todos os movimentos do pescoço para baixo. Desde então, decidiu que nunca mais pararia de se mexer. Em 1997, fundou o Instituto Mara Gabrilli, organização que promove projetos esportivos, culturais e presta atendimento em comunidades carentes de São Paulo e em outras capitais. Em sua trajetória política, foi secretária municipal de São Paulo, vereadora – a mais votada da capital paulista – e deputada federal por dois mandatos consecutivos. Em uma conquista inédita para o país, em 2018, foi eleita para integrar o Comitê dos Direitos das Pessoas com Deficiência na ONU. Símbolo de força e garra, após 21 anos sem se mexer, Mara surpreendeu o mundo quando recuperou parte dos movimentos dos braços. A superação é reflexo de sua disciplina e perseverança inabalável.

Maria Cristina Irigoyen Peduzzi

Ministra Presidente do Tribunal Superior do Trabalho e do Conselho Superior da Justiça do Trabalho. Bacharel e Mestre em Direito, Estado e Constituição pela Universidade de Brasília. Presidente Honorária da Academia Brasileira de Direito do Trabalho. Ex-Conselheira do CNJ.

Maria Elizabeth Guimarães Teixeira Rocha

Ministra e ex-presidente do Superior Tribunal Militar. Doutora em Direito Constitucional pela Universidade Federal de Minas Gerais. Doutora *honoris causa* pela Universidade Inca Garcilaso de la Vega – Lima, Peru. Mestra em Ciências Jurídico-Políticas pela Universidade Católica de Lisboa, Portugal. Professora Universitária. Autora de diversos livros e artigos jurídicos no Brasil e no exterior.

Maria Nazareth Farani Azevêdo

Diplomata de carreira. Embaixadora e representante permanente do Brasil junto às Nações Unidas e organismos especializados em Genebra. Presidente dos Conselhos Executivos da Organização Mundial da Saúde (2018-19) e da Organização Mundial do Trabalho (2009-10) e facilitadora do processo de revisão do Conselho de Direitos Humanos (2010).

Maria Sylvia Zanella Di Pietro

Mestre, doutora e livre-docente pela Faculdade de Direito da USP. Professora titular aposentada pela mesma faculdade. Autora de diversas obras jurídicas.

Maria Tereza Aina Sadek

Graduada em Ciências Sociais pela Pontifícia Universidade Católica de São Paulo, mestre em Ciências Sociais pela Pontifícia Universidade Católica de São Paulo, doutora em Ciência Política pela Universidade de São Paulo e pós-doutora pela Universidade da Califórnia e pela Universidade de Londres. Atualmente, é colaboradora da Fundação Getulio Vargas – RJ, pesquisadora sênior e diretora de pesquisas do Centro Brasileiro de Estudos e Pesquisas Judiciais e professora doutora de Ciência Política da Universidade de São Paulo. Membro da Comissão de Altos Estudos em Administração da Justiça. Integrante do Conselho Consultivo Interinstitucional do Tribunal de Justiça do Estado de São Paulo. Conselheira do Conselho Nacional de Autorregulamentação Publicitária. Integrante do Conselho de Pesquisas e Estudos Eleitorais do Tribunal Superior Eleitoral. Diretora executiva do Departamento de Pesquisas Judiciárias do Conselho Nacional de Justiça de 2016 a 2018, presidência da Ministra Cármen Lúcia. Membro da Comissão de Pesquisa e Inovação da Fundação Getulio Vargas.

Mónica I. Castillo Arjona

Graduada em Direito e Ciência Política, Mestre em Direito Processual e Estudos em Métodos Alternativos de Resolução de Conflitos. Mediadora e conciliadora qualificada. Doutoranda no Programa de Direito e Ciências Sociais da Universidad Nacional de Educación a Distancia (UNED), em Madri/Espanha. Atua como Secretária-Geral e Procuradora da Administração, Suplente na Procuradoria da Administração da República do Panamá. Professora universitária desde 2003.

Noemia Porto

Juíza do Trabalho (TRT/10ª Região). Presidente da Associação Nacional dos Magistrados da Justiça do Trabalho (Anamatra – biênio 2019-2021). Doutora e mestre em Direito, Estado e Constituição pela UnB. Professora universitária. Participa do Grupo de Trabalho instituído pelo CNJ (Portaria 66/2018) para dar efetividade à Resolução nº 255 (participação feminina no Judiciário).

Renata Gil

Juíza titular da 40ª Vara Criminal do Tribunal de Justiça do Estado do Rio de Janeiro (TJRJ). Formou-se em Direito pela Universidade Estadual do Rio de Janeiro. Primeira mulher eleita à presidência da AMB. Na Amaerj, tornou-se a primeira mulher a assumir a presidência em 2016 (até 2017), sendo reeleita para o biênio 2018-2019. Na AMB, também foi vice-presidente de Direitos Humanos no triênio 2011-2013.

Sylvia Helena Steiner

Juíza do Tribunal Penal Internacional (2003-2016). Desembargadora Federal (1995-2003). Procuradora da República (1982-1995). Mestre em Direito Internacional pela Fadusp. Pesquisadora Senior da Escola de Direito da Fundação Getulio Vargas-SP. Membro da Diretoria do Instituto Eduardo Correa de Ciências Criminais, Filosofia do Direito e Direito Constitucional.

democracia s.f. (1671 cf. RB) POLÍTICO 1 governo do povo; governo em que o povo exerce a soberania 2 sistema político cujas ações atendem aos interesses populares 3 governo no qual o povo toma as decisões importantes a respeito das políticas públicas, não de forma ocasional ou circunstancial, mas segundo princípios permanentes de legalidade 4 sistema político comprometido com a igualdade ou com a distribuição equitativa de poder entre todos os cidadãos 5 governo que acata a vontade da maioria da população, embora respeitando os direitos e a livre expressão das minorias 6 por extensão: país em que prevalece um governo democrático <ele é cidadão de uma autêntica d.> 7 por extensão: força política comprometida com os ideais democráticos <a d. venceu as eleições naquele país> 8 figura: pensamento que preconiza a soberania popular <a d. ganhou espaço na teoria política> 9 d. direta POLÍTICO forma de…

Apresentação

A democracia representa uma temática que não perde a sua atualidade, na medida em que o processo democrático acompanha os avanços sociais experimentados ao longo do tempo, adaptando-se à realidade que lhe é imposta, porém, sem esvaziar a sua essência. A identidade da democracia passa pela valorização dos membros da sociedade ao conceber um espaço apropriado para que suas compreensões possam ser adequadamente contempladas.

O grande mérito do sistema democrático, certamente, é a consolidação de eixos que sustentam a inclusão de toda a universalidade de indivíduos integrantes de uma comunidade, cuja concreção ocorre tanto pelos mecanismos de participação popular e de escolha de representantes, como pela consagração de direitos fundamentais.

A Constituição da República de 1988 institui o Estado Democrático de Direito brasileiro, reconhecendo a importância dos indivíduos no fortalecimento das bases da democracia nacional e na preservação das ferramentas de integração e justiça social. As disposições constitucionais acerca dos direitos e garantias fundamentais ostentam, logo na sua abertura, o princípio da igualdade, demonstrando a importância do seu conteúdo para a proteção da pessoa e dos seus direitos, bem como para o exercício de sua cidadania.

Nesse sentido, a consecução da igualdade revela-se essencial para o desenvolvimento democrático, enquanto o exercício democrático manifesta-se crucial para a realização da igualdade.

É nesse espírito que a obra *Democracia: Substantivo Feminino* se origina, congregando mulheres de projeção nos mais diversos ramos da sociedade para compartilhar suas vivências, suas análises e suas perspectivas acerca de um tema tão caro para todos nós, como é a democracia. A obra traz a valiosa contribuição de vozes femininas ao diálogo democrático ao reunir artigos que abordam a democracia em suas múltiplas faces e profusas repercussões.

Dos pilares de sustentação da democracia à sua crise, da efetivação à inexecução de direitos, das políticas de inclusão social às ações e omissões marginalizantes, o livro brinda o leitor e a leitora com textos desenvolvidos a partir de visões diferenciadas e instigantes, em ricas conduções sobre a temática da democracia. As percepções e as análises propostas por grandes mulheres ao longo das próximas páginas seguramente servirão de inspiração a todos que vislumbram na democracia o mais eficiente modelo estruturante do Estado e de suas relações com os integrantes da sociedade.

Esperamos que a obra estimule, na leitora e no leitor, a mesma satisfação e o entusiasmo que experimentamos ao fazer parte deste projeto.

Boa leitura!

democracia s.f. (1671 cf. RB) POLÍTICO 1 governo do povo; governo em que o povo exerce a soberania 2 sistema político cujas ações atendem aos interesses populares 3 governo no qual o povo toma as decisões importantes a respeito das políticas públicas, não de forma ocasional ou circunstancial, mas segundo princípios permanentes de legalidade 4 sistema político comprometido com a igualdade ou com a distribuição equitativa de poder entre todos os cidadãos 5 governo que acata a vontade da maioria da população, embora respeitando os direitos e a livre expressão das minorias 6 por extensão: país em que prevalece um governo democrático <ele é cidadão de uma autêntica d.> 7 por extensão: força política comprometida com os ideais democráticos <a d. venceu as eleições naquele país> 8 figura: pensamento que preconiza a soberania popular <a d. ganhou espaço na teoria política> 9 o. direito POLÍTICO forma

Prefácio

É voz geral que estamos a sofrer uma crise tão grave quanto única na História da humanidade. Ao menos na História do Brasil, pelo número de contaminados e mortos por esse tal de Coronavírus. E é razoável entender que toda crise se define como um estado individual ou então coletivo de falta de chão sob os pés da gente. Falta de ar civilizado, falta de norte ou perspectivas, falta de inteireza ou de condições para o enfrentamento dela. Falta de efetivo controle daquilo que nos aflige. Também uma fricção ou tensionamento ou *stress* incomum. Na linguagem de Antonio Gramsci, ela se traduz naquela conturbada situação em que "O velho resiste em morrer e o novo não consegue nascer".

Se a crise é mesmo esse estado de maiores ou até de incomuns dificuldades, é absolutamente necessário achar as respectivas portas de saída. Ou conceber do nada essas portas, que para isso é que servem imaginação, espírito público, solidariedade, tudo passível de cumulativo emprego. Como dizia Albert Einstein, "É preciso fazer das dificuldades, oportunidades". No que foi antecedido por Francis Bacon, para quem "O homem deve criar as oportunidades, e não somente encontrá-las". E no que foi seguido pelos pensadores Hannah Arendt, Clarice Lispector e Fernando Sabino, a ponto deste último chegar a dizer, tão poética quanto hiperbolicamente, que "É preciso fazer da queda um passo de dança".

Pois bem, no curso desse tristíssimo desembestar do Coronavírus (fale-se por esta forma), a grande ministra, profissional e jurista Grace Mendonça deu de reunir um também qualificadíssimo grupo de mulheres para editar este livro de primorosos escritos sobre que focado tema? O tema "primus inter pares" da democracia. Por que assim? Porque a democracia é o princípio maior da nossa Constituição. O princípio que, se eficientemente observado, nos tirará dessa crise pelo modo também mais legítimo e eficiente. Além de evitar recidivas em futuros governos, embora no âmbito mais específico do Direito em geral e da Constituição mesma em especial. O que não é pouco, enfatize-se, pois em qualquer país civilizado as relações sociais de relevância intrínseca ou por definição afunilam é para o Direito Positivo. E dentro do Direito, para o Poder

Judiciário. Isso pela mediação de um Sistema de Justiça de que fazem parte o Ministério Público, a Advocacia Pública e privada e as Defensorias Públicas.

Com efeito, não podia haver mais estratégica escolha temática. É que democracia é o regime que melhor organiza, favorece ou estimula o consenso e civiliza ou torna respeitoso o dissenso (confronto é outra coisa). Além do único verdadeiramente apto a impedir que eventuais governantes subjetivamente autoritários venham a emplacar ou efetivar governos objetivamente autoritários. Explico por maneira mais alongada, nas linhas que seguem, tendo em vista a proeminência constitucional da matéria.

Prossigo, então: a democracia é o princípio maior da Constituição brasileira. O princípio dos princípios. O princípio-continente, de que tudo o mais é conteúdo: institutos jurídicos e instituições igualmente jurídicas. Em linguagem metafórica, o princípio erigido a menina-dos-olhos da nossa Lei Maior. Por isso que tipificado como o princípio que mais repassa os seus conteúdos para todas as normas dela própria, Constituição. Logo, aquele princípio que se faz mais diretamente presente nos outros, o que já implica dizer que todos esses outros princípios devem se reconduzir a ela, democracia, tão sistemicamente quanto por definição. Daí por que esse princípio maior:

I — com o nome de "Estado democrático", é citado no preâmbulo da Constituição como o objetivo por excelência da Assembleia Nacional Constituinte que, entre nós, funcionou de 1/2/1987 a 5/10/1988. Mesmo nome do TÍTULO V, didaticamente alusivo às Forças Armadas do Brasil. E ainda como bem jurídico de titularidade tão coletiva quanto posto a salvo da "ação de grupos armados, civis ou militares" (inciso XLIV do art. 5°);

II — sob a designação de "Estado Democrático de Direito", comparece na cabeça do art. 1° da Constituição de 1988 como o princípio-mor em que se constitui a nossa "República Federativa";

III — debaixo da locução "regime democrático", se põe como um dos princípios balizadores da "criação, fusão, incorporação e extinção de partidos políticos", assim como dever de defesa por parte de todo o Ministério Público do Brasil (aqui, art. 127, cabeça; ali, art. 17, também em seu dispositivo capitular, ambos da Constituição nacional).

É exatamente por efeito de dispositivos dessa envergadura que a democracia brasileira se constitui em parâmetro por excelência da interpretação de todos os Poderes, Instituições e funções estatais. Tanto quanto das instituições privadas que tenham na Constituição mesma a sua primeira referência normativa. Isso a partir dos "fundamentos" em que se estrutura e dos "objetivos fundamentais" a que se propõe alcançar (aqui, art. 3°; ali, art. 1°, ambos de direta enunciação constitucional). Pelo que encarna o princípio que superlativamente imprime à nossa Lei das Leis a característica instrumental da mais refinada lógica sistêmica. Do que resulta, mais do que a preservação, a exaltação do princípio da unidade material da Constituição. O instrumental a serviço do material, destarte.

Enfim, são estes os escritos que assino como tentativa de dar por cumprido o dificílimo encargo de corresponder ao honroso convite para prefaciar tão meritório quanto necessário livro.

Carlos Ayres Britto
Ministro aposentado do STF

Sumário

O Trabalho como Pilar da Democracia
Maria Cristina Irigoyen Peduzzi... 1

Representação Política das Mulheres no Parlamento
Maria Elizabeth Guimarães Teixeira Rocha.. 19

Liberdade de Expressão e Vedação ao Autoaniquilamento da Democracia
Grace Mendonça... 55

A Participação Feminina na Política como Pilar da Democracia
Ana Lúcia Arraes de Alencar e Ana Maria Alves Ferreira................................. 63

Sem Mulheres não Existe Democracia
Mara Gabrilli... 73

Reflexos da Atuação Administrativa na Efetivação de Direitos Fundamentais
Maria Sylvia Zanella Di Pietro.. 77

Democracia Formal, Democracia Real
Eliane Cantanhêde.. 97

Os Desafios para a Liderança Empresarial Feminina no Brasil
Janete Vaz... 103

Democracia: Uma Construção Contínua
Maria Tereza Aina Sadek 119

Mulheres, Diplomacia e Democracia: de Bertha Lutz aos Dias de Hoje
Maria Nazareth Farani Azevêdo 135

Os Desafios da Democracia Corporativa na Perspectiva de Gênero
Lucinéia Possar 169

A Universalidade dos Direitos Humanos e os Desafios à Sua Implementação
Sylvia Helena Steiner 191

Uma Jornada para o Empoderamento Financeiro das Mulheres Empreendedoras no Brasil
Claudia Politanski e Leila Melo 201

Os Desafios da Mulher na Política e no Judiciário
Renata Gil 225

Igualdade de Gênero, Judiciário e Política Associativa
Noemia Porto 235

A Democracia na América Latina no Século XXI e o Papel da Mulher
Mónica I. Castillo Arjona 251

democracia s.f. (1671 cf. RB) POLÍTICO 1 governo do povo; governo em que o povo exerce a soberania 2 sistema político cujas ações atendem aos interesses populares 3 governo no qual o povo toma as decisões importantes a respeito das políticas públicas, não de forma ocasional ou circunstancial, mas segundo princípios permanentes de legalidade 4 sistema político comprometido com a igualdade ou com a distribuição equitativa de poder entre todos os cidadãos 5 governo que acata a vontade da maioria da população, embora respeitando os direitos e a livre expressão das minorias 6 por extensão: país em que prevalece um governo democrático <ele é cidadão de uma autêntica d.> 7 por extensão: força política comprometida com os ideais democráticos <a d. venceu as eleições naquele país> 8 figura: pensamento que preconiza a soberania popular <a d. ganhou espaço na teoria política> 9 d. direta POLÍTICO forma

O Trabalho como Pilar da Democracia

MARIA CRISTINA IRIGOYEN PEDUZZI

1. INTRODUÇÃO

A Constituição de 1988 estabeleceu que a República Federativa do Brasil constitui-se em Estado Democrático de Direito, alicerçado sobre os seguintes fundamentos: soberania, cidadania, dignidade da pessoa humana, valores sociais do trabalho e da livre-iniciativa e pluralismo político.

A partir desses fundamentos, é possível constatar que a democracia brasileira tem como pilares os valores sociais do trabalho e da livre-iniciativa.

Neste artigo, a premissa de que o trabalho é pilar da democracia será melhor estudada a partir da análise do constitucionalismo, com especial atenção para o objetivo de se assegurar tanto liberdade quanto igualdade nas relações de trabalho, de forma a se garantir a autonomia privada.

Para tanto, serão desenvolvidos os conceitos de democracia e justiça, bem como será analisada a centralidade do trabalho na vida de cada cidadão brasileiro a partir das metamorfoses dos modos de produzir que têm gerado mais autonomia e liberdade para quem trabalha.

Por fim, será estudado o julgado proferido pelo E. Supremo Tribunal Federal no RE 958.252, na perspectiva de que a democracia e a liberdade de contratação foram valorizadas pela jurisprudência que reconheceu a possibilidade de terceirização de mão de obra. Esse exame leva à conclusão de que o trabalho só será exercido em sua plenitude quando houver liberdade para sua contratação e gestão.

2. A IMPORTÂNCIA DA DEMOCRACIA E DA JUSTIÇA NA CONSTRUÇÃO DO ESTADO DE DIREITO

Para entender o papel do trabalho e do Direito na construção e no desenvolvimento da democracia, primeiro é preciso refletir em que ela consiste e como se define.

Democracia é um conceito que permite as mais diversas nuances de definição de acordo com a corrente filosófica, jurídica ou política a ser adotada.

Nas palavras do Ministro Luís Roberto Barroso, "o constitucionalismo democrático foi a ideologia vitoriosa do século XX" e "traduz a ideia de soberania popular, governo do povo, vontade da maioria".[1]

Alexis de Tocqueville, pensador e historiador político francês, defende que o ideal de democracia é aquele em que os indivíduos de uma sociedade usufruem em igual medida de liberdade e igualdade. Nesse sentido, ele afirma:

> Podemos imaginar um ponto extremo em que **a liberdade e a igualdade se tocam e se confundem**. (...) Se nenhum diferir, então, de seus semelhantes, ninguém poderá exercer um poder tirânico; os homens serão perfeitamente livres, porque serão todos completamente iguais; e **serão todos perfeitamente iguais porque serão completamente livres. É para este ideal que se inclinam os povos democráticos**.[2] (grifos acrescidos)

Assim, para se concretizar, a democracia exige que os indivíduos de uma sociedade usufruam tanto de igualdade quanto de liberdade, por ser o equilíbrio desses dois pilares fundamentais para que cada um possa contribuir para a política e sentir que participa das decisões que irão reger sua vida.

Nesse contexto, Alexis de Tocqueville alerta para o risco de a democracia na realidade tornar-se uma ditadura da maioria, ao não observar as pretensões das minorias, e afastar-se do ideal de igualdade e liberdade.[3]

Para o filósofo alemão Jürgen Habermas, a democracia deve ser entendida a partir de um conceito procedimental que permita a organização do debate na esfera pública sobre os mais diversos assuntos da vida entre os

---

[1] BARROSO, Luís Roberto. **O Novo Direito Constitucional Brasileiro**. Belo Horizonte: Editora Fórum, 2012. p. 25.
[2] TOCQUEVILLE, Alexis de. A democracia na América. In: WEFFORT, Francisco. C. (org.). **Os clássicos da política**. São Paulo: Editora Ática. v. 2. p. 174.
[3] TOCQUEVILLE, Alexis de. A democracia na América. In: WEFFORT, Francisco. C. (org.). **Os clássicos da política**. São Paulo: Editora Ática. v. 2. p. 172-173.

cidadãos que compartilham de direitos iguais para conseguirem alcançar uma solução comunicativa de conflitos.[4] O conceito de Habermas aproxima a democracia do pilar da igualdade nesse sentido.

A partir dessa concepção de igualdade, o limite à vontade da maioria – ou à tirania da maioria, como expressado por Tocqueville – deve ser considerado em um constitucionalismo baseado na igual consideração e no respeito por todos os cidadãos de uma sociedade, em uma perspectiva do Direito como integridade.[5]

É a Constituição o instrumento que garantirá os direitos mínimos civilizatórios para que o governo da maioria em uma democracia não se converta em tirania da maioria, a ponto de sufocar os dissidentes da política vigente.

O Estado Democrático de Direito deve ser capaz de reconhecer no texto constitucional direitos fundamentais a todos os seus cidadãos e indivíduos que transitem em seu território, de modo a garantir que a contingente minoria de um período possa, em algum momento no futuro, vir a se tornar maioria. Ou seja, a Constituição deve garantir essa igualdade procedimental no debate público (defendida por Jürgen Habermas) para que as minorias eventualmente possam convencer uma maior parcela da população de que seu ideal político deve se converter em majoritário e, com isso, ganhar proeminência na concretização de políticas públicas.

Esse deve ser o ideal de uma democracia constitucional, simplesmente porque se deve considerar, como Tocqueville bem ressalta, que "as vontades da democracia são mutáveis".[6]

Por esse mesmo entendimento, Ana Paula de Barcellos afirma que "a democracia exige mais do que apenas a aplicação da regra majoritária. É preciso que, juntamente com ela, sejam respeitados os direitos fundamentais de todos os indivíduos, façam eles parte da maioria ou não".[7]

Assim, é necessário criar um sistema em que a igualdade e a liberdade autorizem a livre circulação do pensamento e das ideias, de forma a se fomentar um ambiente que permita mudanças, possibilite transformações e esteja sempre aberto ao outro.

---

[4] HABERMAS, Jürgen. **Direito e democracia:** entre facticidade e validade. v. II. Tradução: Flábio Beno Siebeneichler. Rio de Janeiro: Tempo Brasileiro, 2011. p. 33.

[5] PEDUZZI, Maria Cristina Irigoyen. **O princípio da dignidade da pessoa humana na perspectiva do direito como integridade.** São Paulo: LTR Editora, 2009. p. 60-61.

[6] TOCQUEVILLE, Alexis de. A democracia na América. In: WEFFORT, Francisco. C. (org.). **Os clássicos da política.** São Paulo: Editora Ática. v. 2. p. 173.

[7] BARCELLOS, Ana Paula de. **A Eficácia Jurídica dos Princípios Constitucionais –** O Princípio da Dignidade da Pessoa Humana. 2. ed. Rio de Janeiro: Renovar, 2008. p. 250-252.

O outro é sempre aquele que é diferente do "eu". Nesse caso, o "eu" pode ser considerado o grupo que está detendo o poder político no momento presente e o "outro" seria aquele em condição de minoria em determinado contexto.

Retoma-se o ideal do Direito como integridade na concepção de Ronald Dworkin, para quem a democracia é justamente o governo em que os cidadãos atuam como parceiros em um coempreendimento governamental, considerando um constitucionalismo que proteja e garanta direitos e liberdades fundamentais.[8]

Em um Estado Democrático de Direito que preza pela integridade, Dworkin afirma que deve ser garantida "a possibilidade de reconhecer que os atos das outras pessoas expressam uma concepção de equidade, justiça ou decência mesmo quando nós próprios não endossamos tal concepção".[9]

Assim, a autenticidade da democracia encontra-se justamente no ideal de que todos os indivíduos sejam igualmente considerados e respeitados na busca por seus direitos e projetos para que, assim, se alcance a Justiça.

Mas o que é a Justiça? Ou, ao menos, como a Justiça pode ser compreendida em um contexto democrático?

Nesse mesmo contexto de abertura para o outro com igual consideração e respeito, Jacques Derrida afirma que "a justiça, como experiência da alteridade absoluta, é inapresentável, mas é a chance do acontecimento e a condição da história".[10]

Derrida afirma que a justiça vai além de qualquer definição que o Direito ou a política possam lhe atribuir, uma vez que consiste em uma abertura para o outro que está no "porvir".[11] Segundo essa concepção, a justiça está no porvir pelo simples fato de que é um ideal a ser alcançado, um projeto, um norte que a sociedade deve almejar e trabalhar para construir. É na abertura para o outro que residirá a justiça por vir.

---

[8] DWORKIN, Ronald. *Apud.* DARTON, Robert. DUHAMEL, Oliver (orgs.). **Democracia.** Tradução: Clóvis Marques. Rio de Janeiro: Record, 2001.
[9] DWORKIN, Ronald. **O império do Direito.** Tradução: Jefferson Luiz Camargo. São Paulo: Martins Fontes, 2003. p. 202.
[10] DERRIDA, Jacques. **Força de lei.** O "Fundamento místico da autoridade". Tradução: Leyla Perrone-Moisés. São Paulo: Editora Martins Fontes, 2010. p. 55
[11] DERRIDA, Jacques. **Força de lei.** O "Fundamento místico da autoridade". Tradução: Leyla Perrone-Moisés. São Paulo: Editora Martins Fontes, 2010. p. 54-55.

Ao tratar do conceito de justiça, a filósofa norte-americana Nancy Fraser afirma que "a justiça hoje exige tanto redistribuição como reconhecimento".[12] Para Fraser, existem dois tipos de injustiça: a injustiça econômica e a injustiça cultural.

A injustiça econômica é fundada na desigualdade socioeconômica que gera pobreza extrema e deve ser combatida com a redistribuição de recursos financeiros.[13]

Já a injustiça cultural ocorre pela falta de respeito e valorização de certos coletivos que não correspondem ao padrão dominante e pode ser resolvida por meio do reconhecimento das diferenças entre as pessoas e os grupos sociais para que todos sejam acolhidos e respeitados.[14]

Como explica Nancy Fraser, algumas condições podem ser consideradas bivalentes por abarcarem tanto a injustiça econômica quanto a injustiça cultural, como exemplo podem ser citados o gênero e a raça.[15] Por exemplo, as mulheres sofrem tanto com o estereótipo criado culturalmente que as inferioriza na sociedade, descredibilizando suas capacidades profissionais, quanto com a injustiça econômica que não remunera serviços de cuidado com a família e a casa e até uma diferença discriminatória nos salários do mercado de trabalho remunerado, fundada meramente na condição de ser mulher.[16] Nessa hipótese, são necessários tanto a redistribuição quanto o reconhecimento para as mulheres alcançarem a justiça.

Retomando a ideia de que o trabalho é pilar da democracia, é possível caracterizá-lo como um instrumento de redistribuição e de reconhecimento.

O reconhecimento pelo trabalho é construído na medida em que o labor oferece condições para a construção da identidade do ser humano que

---

[12] FRASER, Nancy. Da redistribuição ao reconhecimento? Dilemas da justiça numa era "pós-socialista". Tradução: Júlio Assis Simões. **Cadernos de Campo**, São Paulo, n. 14/15, p. 1-382, 2006, p. 231.

[13] FRASER, Nancy. Da redistribuição ao reconhecimento? Dilemas da justiça numa era "pós-socialista". Tradução: Júlio Assis Simões. **Cadernos de Campo**, São Paulo, n. 14/15, p. 1-382, 2006, p. 232.

[14] FRASER, Nancy. Da redistribuição ao reconhecimento? Dilemas da justiça numa era "pós-socialista". Tradução: Júlio Assis Simões. **Cadernos de Campo**, São Paulo, n. 14/15, p. 1-382, 2006, p. 232.

[15] FRASER, Nancy. Da redistribuição ao reconhecimento? Dilemas da justiça numa era "pós-socialista". Tradução: Júlio Assis Simões. **Cadernos de Campo**, São Paulo, n. 14/15, p. 1-382, 2006, p. 233.

[16] FRASER, Nancy. Da redistribuição ao reconhecimento? Dilemas da justiça numa era "pós-socialista". Tradução: Júlio Assis Simões. **Cadernos de Campo**, São Paulo, n. 14/15, p. 1-382, 2006, p. 233-234.

realiza o serviço, tanto de forma individual quanto de forma comunitária, o indivíduo define-se, em regra, pelo ofício que desempenha em seu cotidiano.

Já a redistribuição é alcançada pelo trabalho à medida que para todo serviço realizado é conferida uma contraprestação pecuniária que remunerará o tempo, o esforço e a energia empregados.

Considerando a definição de democracia, é possível constatar que o trabalho se apresenta como elemento garante da democracia, na medida em que concretiza liberdade e igualdade nas relações sociais.

3. O TRABALHO COMO ELEMENTO DEMOCRÁTICO NO ESTADO DE DIREITO

Os direitos fundamentais são pressupostos para o pleno exercício da democracia. Sem a liberdade de expressão e de pensamento, por exemplo, não é possível garantir a formação de uma vontade política livre, que será expressa em última instância nas urnas durante o período eleitoral, para eleger de forma democrática os representantes que governarão o povo.

Outro exemplo são os valores sociais do trabalho e da livre-iniciativa para a construção da democracia. Não é possível pensar em um Estado Democrático de Direito sem que exista liberdade para que os indivíduos exerçam seus ofícios e haja autonomia para a negociação dos frutos do trabalho. É impensável uma democracia sem a possibilidade de a livre-iniciativa empreender inovações nos modos de produzir e organizar o trabalho.

O trabalho livre é fundamento e pressuposto para o pleno desenvolvimento da democracia. Para que exista efetiva liberdade nas relações entre particulares, é essencial que existam condições para que entes privados negociem condições de trabalho, formas de organização do setor produtivo e o desenvolvimento de acordos, em uma economia globalizada e em constante transformação.

Nesse sentido, Jürgen Habermas entende que existe um vínculo necessário entre a participação pública na construção do direito, pela democracia participativa, e a dignidade da pessoa humana, a ser compreendida como princípio capaz de viabilizar a igualdade no contexto democrático.[17] Assim, direitos fundamentais e democracia são faces da mesma moeda e apresentam uma interdependência necessária para o seu mútuo aprimoramento e desenvolvimento.

---

[17] HABERMAS, Jürges. *Apud*. PEDUZZI, Maria Cristina Irigoyen. **O princípio da dignidade da pessoa humana na perspectiva do direito como integridade.** São Paulo: LTR Editora, 2009.

Em uma análise topográfica em sequência do texto constitucional, o trabalho pode ser compreendido como pilar do Estado Democrático de Direito na medida em que o artigo 1º, inciso IV, da Constituição da República estabelece que a República Federativa do Brasil tem como fundamentos "os valores sociais do trabalho e da livre-iniciativa".

Na sequência, capítulo dos direitos fundamentais, pode-se destacar a liberdade de negociação/associação e do exercício de qualquer trabalho, ofício ou profissão. Além disso, só é possível definir o trabalho em uma democracia a partir dos seguintes direitos fundamentais individuais, previstos no artigo 5º da Constituição da República de 1988:

> XIII – é livre o exercício de qualquer trabalho, ofício ou profissão, atendidas as qualificações profissionais que a lei estabelecer;
>
> (...)
>
> XVII – é plena a liberdade de associação para fins lícitos, vedada a de caráter paramilitar;
>
> XVIII – a criação de associações e, na forma da lei, a de cooperativas independem de autorização, sendo vedada a interferência estatal em seu funcionamento;
>
> (...)
>
> XXII – é garantido o direito de propriedade;

Desse modo, são pressupostos do trabalho em um contexto democrático a existência de liberdades, entre elas, destacam-se: liberdade para exercer ofício ou profissão, liberdade de associação, liberdade para criar cooperativas (o que inclui cooperativas de trabalho, como, por exemplo, cooperativas de táxi) e a liberdade de ter propriedade privada que não será alienada fora da vontade de seu legítimo dono, tampouco sofrerá intervenções estatais ou de outros particulares de forma indevida.

O direito de propriedade engloba tanto o direito sobre a força de trabalho que cada indivíduo possui e, portanto, pode escolher como irá aliená-la, quanto abarca a forma como as empresas disporão seu capital para gerir a organização do trabalho. Assegura aos particulares a disponibilidade sobre os seus bens, seja a força de trabalho, seja a organização dos meios de produção.

Além disso, é importante ressaltar que o próprio trabalho tem em si um caráter genuinamente democrático, na medida em que a maioria das pessoas trabalha. Está presente e se impõe durante a maior parte da existência do ser humano.

O trabalho é o meio pelo qual cada homem – independentemente de gênero, cor, religião, classe social, nacionalidade ou formação acadêmica – se comunica com o mundo e transforma a realidade ao seu redor. Nesse diálogo, o trabalho confere sentido e realização à vida, crescimento econômico às nações e avanços na sociedade.

Nesse sentido, Ricardo Antunes analisa a importância do trabalho para oferecer sentido à vida e da liberdade para alcançar a plena realização como ser humano:

> **E a busca de uma vida cheia de sentido, dotada de autenticidade, encontra no trabalho seu *locus* primeiro de realização**. A própria busca de uma vida cheia de sentido é socialmente empreendida pelos seres sociais para sua autorrealização individual e coletiva.
>
> (...)
>
> Na busca de uma vida cheia de sentido, a arte, a poesia, a pintura, a literatura, a música, o momento de criação, o tempo de liberdade têm um significado muito especial. Se o trabalho se torna autodeterminado, autônomo e livre, e por isso dotado de sentido, será também (e decisivamente) por meio da arte, da poesia, da pintura, da literatura, da música, do uso autônomo do tempo livre e da liberdade que o ser social poderá se humanizar e se emancipar em seu sentido mais profundo.[18] (grifos acrescidos)

Os novos modos de produzir e as novas formas de organização do trabalho – que em muito se diferenciam da tradicional relação de emprego, regulada na CLT de 1943 – proporcionam uma aproximação cada vez maior entre trabalho e liberdade, na medida em que permitem uma maior gestão do tempo e autonomia para o trabalhador e dos custos para o empregador.

A tradicional relação de emprego hoje tem sido em parte substituída pelo trabalho autônomo independente, em um contexto em que os serviços são contratados por meio de plataformas na Internet pelo consumidor (seja empresa, seja pessoa física) e os ofícios podem ser desempenhados tanto virtual quanto presencialmente.[19]

Essas mudanças na forma de contratação do trabalho são próprias da 4ª Revolução Industrial, que demanda um trabalhador "nômade" e com

---

[18] ANTUNES, Ricardo. **Os sentidos do trabalho: ensaio sobre a afirmação e negação do trabalho**. 2. ed. São Paulo: Editora Boitempo, 2009. p. 143.
[19] SIGNES, Adrián Todolí. **El trabajo em la era de la economia colaborativa:** la classificación jurídica de trabajadores y autónomos y los efectos de la reputación online em la economia de las plataformas virtuales. Valência: Tirant Lo Blanch, 2017. p. 19-20.

flexibilidade para desempenhar diversas habilidades e funções, sem restrições da origem territorial em que a demanda é formulada ou entregue após sua elaboração.[20]

A nova forma de produzir é definida como "economia sob demanda" (*on demand economy*), que se caracteriza pela oferta virtual de produtos e serviços via plataformas, tendo como tomadores ou consumidores empresas e pessoas físicas, sem o vínculo de emprego tradicional ou um contrato de trabalho formal.[21] Nesse novo modelo, há maior liberdade de negociação entre as partes envolvidas, em condição de igualdade, sem as antigas restrições que limitavam a autonomia privada.[22]

4. ANÁLISE DE CASOS DA APLICAÇÃO DO CONCEITO DE DEMOCRACIA NAS RELAÇÕES DE TRABALHO

O caráter democrático do trabalho e sua importância para o fortalecimento da democracia já foram reconhecidos em decisões judiciais.

Entre vários exemplos, é referência importante decisão proferida pelo E. Supremo Tribunal Federal no deslinde da controvérsia sobre a liberdade empresarial de fazer a gestão do seu modo de produzir por meio da terceirização de atividades sejam elas fim ou meio.

O Pleno do E. Supremo Tribunal Federal firmou o entendimento no RE 958.252 de que a terceirização de serviços e atividades é lícita e pode ser exercida de forma ampla, reformando entendimento do E. Tribunal Superior do Trabalho, que não a admitia em atividade-fim.

O E. STF considerou a proibição uma violação ao mandamento democrático, na medida em que estabeleceu uma restrição por meio de compilado jurisprudencial, sem observância do processo legislativo. Ou seja, criou uma proibição à livre-iniciativa e ao exercício do próprio trabalho, sem previsão legal.

A ementa desse importante julgado condensa os argumentos que deram fundamento à decisão, no sentido da valorização da livre-iniciativa na organização do trabalho, da promoção do desenvolvimento econômico,

---

[20] CUESTA, Henar Álvarez. **El futuro del trabajo vs. el trabajo del futuro.** Implicaciones laborales de la industria 4.0. Coruña: Editorail Colex, 2017. p. 129.

[21] SIGNES, Adrián Todolí. **El trabajo em la era de la economia colaborativa:** la classificación jurídica de trabajadores y autónomos y los efectos de la reputación online em la economia de las plataformas virtuales. Valência: Tirant Lo Blanch, 2017. p. 20-21.

[22] SIGNES, Adrián Todolí. **El trabajo em la era de la economia colaborativa:** la classificación jurídica de trabajadores y autónomos y los efectos de la reputación online em la economia de las plataformas virtuales. Valência: Tirant Lo Blanch, 2017. p. 21-22.

visualizando os efeitos positivos da terceirização na gestão empresarial, como o ganho em escala de produção, a geração de empregos, a especialização de atividades, entre outros fatores:

> Recurso extraordinário representativo de controvérsia com repercussão geral. Direito Constitucional. Direito do Trabalho. **Constitucionalidade da "terceirização".** Admissibilidade. Ofensa direta. **Valores sociais do trabalho e da livre-iniciativa (art. 1º, IV, CRFB). Relação complementar e dialógica, não conflitiva.** Princípio da liberdade jurídica (art. 5º, II, CRFB). **Consectário da dignidade da pessoa humana (art. 1º, III, CRFB).** Vedação a restrições arbitrárias e incompatíveis com o postulado da proporcionalidade. Demonstração empírica da necessidade, adequação e proporcionalidade estrita de medida restritiva como ônus do proponente desta. Rigor do escrutínio equivalente à gravidade da medida. **Restrição de liberdade estabelecida jurisprudencialmente. Exigência de grau máximo de certeza. Mandamento democrático. Legislativo como *locus* adequado para escolhas políticas discricionárias.** Súmula 331 TST. Proibição da terceirização. Exame dos fundamentos. Inexistência de fragilização de movimentos sindicais. **Divisão entre "atividade-fim" e "atividade-meio" imprecisa, artificial e incompatível com a economia moderna.** Cisão de atividades entre pessoas jurídicas distintas. Estratégia organizacional. Inexistência de caráter fraudulento. **Proteção constitucional da liberdade de desenho empresarial (arts. 1º, IV, e 170).** Ciências econômicas e teoria da administração. Profusa literatura sobre os efeitos positivos da terceirização. Observância das regras trabalhistas por cada empresa em relação aos empregados que contratarem. Efeitos práticos da terceirização. Pesquisas empíricas. Necessária observância de metodologia científica. **Estudos demonstrando efeitos positivos da terceirização quanto a emprego, salários, *turnover* e crescimento econômico.** Insubsistência das premissas da proibição jurisprudencial da terceirização. Inconstitucionalidade dos incisos I, III, IV e VI da Súmula 331 do TST. Afastamento da responsabilidade subsidiária da contratante por obrigações da contratada. Recurso extraordinário provido. 1. Recurso extraordinário com repercussão geral reconhecida para examinar a constitucionalidade da Súmula n.º 331 do Tribunal Superior do Trabalho, no que concerne à proibição da terceirização de atividades-fim e responsabilização do contratante pelas obrigações trabalhistas referentes aos empregados da empresa terceirizada. 2. Interesse recursal subsistente após a aprovação das Leis n.º 13.429, de 31 de março de 2017, e n.º 13.467, de 13 de julho de 2017, as quais modificaram a Lei n.º 6.019/1974 para expressamente consagrar a terceirização das

chamadas "atividades-fim", porquanto necessário não apenas fixar o entendimento desta Corte sobre a constitucionalidade da tese esposada na Súmula n.º 331 do TST quanto ao período anterior à vigência das referidas Leis, como também deliberar a respeito da subsistência da orientação sumular do TST posteriormente às reformas legislativas. 3. **A interpretação jurisprudencial do próprio texto da Carta Magna, empreendida pelo Tribunal *a quo*, revela a admissibilidade do apelo extremo, por traduzir ofensa direta e não oblíqua à Constituição.** Inaplicável, dessa forma, a orientação esposada na Súmula n.º 636 desta Egrégia Corte. Mais além, não tem incidência o verbete sumular n.º 283 deste Egrégio Tribunal, porquanto a motivação de cunho legal do aresto recorrido é insuficiente para validar o acórdão de forma autônoma. 4. **Os valores do trabalho e da livre-iniciativa, insculpidos na Constituição (art. 1º, IV), são intrinsecamente conectados, em uma relação dialógica que impede seja rotulada determinada providência como maximizadora de apenas um desses princípios, haja vista ser essencial para o progresso dos trabalhadores brasileiros a liberdade de organização produtiva dos cidadãos, entendida esta como balizamento do poder regulatório para evitar intervenções na dinâmica da economia incompatíveis com os postulados da proporcionalidade e da razoabilidade.** 5. O art. 5º, II, da Constituição consagra o princípio da liberdade jurídica, consectário da dignidade da pessoa humana, restando cediço em sede doutrinária que o "princípio da liberdade jurídica exige uma situação de disciplina jurídica na qual se ordena e se proíbe o mínimo possível" (ALEXY, Robert. **Teoria dos Direitos Fundamentais**. Trad. Virgílio Afonso da Silva. São Paulo: Malheiros, 2008. p. 177). 6. O direito geral de liberdade, sob pena de tornar-se estéril, somente pode ser restringido por medidas informadas por parâmetro constitucionalmente legítimo e adequadas ao teste da proporcionalidade. 7. O ônus de demonstrar empiricamente a necessidade e adequação da medida restritiva a liberdades fundamentais para o atingimento de um objetivo constitucionalmente legítimo compete ao proponente da limitação, exigindo-se maior rigor na apuração da certeza sobre essas premissas empíricas quanto mais intensa for a restrição proposta. 8. **A segurança das premissas empíricas que embasam medidas restritivas a direitos fundamentais deve atingir grau máximo de certeza nos casos em que estas não forem propostas pela via legislativa, com a chancela do debate público e democrático, restando estéreis quando impostas por construção jurisprudencial sem comprovação inequívoca dos motivos apontados.** 9. A terceirização não fragiliza a mobilização sindical dos trabalhadores, porquanto o art. 8º, II, da Constituição contempla a existência de apenas uma organização sindical para cada categoria profissional ou econômica, mercê de a dispersão territorial também ocorrer quando uma mesma sociedade empresarial divide a sua operação por diversas localidades distintas. 10. **A dicotomia entre "atividade-fim" e "atividade-meio" é imprecisa, artificial e ignora a dinâmica da economia moderna, caracterizada pela especialização e divisão de tarefas com vistas à maior eficiência possível, de modo que frequentemente o produto ou serviço final comercializado por uma entidade comercial é fabricado ou prestado por agente distinto, sendo também comum a mutação constante do objeto social das empresas para atender a necessidades da sociedade, como revelam as mais valiosas empresas do mundo.** É que a doutrina no campo econômico é uníssona no sentido de que as "Firmas mudaram o escopo de suas atividades, tipicamente reconcentrando em seus negócios principais e terceirizando muitas das atividades que previamente consideravam como centrais" (ROBERTS, John. **The Modern Firm**: Organizational Design for Performance and Growth. Oxford: Oxford University Press, 2007). 11. **A cisão de atividades entre pessoas jurídicas distintas não revela qualquer intuito fraudulento, consubstanciando estratégia, garantida pelos artigos 1º, IV, e 170 da Constituição brasileira, de configuração das empresas para fazer frente às exigências dos consumidores, justamente porque elas assumem o risco da atividade, representando a perda de eficiência uma ameaça à sua sobrevivência e ao emprego dos trabalhadores.** 12. Histórico científico: Ronald H. Coase, "The Nature of The Firm", **Economica** (new series), Vol. 4, Issue 16, p. 386-405, 1937. O objetivo de uma organização empresarial é o de reproduzir a distribuição de fatores sob competição atomística dentro da firma, apenas fazendo sentido a produção de um bem ou serviço internamente em sua estrutura quando os custos disso não ultrapassarem os custos de obtenção perante terceiros no mercado, estes denominados "custos de transação", método segundo o qual firma e sociedade desfrutam de maior produção e menor desperdício. 13. A Teoria da Administração qualifica a terceirização (*outsourcing*) como modelo organizacional de desintegração vertical, destinado ao alcance de ganhos de *performance* por meio da transferência para outros do fornecimento de bens e serviços anteriormente providos pela própria firma, a fim de que esta se concentre somente naquelas atividades em que pode gerar o maior valor, adotando a função de "arquiteto vertical" ou "organizador da cadeia de valor". 14. **A terceirização apresenta os seguintes benefícios: (i) aprimoramento de tarefas pelo aprendizado especializado; (ii) economias de escala e de escopo; (iii) redução da complexidade organizacional; (iv) redução de** problemas de cálculo e atribuição, facilitando a provisão de incentivos mais fortes a empregados; (v) precificação mais precisa de custos e maior transparência; (vi) estímulo à competição de fornecedores externos; (vii) maior facilidade de adaptação a necessidades de modificações estruturais; (viii) eliminação de problemas de possíveis excessos de produção; (ix) maior eficiência pelo fim de subsídios cruzados entre departamentos com desempenhos diferentes; (x) redução dos custos iniciais de entrada no mercado, facilitando o surgimento de novos concorrentes; (xi) superação de eventuais limitações de acesso a tecnologias ou matérias-primas; (xii) menor alavancagem operacional, diminuindo a exposição da companhia a riscos e oscilações de balanço, pela redução de seus custos fixos; (xiii) maior flexibilidade para adaptação ao mercado; (xiv) não comprometimento de recursos que poderiam ser utilizados em setores estratégicos; (xv) diminuição da possibilidade de falhas de um setor se comunicarem a outros; e (xvi) melhor adaptação a diferentes requerimentos de administração, *know-how* e estrutura, para setores e atividades distintas. 15. A terceirização de uma etapa produtiva é estratégia de organização que depende da peculiaridade de cada mercado e cada empresa, destacando a *opinio doctorum* que por vezes a configuração ótima pode ser o fornecimento tanto interno quanto externo (GULATI, Ranjay; PURANAM, Phanish; BHATTACHARYA, Sourav. "How Much to Make and How Much to Buy? An Analysis of Optimal Plural Sourcing Strategies." **Strategic Management Journal 34**, no. 10 (October 2013): 1145-1161). Deveras, defensável à luz da teoria econômica até mesmo a terceirização dos Conselhos de Administração das companhias às chamadas *Board Service Providers* (BSPs) (BAINBRIDGE, Stephen M.; Henderson, M. Todd. "Boards-R-Us: Reconceptualizing Corporate Boards" (July 10, 2013). University of Chicago Coase-Sandor Institute for Law & Economics Research Paper No. 646; UCLA School of Law, **Law-Econ Research Paper**, No. 13-11). 16. **As leis trabalhistas devem ser observadas por cada uma das empresas envolvidas na cadeia de valor com relação aos empregados que contratarem, tutelando-se, nos termos constitucionalmente assegurados, o interesse dos trabalhadores.** 17. A prova dos efeitos práticos da terceirização demanda pesquisas empíricas, submetidas aos rígidos procedimentos reconhecidos pela comunidade científica para desenho do projeto, coleta, codificação, análise de dados e, em especial, a realização de inferências causais mediante correta aplicação de ferramentas matemáticas, estatísticas e informáticas, evitando-se o enviesamento por omissão de variáveis ("omitted variable bias"). 18. **A terceirização, segundo estudos empíricos criteriosos, longe de "precarizar",** "reificar" ou prejudicar os empregados, resulta em inegáveis benefícios aos trabalhadores em geral, como a redução do desemprego, diminuição do *turnover*, crescimento econômico e aumento de salários, permitindo a concretização de mandamentos constitucionais como "erradicar a pobreza e a marginalização e reduzir as desigualdades sociais e regionais", "redução das desigualdades regionais e sociais" e a "busca do pleno emprego" (arts. 3º, III, e 170 CRFB). 19. A realidade brasileira, apurada em estudo específico, revela que "os trabalhadores das atividades de Segurança/vigilância recebem, em média, 5% a mais quando são terceirizados", que "ocupações de alta qualificação e que necessitam de acúmulo de capital humano específico, como P&D [pesquisa e desenvolvimento] e TI [tecnologia da informação], pagam salários maiores aos terceirizados", bem como afirmou ser "possível que [em] serviços nos quais os salários dos terceirizados são menores, o nível do emprego seja maior exatamente porque o 'preço' (salário) é menor" (ZYLBERSTAJN, Hélio *et alii*. "Diferencial de salários da mão de obra terceirizada no Brasil". CMICRO – Nº 32, **Working Paper Series**, 07 de agosto de 2015, FGV-EESP). 20. A teoria econômica, à luz dessas constatações empíricas, vaticina que, *verbis*: "Quando a terceirização permite às firmas produzir com menos custos, a competição entre firmas que terceirizam diminuirá os preços dos seus produtos. (...) consumidores terão mais dinheiro para gastar com outros bens, o que ajudará empregos em outras indústrias" (TAYLOR, Timothy. "In Defense of Outsourcing". **25 Cato J.** 367 2005. p. 371). 21. O escrutínio rigoroso das premissas empíricas assumidas pela Corte de origem revela insubsistentes as afirmações de fraude e precarização, não sendo suficiente para embasar a medida restritiva o recurso meramente retórico a interpretações de cláusulas constitucionais genéricas, motivo pelo qual deve ser afastada a proibição, em homenagem às liberdades fundamentais consagradas na Carta Magna (art. 1º, IV, art. 5º, II, e art. 170). 22. Em conclusão, a prática da terceirização já era válida no direito brasileiro mesmo no período anterior à edição das Leis n.º 13.429/2017 e n.º 13.467/2017, independentemente dos setores em que adotada ou da natureza das atividades contratadas com terceira pessoa, reputando-se inconstitucional a Súmula n.º 331 do TST, por violação aos princípios da livre-iniciativa (artigos 1º, IV, e 170 da CRFB) e da liberdade contratual (art. 5º, II, da CRFB). 23. As contratações de serviços por interposta pessoa são hígidas, na forma determinada pelo negócio jurídico entre as partes, até o advento das Leis n.º 13.429/2017 e n.º 13.467/2017, marco temporal após o qual incide o regramento determinado na nova redação da Lei n.º 6.019/1974, inclusive quanto às obrigações e formalidades exigidas das empresas tomadoras e prestadoras de serviço. 24. É aplicável às relações jurídicas preexistentes à Lei n.º 13.429, de 31 de março de 2017, a responsabilidade subsidiária da pessoa jurídica contratante pelas obrigações trabalhistas não adimplidas pela empresa prestadora de serviços, bem como a responsabilidade pelo recolhimento das contribuições previdenciárias devidas por esta (art. 31 da Lei n.º 8.212/93), mercê da necessidade de evitar o vácuo normativo resultante da insubsistência da Súmula n.º 331 do TST. 25. Recurso Extraordinário a que se dá provimento para reformar o acórdão recorrido e fixar a seguinte tese: "É lícita a terceirização ou qualquer outra forma de divisão do trabalho entre pessoas jurídicas distintas, independentemente do objeto social das empresas envolvidas, mantida a responsabilidade subsidiária da empresa contratante". (RE 958252, Relator(a): Luiz Fux, Tribunal Pleno, j. 30.08.2018, Processo Eletrônico Repercussão Geral – Mérito *DJe*-199 divulg 12-09-2019 public 13-09-2019 – grifos acrescidos)

A partir desse julgado do E. Supremo Tribunal Federal, foi fixada a tese de que "é lícita a terceirização ou qualquer outra forma de divisão do trabalho entre pessoas jurídicas distintas, independentemente do objeto social das empresas envolvidas, mantida a responsabilidade subsidiária da empresa contratante".

Mais recentemente, nos autos do RE 635.546, o E. Supremo Tribunal Federal definiu não ser possível garantir a terceirizados os mesmos direitos assegurados aos empregados da empresa pública, tomadora dos serviços. Reformou acórdão do E. Tribunal Superior do Trabalho, que assegurara a isonomia. Prevaleceu o voto do Ministro Luís Roberto Barroso, no sentido de que "a equiparação de remuneração entre empregados da empresa tomadora de serviços e empregados da empresa terceirizada fere o princípio da livre-iniciativa, por se tratarem de agentes econômicos distintos, que não podem estar sujeitos a decisões empresariais que não são suas".

Assim, é possível concluir que o pressuposto para o exercício do trabalho de forma plena é a democracia e vice-versa, ou seja, só há democracia a partir de relações de trabalho livres. É o Estado Democrático de Direito que garante que o trabalho será livre e, por isso, poderá ser realizado em sua plenitude, sem restrições incompatíveis com o desenvolvimento econômico e as revoluções tecnológicas do tempo presente.

5. CONCLUSÃO

A democracia e o constitucionalismo são faces da mesma moeda, na medida em que não existe democracia sem o exercício efetivo dos direitos fundamentais e vice-versa. A concretização da democracia pelas relações de trabalho vincula-se ao cumprimento dos princípios constitucionais da liberdade e da igualdade.

A própria construção de um Estado Democrático demanda o trabalho árduo no fortalecimento de suas instituições para que sejam construídos, desenvolvidos e aperfeiçoados os direitos e as garantias constitucionais que fomentam o que se define como democracia. Não há democracia sem trabalho, que é seu pilar.

Além dessa premissa, é importante admitir que o trabalho é o conjunto de tarefas e/ou serviços produtivos ou criativos com maior caráter democrático que se tem ciência na vida em sociedade. Essa constatação decorre do reconhecimento de que em algum momento da vida a maioria dos indivíduos dedica-se, em alguma medida, ao trabalho e, em especial, ao trabalho remunerado, do qual retira seu sustento e de sua família, constrói e desenvolve sua identidade, além de aperfeiçoar seus relacionamentos sociais e a vida em comunidade.

O conceito de democracia vincula-se, assim, aos valores trabalho, liberdade e segurança jurídica.

6. REFERÊNCIAS

ANTUNES, Ricardo. **Os sentidos do trabalho: ensaio sobre a afirmação e negação do trabalho.** 2. ed. São Paulo: Editora Boitempo, 2009.

BARCELLOS, Ana Paula de. **A eficácia jurídica dos princípios constitucionais** – O Princípio da Dignidade da Pessoa Humana. 2. ed. Rio de Janeiro: Renovar, 2008.

CUESTA, Henar Álvarez. **El futuro del trabajo *vs.* el trabajo del futuro. Implicaciones laborales de la industria 4.0.** Coruña: Editorail Colex, 2017.

DARTON, Robert; DUHAMEL, Oliver (orgs.). **Democracia.** Tradução: Clóvis Marques. Rio de Janeiro: Record, 2001.

DERRIDA, Jacques. **Força de lei.** O "Fundamento místico da autoridade". Tradução: Leyla Perrone-Moisés. São Paulo: Editora Martins Fontes, 2010.

DWORKIN, Ronald. **O império do Direito**. Tradução: Jefferson Luiz Camargo. São Paulo: Martins Fontes, 2003.

FRASER, Nancy. Da redistribuição ao reconhecimento? Dilemas da justiça numa era "pós-socialista". Tradução: Júlio Assis Simões. **Cadernos de Campo**, São Paulo, n. 14/15, p. 1-382, 2006.

HABERMAS, Jürgen. **Direito e democracia:** entre facticidade e validade. v. II. Tradução: Flábio Beno Siebeneichler. Rio de Janeiro: Tempo Brasileiro, 2011.

PEDUZZI, Maria Cristina Irigoyen. **O princípio da dignidade da pessoa humana na perspectiva do direito como integridade.** São Paulo: LTR Editora, 2009.

SIGNES, Adrián Todolí. **El trabajo em la era de la economia colaborativa:** la classificación jurídica de trabajadores y autónomos y los efectos de la reputación online em la economia de las plataformas virtuales. Valência: Tirant Lo Blanch, 2017.

TOCQUEVILLE, Alexis de. A democracia na América. In: WEFFORT, Francisco C. (org.). **Os clássicos da política.** v. 2. São Paulo: Editora Ática.

democracia s.f. (1671 cf. RB) POLÍTICO 1 governo do povo; governo em que o povo exerce a soberania 2 sistema político cujas ações atendem aos interesses populares 3 governo no qual o povo toma as decisões importantes a respeito das políticas públicas, não de forma ocasional ou circunstancial, mas segundo princípios permanentes de legalidade 4 sistema político comprometido com a igualdade ou com a distribuição equitativa de poder entre todos os cidadãos 5 governo que acata a vontade da maioria da população, embora respeitando os direitos e a livre expressão das minorias 6 por extensão: país em que prevalece um governo democrático <ele é cidadão de uma autêntica d.> 7 por extensão: força política comprometida com os ideais democráticos <a d. venceu as eleições naquele país> 8 figura: pensamento que preconiza a soberania popular <a d. ganhou espaço na teoria política> 9 d. direta POLÍTICO forma de organização política em que o povo controla livremente a gestão da sociedade, sem delegar poderes

Representação Política das Mulheres no Parlamento

MARIA ELIZABETH GUIMARÃES TEIXEIRA ROCHA

O legado da opressão pesa muito sobre as mulheres. Enquanto as mulheres estiverem vinculadas à pobreza e enquanto forem desprezadas, os direitos humanos carecerão de substância. Enquanto modos ultrapassados de pensar impedirem as mulheres de dar uma contribuição significativa à sociedade, o progresso será lento. Enquanto a nação se recusar a reconhecer o papel igual de mais da metade de si mesma, está fadada ao fracasso.

Nelson Mandela – *Longa Caminhada até a Liberdade.*

INTRODUÇÃO

DEFININDO CONCEITOS

Um quarto de século após a realização da Quarta Conferência Mundial das Nações Unidas sobre as Mulheres em Pequim,[1] as expectativas em relação à participação feminina na política tornaram-se mais palpáveis, mas não menos difíceis. Para além de atingir uma massa crítica dos assentos

---

[1] A IV Conferência Mundial sobre a Mulher: Igualdade, Desenvolvimento e Paz foi um encontro organizado pelas Nações Unidas em 1995 em Pequim, China. Participaram do evento 189 governos e mais de 5.000 representantes de 2.100 ONGs. Entre os principais temas tratados constavam: a desigualdade entre homens e mulheres na participação do poder e na tomada de decisões e a insuficiência de mecanismos existentes para promover o avanço da mulher em todos os planos.

ocupados nos parlamentos, o foco atual é a mudança de paradigma em direção à absoluta isonomia na distribuição das cadeiras congressuais. Uma meta tão ousada demanda etapas para a aceleração da mudança que ocasionará a paridade de gênero no Poder Legislativo em termos globais.

É fato ter havido, nos últimos 25 anos, um incremento na representação parlamentar feminina em nível mundial pelas mais diversas razões. Em 1995, apenas 11,3% do total de congressistas correspondiam às mulheres. Em 2015, esse número praticamente dobrou para 22,1%, e, conquanto haja diminuído nos últimos cinco anos, em 2020, tal participação gira em torno de 25%,[2] índice bastante diminuto.

À evidência, a igualdade entre os sexos que avançou para a igualdade de gênero é um direito humano fundamentalizado em grande parte das Constituições ocidentais e representa um fator decisivo para a consolidação democrática. Nesse norte, antes de adentrar especificamente no tema a ser desenvolvido nesta análise, importa definir conceitos, nomeadamente, o de gênero, a fim de projetá-lo nas representações sociais.[3]

O termo gênero origina-se do latim *genus*, que significa nascimento, família, tipo. Utilizado gramaticalmente para a classificação de palavras dividindo o masculino, o feminino e o neutro, conquanto sua origem grega *genos* e *geneã* se referissem ao sexo das pessoas, somente a partir do século XV essa associação ocorreu de fato.

No final do século XIX, início do XX, a oposição de um sistema binário heterossexual distinguiu biologicamente o ser humano, e, na década de 1930, a Teoria dos Papéis Sociais fixou as representações entre homem e mulher.

Apropriada pelos estruturalistas franceses, pela psicanálise e pela teoria feminista,[4] sua concepção cognoscitiva passou a ser concebida a partir de códigos e sistemas que regiam as convenções morais, numa novel tradução

---

[2] *Inter-Parliamentary Union*. Women in Parliament: 1995-2020. Disponível em: https://www.ipu.org/resources/publications/reports/2020-03/women-in-parliament-1995-2020-25-years-in-review. Acesso em: 20.04.2020.

[3] Segundo a definição linguística, gênero é "qualquer agrupamento de indivíduos, objetos, fatos, ideias, que tenham caracteres comuns, espécie, classe, casta, variedade, ordem qualidade, tipo". Tal definição engloba a divisão binária entre os dois sexos, homem e mulher, agrupados e agregados, por meio de características comuns, o feminino e o masculino. *Novo Aurélio – Dicionário da Língua Portuguesa*. Rio de Janeiro: Nova Fronteira, 1999.

[4] É fato que, após um certo tempo, as feministas na sua luta por direitos começaram a utilizar a palavra gênero como uma forma de entender, visualizar e referir-se à organização social da relação entre os sexos: "Eram tentativas de resistência ao determinismo biológico implícito [...] presente no uso dos termos como sexo ou diferença sexual". GUEDES, M. Eunice Figueiredo. *Gênero, o que é isso?* Scielo. 1995. Disponível em: http://www.scielo.br/scielo.php?script=sci_arttext&pid=S1414-98931995000100002. Acesso em: 20.04.2020.

cultural do biológico, definido por qualidades inerentes ao feminino e ao masculino. Distinguiu-se, então, sexo e gênero; o primeiro marcado pelo determinismo fisiológico; o segundo, culturalmente construído. Nesse sentido, quando Simone de Beauvoir afirmou, em *O Segundo Sexo*, que: "ninguém nasce mulher: torna-se mulher", deixou claro a existência de um *cogito* inaugural da nova subjetividade feminina, claramente descentrado da fisiologia.[5]

O corpo passou a ser concebido como "uma situação", consequentemente, o sexo não poderia qualificar-se como uma facticidade anatômica pré-discursiva, estável e imutável. O gênero sempre o precederá e perpassará por um sistema de signos ou significados, produto das ideias humanas, implementado e perpetuado por organizações e estruturas societárias.

Assim, a despeito do importante apoderamento feminista da categoria de gênero universal e binária para simbolizar "a luta entre homens e mulheres", contemporaneamente, houve um repensar teórico para inseri-lo na discussão sobre a interseccionalidade e a discriminação múltipla, com vistas a desvendar as opressões e os constrangimentos sob a ótica das relações de poder.

Efetivamente, a construção do ser masculino e do feminino, bem como as trajetórias dos sujeitos não são unívocas nem homogêneas, são campos de confrontos atravessados por fluxos multidirecionais. A dialeticidade reflete experiências humanas distintas e um campo de possibilidades culturais que situa o corpo num mundo em incessante transformação.

Por sua vez, as desigualdades se interconectam, interseccionam e articulam com a etnia, a idade, entre outras marcas constitutivas, a refutarem uma identidade fixa da pessoa a ser representada. Deslocar o feminismo, portanto, possibilita que não se organize a pluralidade e a mantenha aberta, pois o que é presumido acaba por restringir aqueles a quem se espera libertar. Se as identidades deixarem de ser fixas, uma nova conformação social surgirá das ruínas da antiga.

Nessa linha, Nancy Fraser e Linda J. Nicholson propuseram uma aproximação da teoria feminista ao pós-modernismo, batizado de pós-feminismo, que deixaria de lado a ideia de sujeito da história, substituindo as noções

---

[5] A condição histórica da mulher foi assim definida por Simone de Beauvoir: "Ninguém nasce mulher: torna-se mulher. Nenhum destino biológico, psíquico, econômico define a forma que a fêmea humana assume no seio da sociedade; é o conjunto da civilização que elabora esse produto intermediário entre o macho e o castrado que qualificam de feminino". *O segundo sexo*. Tradução: Sérgio Milliet. São Paulo: Difusão Europeia do Livro, 1970. vol. 2 – A experiência de vida. p. 9.

unitárias de mulher e da identidade genérica feminina por conceitos de identidade social, que são múltiplos e de constituição complexa, nos quais o gênero seria somente um traço relevante.[6]

A desnaturalização do gênero, libertando-o daquilo que Nietzsche refere-se como a metafísica da substância e sua substituição pela condição de "atributo" do ser para compreendê-lo como uma rede de conexões culturais e historicamente convergentes, é o que deve predominar no discurso hodierno.[7]

Como consequência, verifica-se um relativo abandono da teoria definidora da dominação masculina para elastecê-la a todas as pessoas excluídas e delinear o cenário generofóbico de grupos oprimidos diversos, além das mulheres, para dar espaço a modos de ser e de viver, numa fusão de horizontes que une, fragmentando.

Transpondo para o universo jurídico, a tríade liberal, fundada nos ideais da liberdade, igualdade e fraternidade, rendeu ensejo às novas inspirações como liberdade, diversidade e tolerância, ideais que informam as virtudes cívicas neste início de século. O princípio da fraternidade, pilar do Iluminismo, hodiernamente é concebido não como prática pastoral, mas como quintessência do Humanismo por excluir do confinamento o indivíduo e despertar nas relações humanas a sensibilidade de todos para com cada um. De igual modo, a tolerância sobreleva-se como atitude de respeito, pois, onde reina a tolerância, a diferença não mais é estranha ou ameaçadora.

Por certo, a credulidade do *homo sapiens* advém da confiança no contrato social; diante da dúvida, opera-se a dissolução do sujeito enquanto ser coletivo. Se o pacto comunitário não abarca a todos indistintamente, está-se diante da exceção, mais grave, da anomia, que implica ruptura da lei social, da lei edípica, representada em instância última pelo próprio Estado. A descontinuidade do senso de segurança, já que a norma fundante não mais representa algo constante, descortina o colapso do Estado. Pior, contamina a autonomia do "eu sou" pelo espectro do "eu sou assombrado", um desmonte que posterga e inviabiliza as relações humanas.

---

[6] FRASER, Nancy. Redistribuição, reconhecimento e participação: por uma concepção integrada de justiça. In: SARMENTO, D.; IKAWA D.; PIOVESAN, F. (Orgs.). *Igualdade, diferença e direitos humanos*. Rio de Janeiro: Lumen Juris, 2010.

[7] A propósito das críticas à concepção do sujeito ou à filosofia da subjetividade nos textos de Nietzsche consultar: NIETZSCHE, Friedrich Wilhelm. *Além do bem e do mal ou prelúdio de uma filosofia do futuro*. Tradução: Márcio Pugliesi. Curitiba: Hemus Livraria, Distribuidora e Editora S.A, 2001 e *A gaia ciência*. Tradução: Paulo César de Souza. São Paulo: Companhia de Bolso, 2012.

Nesse contexto, o gênero, tão bem recebido nos círculos acadêmicos por ser aparentemente mais neutro do que "mulheres" ou "feminismo", deslocou-se para fundar o atual debate em torno da "ideologia de gênero".

Por tudo isso, as relações de gênero como categoria histórica analítica transcenderam à diferença sexual puramente biológica, dando lugar a novos códigos legitimadores de produção dos saberes. Nesse caminhar, o conceito de *gender* ganhou dinamismo científico para ser entendido para além dos padrões socioculturais identificadores do masculino e do feminino, ampliando-se as concepções sobre a orientação sexual, identidades e papéis contextualizados como categoria mais *lata*, que abarca os conflitos e desafios na formação e nas escolhas pessoais ante a plasticidade dos corpos; tudo conectado com outras instâncias ou esferas – políticas, raciais, socioeconômicas etc.

O ponto-chave para o aprofundamento da presente discussão centrar-se-á, precisamente, na interseccionalidade, a traduzir-se no somatório de critérios de segregação múltipla, determinante para a compreensão das complexas lógicas de destruição da alteridade. Em realidade, quando as diferenças que inferiorizam adentram os espaços públicos, elas interrogam, confrontam e opõem-se a um regime de validade de verdades sobre o que é o mundo, mormente quando os rebaixamentos articulam desfavoravelmente com as individualidades. O que está em jogo é a "ontologia do corpo", referencial da díspar distribuição da precariedade da vida a partir de marcadores identitários. Desse modo, não se pode compreender o corpo fora da cultura nem a cultura fora dos domínios da vida social e de suas vicissitudes, uma vez que ambos inexistem temporalmente aquém dos processos históricos de construção de códigos e signos.

Numa apropriação da linguagem foucaultniana, o gênero, neste texto compreendido e trabalhado, representa o saber que estabelece significados para as diferenças corporais. Sendo um saber e, entendendo-se que saber e poder nunca estão dissociados, precisar dele adquire uma acepção eminentemente política como forma primária de dar sentido às relações de dominação que não se restringem, tão só, à sexagem, certamente um paradigma, mas não o único. Ele abarca as diferenças percebidas e hierarquizadas, as diferenças apreendidas e significadas. Diferenças que emergem por terem suprimido a multiplicidade subversiva de uma sexualidade que rompe a hegemonia heterossexual e reprodutiva.

Todo corpo vivente, mormente o dos vulneráveis, que carregam pela força de seus estereótipos identitários a violência real e a violência simbólica, muitas vezes transformada em discurso do ódio tanto pelo Estado quanto pelos micropoderes, necessita libertar suas interdições.

O desvendamento das relações de gênero escancara a hierarquização dos sujeitos em sua multidimensionalidade e dá conta de um sistema disciplinário que vai além da noção simplista de "homem dominante *versus* mulher dominada". As assimetrias da corporificação são dialógicas e fornecem subsídios valiosos para a superação das fronteiras do conceito de identidade.

É nessa perspectiva que se desenvolverá o presente ensaio; a de não ser a biologia, mas a cultura que faz o destino.[8] Afinal, o enfoque interseccional para o estudo das desigualdades persistentes e categóricas na representação política deve ser analiticamente considerado por imbricar-se com os fatos geradores e reprodutores das dessemelhanças e disparidades.[9]

A MULHER DIANTE DO PATRIARCADO

A historicidade da mulher conta com um conjunto de circunstâncias, qualidades e características essenciais definidor de sua condição e situação. É ele que a fundamenta como um ser social e cultural, moldando-a a partir de um conjunto de relações de produção, reprodução e das demais reações vitais nela imersas.[10] Entendê-las induz à compreensão da carga opressiva vivenciada pelo sexo feminino, traduzida como um constructo social da dominação masculina nas esferas políticas, sociais ou econômicas.[11]

---

[8] BUTLER, Judith. *Problemas de gênero:* feminismo e subversão da identidade. Tradução Renato Aguiar. Rio de Janeiro: Editora Civilização Brasileira, 2003. p. 26.

[9] RIOS, Flávia; PEREIRA, Ana Cláudia; RANGEL, Patrícia. Paradoxo da igualdade; gênero, raça e democracia. *Revista da Sociedade Brasileira para o Progresso da Ciência – Ciência & Cultura – Gênero.* Ano 69, n. 1, jan./fev./mar. 2017, p. 39.

[10] Nesse cenário, deve-se compreender o patriarcado como símbolo de dominação. "A caracterização do patriarcado adveio como parte da criação das utopias socialistas e feministas, bem como das preocupações teóricas evolucionistas do século XIX. Representou um dos elementos centrais das novas formas de consciência, e acompanhou e expressou o surgimento das mulheres como sujeitos da história" (tradução livre). DE LOS RÍOS, Marcela Lagarde y. *Los Cautiverios de las mujeres.* Madresposas, monjas, putas, presas y locas. 2. ed. México, DF: Siglo XXI Editores, 2015. p. 93. Sylvia Walby ao teorizar sobre o tema pontua que o patriarcado se manifesta de duas maneiras. A primeira na esfera privada e familiar, onde as mulheres são excluídas da esfera pública e diretamente controladas pelos homens. A segunda, denominada de patriarcado público, a despeito do acesso das mulheres ao espaço público e privado, elas permanecem subordinadas aos homens. Essa mudança do patriarcado na esfera pública e privada é defendida pela autora como uma interação da expansão do capitalismo como a primeira onda do feminismo. From private to public patriarchy. In: WALBY, Silvia. *Theorizing patriarchy.* Oxford: Basil Blackwell, 1990. p. 173-202.

[11] MIGUEL, Luis Felipe; BIROLI, Flávia. *Feminismo e política.* São Paulo: Boitempo, 2014, p. 19.

Acorde Max Weber, a dominação caracteriza-se pela "possibilidade de impor ao comportamento de terceiros a vontade própria", diferenciando-se da obediência, que se traduz na aceitação da ordem dada. Segundo a teoria weberiana, a estrutura patriarcal de dominação refere-se ao estabelecimento de vínculos pessoais entre o senhor, os demais membros da família e os servos, e tem como fundamento a autoridade do varão da família, a quem as mulheres se sujeitam por força da superioridade da norma, bem como da energia física e psíquica do homem. Uma autoridade que se baseia na tradição, fundada "na crença da inviolabilidade daquilo que assim foi desde sempre".[12]

---

[12] "Na dominação burocrática é a norma estatuída que cria a legitimação do detentor concreto do poder para dar ordens concretas. Na dominação patriarcal é a submissão pessoal ao senhor que garante a legitimidade das regras por este estatuídas, e somente o fato e os limites de seu poder de mando têm, por sua vez, sua origem em 'normas', mas em normas não estatuídas, sagradas pela tradição. Mas sempre prevalece na consciência dos submetidos, sobre todas as demais idéias, o fato de que este potentado concreto é o "senhor"; e na medida em que seu poder não está limitado pela tradição ou por poderes concorrentes, ele o exerce de forma ilimitada e arbitrária, e sobretudo: sem compromisso com regras. Ao contrário, para o funcionário burocrático rege o princípio de que sua ordem concreta somente tem vigência na medida em que ele pode apoiar-se numa 'competência' especial, estabelecida mediante uma 'regra'. O fundamento objetivo do poder burocrático é sua indispensabilidade, nascida de seu conhecimento especializado da área. No caso da autoridade doméstica, antiquíssimas situações naturalmente surgidas são a fonte da crença na autoridade, baseada em piedade; para todos os submetidos da comunidade doméstica, a convivência especificamente íntima, pessoal e duradoura no mesmo lar, com sua comunidade de destino externa e interna; para a mulher submetida à autoridade doméstica, a superioridade normal da energia física e psíquica do homem; para a criança, sua necessidade objetiva de apoio; para o filho adulto, o hábito, a influência persistente da educação e lembranças arraigadas da juventude; para o servo, a falta de proteção fora da esfera de poder de seu amo, a cuja autoridade os fatos da vida lhe ensinaram submeter-se desde pequeno. O poder paterno e a piedade filial não se baseiam primariamente em vínculos de sangue reais, por mais que sua existência seja seu pressuposto normal. Precisamente a primitiva concepção patriarcal trata, ao contrário, – e isto também após o reconhecimento (de modo algum 'primitivo') das relações entre procriação e nascimento –, o poder doméstico sob o aspecto de propriedade: os filhos de todas as mulheres submetidas ao poder doméstico de um homem, seja esposa, seja escrava, são considerados, independentemente da paternidade física, 'seus' filhos, bem como são considerados seu gado os animais nascidos de seus rebanhos. Ao lado do aluguel (para o *emancipium*) e do empenho de filhos e mulheres, a compra de crianças alheias e a venda das próprias é ainda em culturas desenvolvidas um fenômeno frequente. É, por assim dizer, a forma primitiva de manter o equilíbrio de mão-de-obra e necessidade de trabalho entre as diversas comunidades domésticas. É tão comum que, como forma de concluir um 'contrato de trabalho' por parte de um autônomo livre, encontramos ainda nos contratos babilônicos a venda temporalmente limitada da própria pessoa como escravo. Além disso, a compra de crianças serve para outros fins, especialmente religiosos (garantia dos sacrifícios aos mortos), como precursora da 'adoção'. WEBER, Max. Economia e Sociedade. Fundamentos da sociologia compreensiva. Tradução: Regis Barbosa e Karen Elsabe Barbosa. Revisão técnica: Gabriel Cohn. São Paulo: Editora UNB e Imprensa Oficial, 2004, vol. 2, p. 234-235. Disponível em: https://ayanrafael.files.wordpress.com/2011/08/weber-m-economia-e-sociedade-fundamentos-da-sociologia-compreensiva-volume-2.pdf. Acesso em: 28.06.2020.

O patriarcado conta com aproximadamente 6 mil anos e se apresenta sob formas variáveis no transcurso do tempo.[13] Em 1835, Alexis de Tocqueville pontuou que a América possuía uma separação distintiva entre os mundos feminino e masculino, descrição que marcou os costumes na modernidade.[14] Desde então, a metáfora do fracionamento das esferas vislumbra-se tanto como uma restrição organizadora da sociedade moderna quanto como um dispositivo retórico usado por historiadores e sociólogos para analisar a dualidade dos sexos no mundo anglo-americano dos séculos XIX e XX. Apartar o público do privado para demarcar a área de atuação das mulheres e seus valores domésticos focados nas necessidades familiares legitimou o espaço público no qual transitaram os homens centrado nas necessidades comunitárias.[15]

---

[13] Na definição de Celia Amorós: "El patriarcado puede considerarse como una especie de pacto interclasista metaestable, mediante el cual se constituye la herencia de género de los hombres, en la medida en que ellos mismos instituyen sujetos del contrato social frente a las mujeres que son, en principio, las contratadas." AMORÓS, Celia. *Feminismo: igualdad y diferencia*. Cidade do México: PUEG Books Collection, UNAM, 1994. p. 9. O vocábulo remete à origem do termo "família", oriundo do vocábulo latino *famulus*, que significa "escravo doméstico". Esse novo organismo social – a família – consolidou-se enquanto instituição na Roma Antiga. A autoridade do *pater familiae* sobre os filhos prevalecia até mesmo sobre a autoridade do Estado e duraria até a morte do patriarca, que poderia, inclusive, transformar o filho em escravo e vendê-lo. Sobre o tema consultar: ENGELS, Friedrich. *A origem da família, da propriedade privada e do Estado*. Tradução: Leandro Konder. Rio de Janeiro: Civilização Brasileira, 1984. Cabe destacar que o patriarcado não designa o poder do pai, mas dos homens, enquanto categoria social. Ele confere supremacia às atividades masculinas em detrimento das femininas; legitima o controle da sexualidade dos corpos e da autonomia da mulher e estabelece os papéis sexuais e sociais nos quais o masculino tem vantagens e prerrogativas. MILLET, K. *Sexual politics*. New York: Doubleday & Company, 1970 e SCOTT, J. Gênero: uma categoria útil de análise histórica. *Educação & Realidade,* 1995, p. 71-99.
[14] TOCQUEVILLE, Alexis de. *Da democracia na América*. São Paulo: Vide Editorial, 2019. Tradução: Pablo Costa e Hugo Medeiros. 2. vol.
[15] WRIGHT, Danaya C. *Theorizing History*: separate spheres, the public/private binary and a new analytic for family law history. *UF Law Scholarship Repository University of Florida Levin College of Law.* p. 44. Disponível em: http://scholarship.law.ufl.edu/facultypub/651. Acesso em: 27.04.2020. Segundo Linda Kerber: "Little is left of Tocqueville except what he left to implication: that political systems and systems of gender relations are reciprocal social constructions. The purpose of constant analysis of language is to assure that we give power no place to hide. But the remnants of 'separate spheres' that still persist are symptoms, not cause, of a particular and historically located gender system. One day we will understand the idea of separate spheres as primarily a trope, employed by people in the past to characterize power relations for which they had no other words and that they could not acknowledge because they could not name, and by historians in our own times as they groped for a device that might dispel the confusion of anecdote and impose narrative and analytical order on the anarchy of inherited evidence, the better to comprehend the world in which we live". Separate Spheres, Female Worlds, Woman's Place: The Rhetoric of Women's History. *Journal of American History*, 75/1.1988, p. 9-39.

Atualmente, distingui-los tornou-se insuficiente para interpretar e explicar as vivências contemporâneas. O *locus,* agora, reside no posicionamento histórico-político masculino que ocupa prioritariamente o âmbito coletivo, mais visível e importante, em detrimento das mulheres propositalmente ocultadas. Independentemente de hoje elas trabalharem em lugares relevantes fora do lar, ainda são flagrantes os desequilíbrios salariais e a redução de acesso a determinados cargos em comparação aos homens.

Daí, não se poder desprezar nas análises teóricas a prevalência do patriarcado paternalista, cuja premissa sustenta-se nos mais velhos governarem os mais jovens e, sobretudo, nos homens governarem as mulheres, que se perpetua até a atualidade.[16]

Inconteste representar "o patriarcado um dos espaços históricos do poder masculino que encontra assento nas mais diversas formações sociais e se conforma em vários eixos das relações e conteúdos culturais. Ele caracteriza-se: i) pelo antagonismo genérico e a opressão *às* mulheres, bem como o domínio dos homens e de seus interesses plasmados em relações e formas sociais, concepções de mundo, normas e linguagem, instituições e em determinadas opções de vida para os protagonistas; ii) pela excisão

---

[16] Nas palavras de Danaya C. Wright: "However, even at the height of separate spheres practice, it never described reality; rather, it reflected a social and political ideal. In actual practice, women were important market actors and consumers, buying household food and goods, managing servants if they were in the upper classes, or working in the domestic economy, factories, or service economy if of the working classes. And men, of course, lived in these homes, governed many of the decisions involving the raising of children and certainly controlled much of the family's finances. Women labored both inside and outside the home and they formed political associations that influenced government and politics. Men helped rear children, took an interest in family government, and even changed nappies. At most, separate spheres described an ideal not of space but of intellectual focus – men were to occupy their minds with the public sphere of the market, politics, and law and women were to focus their energies on the domestic, household sphere. But again, that too wasn't quite accurate because the rhetorical ideal of the man in his castle, the haven in a heartless world, was a counter ideal that protected men's overriding dominance over the domestic sphere to the exclusion of women's interests. Women were to focus on making a home for men, on anticipating their needs and providing for them – thus structuring the private sphere to suit male, not female, needs. It seemed to many historians that separate spheres really described a public sphere in which working-class men labored for the benefit of middling and upper-class men, and a private sphere in which all women labored for the benefit of all men. Both spheres were constructed to benefit elite men. But the scholarly endeavor of history had generally neglected women altogether, both by excluding them from histories of the public sphere and excluding the domestic sphere altogether from the historical gaze. Rewriting women's history was seen as a way to reclaim women's contributions and explore and undermine the constraints of women's domestic lives." Theorizing History: Separate Spheres, the Public/Private Binary and a New Analytic for Family Law History. *UF Law Scholarship Repository University of Florida Levin College of Law,* p. 49-51.

do gênero feminino e [...] ocupação dos homens dos espaços da vida a que são destinados a partir de sua condição e situação genérica; iii) pelo fenômeno cultural do machismo fundado tanto no poder masculino patriarcal quanto na inferiorização e na discriminação das mulheres, produto da sua opressão, bem assim na exaltação da virilidade opressora e da feminilidade oprimida, marcadas por deveres e identidades ineludíveis para os homens e mulheres".[17]

Em Estados como o brasileiro, é inegável perdurar o patriarcalismo dicotômico, mormente no trabalho e na ocupação dos espaços de poder.[18] Na primeira hipótese, os donos dos meios de produção utilizam-no como uma alavanca para atingir seus objetivos e, ao mesmo tempo, reforçá-los. O fato de a mulher ter sido sempre relegada às tarefas do lar autorizou o capitalismo a justificar sua exploração com o pagamento de salários baixos sob o argumento de uma menor produtividade, aliado a fatores como a menstruação, o absentismo durante a gravidez, a licença-maternidade, a amamentação e os cuidados com crianças, doentes e parentes idosos. Na ótica da extorsão, o labor externo das mulheres é visto como um *plus* na totalidade das tarefas por ela exercida. Os patrões têm, então, uma mão de obra barata e flexível, que pode ser contratada ou demitida segundo as flutuações do mercado, o que lhes permite reduzir as taxas do imposto social.[19] Já a segunda hipótese maneja com a eliminação de alteridades nas arenas públicas decisórias como proposital forma de assujeitamento. Transvestida em neutralidade cínica, faz perdurar o confinamento feminino ao mundo privado, engendrado como incompatível com as esferas políticas coletivas.

---

[17] DE LOS RÍOS, Marcela Lagarde y de. *Los Cautiverios de las mujeres*. Madresposas, monjas, putas, presas y locas. *Op. cit*, p. 95-96 (tradução livre).

[18] Conforme pontua Marlice Mattos, apesar das polêmicas no tocante ao patriarcado como teoria universal e totalizante, e das controvérsias no campo dos estudos feministas em função do caráter a-histórico, fixo e determinante; há autores que defendam a existência de um "patriarcado contemporâneo" que foi alterando suas configurações ao longo dos tempos na forma de um patriarcado moderno. Autores, como Pateman, entendem que "o poder natural dos homens como indivíduos (sobre as mulheres) abarca todos os aspectos da vida civil. A sociedade civil como um todo é patriarcal. As mulheres estão submetidas aos homens tanto na esfera privada quanto na pública". PATEMAN, C. *O contrato sexual*. Tradução: Marta Avancini. Rio de Janeiro: Paz e Terra, 1993. p. 167. Nesse sentido, há um patriarcado moderno, contratual, que estrutura a sociedade civil capitalista e que alterou sua configuração, preservando, contudo, as premissas do pensamento patriarcal tradicional. MATTOS, Marlice. *A questão patriarcal e o Estado Brasileiro*. Núcleo de Estudos e Pesquisas sobre a Mulher. UFMG. Disponível em: https://repositorio.enap.gov.br/bitstream/1/3102/4/Aula%204%20-%20A%20quest%C3%A3o%20patriarcal.pdf. Acesso em: 25.04. 2020.

[19] COMANNE, Denise. *Como o patriarcado e o capitalismo se combinam para agravar a opressão das mulheres*. Comitê para a Abolição da Dívida Ilegítima. 2017. Disponível em: http://www.cadtm. patriarchy-and-Capitalismorg/How-Pa. Acesso em: 26.04.2020.

Autores, como Oliveira Vianna[20] e Sérgio Buarque de Holanda[21], analisaram o patriarcado nacional como uma herança do sistema escravagista. Raimundo Faoro[22], porém, rebelou-se contra essa visão e vinculou-o ao Estado Patrimonialista cuja vivência experimentou a superposição do privado sobre o público na seara estatal. Efetivamente, no Estado Português, a "propriedade do rei – suas terras e seus tesouros – se confundiam nos aspectos público e particular. Rendas e despesas se aplicavam, sem discriminação normativa prévia, nos gastos da família ou em bens e serviços de utilidade geral".[23] Segundo Faoro, é aí que reside a genealogia do patriarcalismo no Brasil, adensado pelo capitalismo tardio.

---

[20] VIANNA, Oliveira. *Populações meridionais do Brasil*. Rio de Janeiro: Paz e Terra, 1974. vol. 1.

[21] HOLANDA, Sérgio Buarque de. *Raízes do Brasil*. São Paulo: Companhia das Letras, 2002. Para um maior aprofundamento do tema ver: REZENDE, Daniela Leandro. *Patriarcado e formação do Brasil:* uma leitura feminista de Oliveira Vianna e Sérgio Buarque de Holanda. Disponível em: file:///C:/Users/robet/Downloads/6568-24213-1-PB.pdf. Acesso em: 28.06.2020.

[22] FAORO, Raimundo. *Os donos do poder* – formação do patronato político brasileiro. 3. ed. São Paulo: Globo, 2001.

[23] FAORO, Raimundo. *Op. Cit,* p. 23. A formação do Estado Português e sua característica marcante, o patrimonialismo, distinguem a colonização e a formação política brasileira em relação a todos os demais povos da Península Ibérica. A *Pax* Luzitana, em razão da forte coesão nacional em torno da figura do rei devido a constante ameaça de desagregação territorial, impediu o Estado Português de estabelecer um ordenamento jurídico próprio para assegurar a soberania no plano político e criar normas reguladoras que regessem as relações privadas entre os indivíduos. Isso explica o fato de ter sido adotada a Constituição de Dioclesiano como estatuto básico do Estado e o Código de Justiniano como estatuto regulador das relações de ordem privada. Logo após a expulsão dos mouros pelo direito de conquista, o rei adquiriria uma soma de poderes ilimitados, bem como uma supremacia absoluta sobre todas as classes sociais. Senhor da paz e da guerra, ele era o proprietário de todos os bens e pessoas – bens requengos e regalengos – e o titular dos monopólios de exploração das atividades mercantis. Outra característica singular do processo civilizatório português consistiu na constante aliança do monarca com a plebe, em oposição à nobreza feudal, que jamais conseguiu afirmar-se politicamente como força social que pusesse em perigo a hegemonia do Príncipe. Essa aliança duradoura impediu a ascensão do feudalismo e abriu caminho a criação dos municípios (cidades e vilas), que se constituiriam na base do poder dominante, dando ensejo à participação popular nos negócios do reino. O marco inicial das transformações políticas e das lutas entre classes na metrópole iniciou-se com a Revolução de Avis (1375), que determinou a queda da dinastia Afonsina e a ascensão da dinastia Bragantina. A Coroa Portuguesa, constituía-se numa fonte de mercês, distribuidora de privilégios e regalias. A fim de incrementar os ingressos para o tesouro real, ela distribuía concessões e monopólios à burguesia comercial emergente. Dom Manoel I, Rei de Portugal e Algarve – no séc. XV – armou expedições e financiou empresas marítimas, intensificando o tráfico nas rotas das Índias, Veneza e Holanda, onde predominava o comércio do açúcar, o que possibilitou grandes ingressos na receita. Pode-se dizer que a revolução industrial passou ao largo de Portugal e o processo de acumulação se fez em benefício da realeza. A consequência inexorável foi o estabelecimento de uma vasta burocracia, civil e militar, sob

Ora, se mesmo em Estados como os anglo-saxões, onde a dita desvinculação ocorreu, prevaleceu esse modelo segregador, quanto mais em sociedades como a brasileira, confrontada, ademais, pelo estamento burocrático. Nesse cenário, as assimetrias entre os cidadãos testemunharam e testemunham obstáculos à pluralização de gênero.

Ocorre, contudo, que as contradições desse sistema perverso e segregador forjaram desafios às práticas institucionais e discursivas, cujas fendas ensejaram o enfrentamento às ortodoxias estatais e societárias. Indagações como quão pública é a esfera pública se nem todos sujeitos participam do discurso; quão pública é a opinião pública se nem todos os atores participam da sua formação; e quão democrática é a sociedade se nem todos os partícipes têm acesso igual à formação da governança, desarticulam os mecanismos de subordinação e atualizam preceitos fundamentais como a liberdade e a isonomia material.[24]

Dito de outro modo, o embate acerca da díspar relação de redistribuição e reconhecimento entre humanos e a possibilidade de conjugar as dimensões da cidadania às reivindicações fidedignas deslegitimam, paulatinamente, arquétipos opressivos e gestam opções alternativas, contrárias e críticas.

AS MULHERES NA POLÍTICA

Seguindo a linha do tempo, das lutas sufragistas à atualidade, inegáveis foram os avanços em prol dos direitos femininos, apesar de persistirem alienações e alheamentos misóginos e sexistas. A título de exemplo, cite-se ter a Nova Zelândia, em 1893, autorizado a mulher a votar, primeiro país a fazê-lo mundialmente, e somente no ano de 2015, a Arábia Saudita tê-lo deferido.

---

os auspícios do monarca. O serviço militar remunerado burocratizaria o soldado, enquanto as serventias, vitalícias ou temporárias, burocratizariam a justiça de El-Rey e a administração pública. Surge o Estado Cartorário, que deu ensejo ao aparecimento do estamento; uma corporação estratificada e fossilizada, fechada sobre si mesma, que com o tempo irá adquirir autonomia e dinâmica próprias, nem sempre em sintonia com os interesses vitais da sociedade.

A ameaça da bancarrota financeira que acometeu Portugal no 2º quartel do século XV em virtude da perda dos mercados do oriente em favor da Holanda, Inglaterra e Repúblicas Italianas, fez com que se abrissem novas frentes de conquista e de exploração de outras terras, a fim de estancar a sangria nos recursos parcos do erário. Esta nova frente seria precisamente a ocupação da América.

[24] MATOS, Marlise. *A questão patriarcal e o Estado Brasileiro*. Núcleo de Estudos e Pesquisas sobre a Mulher. UFMG. *Op. Cit.*

Correntemente, vários Estados são liderados por mulheres, a despeito da persistente sub-representação nos Parlamentos e na vida pública.[25] No Brasil, o diagnóstico acadêmico aponta mecanismos seletivos que reproduzem a hierarquia sexual, da base ao topo da política representativa, na qual predominam homens, brancos e heterossexuais.[26] As razões articulam com o peso das dessemelhanças de classe, sociais e econômicas que retroalimentam as desigualdades, expondo discrepâncias atávicas entre categorias interseccionadas aos múltiplos eixos de opressão.[27]

---

[25] Uma análise pormenorizada sobre a evolução da representação feminina nos Parlamentos em todo o mundo no período de 1995 a 2020 foi realizada pela União Interparlamentaria que aferiu a variação percentual da ocupação das cadeiras congressuais pelas mulheres. Ver: *Inter-Parliamentary Union. Women in Parliament: 1995-2020*. Disponível em: https://www.ipu.org/resources/publications/reports/2020-03/women-in-parliament-1995-2020-25-years-in-review. Acesso em: 20.04.2020.

[26] A indagação que se faz é: por que mulheres e negros, agentes tão vigorosos na formação e manutenção de organizações e movimentos sociais, formas políticas relevantes para a conformação democrática no país, são tão poucos nos espaços de representação institucional? Segundo Rios, Pereira e Rangel, as respostas articulam com vários determinantes de gênero e raça, quais sejam:
"a) os obstáculos enfrentados dentro dos próprios partidos, que dificultam o lançamento de candidaturas femininas e negras. As agremiações partidárias investem menos recursos em candidaturas de mulheres e negros, apesar das cotas eleitorais para o primeiro grupo no caso de eleições proporcionais;
b) o baixo capital econômico dos negros que se encontram em estratos sociais menos privilegiados, além das dificuldades referentes ao capital educacional que poderia favorecer a ampliação das redes de relacionamentos, conhecimentos específicos e habilidades discursivas, dentre outros;
c) no caso de mulheres negras e indígenas, ademais, acrescente-se o complexo de coerções sociais relativas ao imbricamento das condições de gênero, raça e classe, que envolvem desde a dupla jornada até os aspectos relativos à violência simbólica, como a educação normativa colonial e patriarcal, reprodutoras de estereótipos que afixam grupos a certos lugares sociais, reduzindo expectativas (das potenciais candidatas e dos agentes que fazem os filtros e seleções das candidaturas), excluindo ou reduzindo as chances daquelas de ocuparem espaços de poder com elevado grau de competitividade". RIOS, Flávia; PEREIRA, Ana Cláudia; RANGEL, Patrícia. Paradoxo da igualdade; gênero, raça e democracia. *Revista da Sociedade Brasileira para o progresso da Ciência – Ciência & Cultura Gênero. Op. Cit.*, p. 42-43.

[27] Idem, p. 43. Segundo Heloisa Fernandes Câmara, "O Brasil é um país com intensa desigualdade entre homens e mulheres. Diferenças de salário, violência sistêmica, trabalho não remunerado de cuidado, sub-representação política, dentre outros indicativos, demonstram os motivos pelos quais o país é o 95º no ranking de igualdade de gênero, dentre os 159 países analisados". Segundo a autora, mulheres ganham menos do que homens em todos os cargos e aéreas; no ano de 2018, 4.254 mulheres foram mortas por homens, índice superior a 745 da média global e, em média, as mulheres trabalham 72% a mais do que os homens em serviço doméstico no Brasil. Queda Democrática/Declínio Democrático e Gênero. *Constitucionalismo Feminista. Expressão das políticas públicas voltadas à igualdade de gênero*. Coordenadoras Christine Oliveira Peter da Silva, Estefânia Maria de Queiroz Barboza, Melina Girardi Fachin. Salvador: JusPodivm, 2020, p. 94.

Agregue-se a dificuldade para suplantar estigmatizações, cujas origens remontam a estereótipos profundamente arraigados e utilizados pelos oponentes políticos para desqualificar as capacidades femininas.[28]

Por certo, as distinções primárias encontram-se enraizadas na divisão sexual do trabalho que atribui à mulher a responsabilidade pela manutenção da casa e pelo cuidado de crianças e demais dependentes, como também no trabalho secundarizado para as economias, limitador e impeditivo de maior ingerência feminina na vida pública. Daí derivam uma série de desvantagens estruturais, decorrentes da sobrecarga desigual de atribuições domésticas não remuneradas e que, no mais das vezes, resultam em um acentuado rebaixamento salarial para aquelas que laboram fora do lar.

Na representação política, a situação é agravada pelo peso da tradição patriarcal e pela força do costume que enfatizam a ideia de não serem as mulheres aptas para exercê-la. Em suma, defrontações de todas as ordens resvalam no desempenho partidário, restringindo as chances para candidaturas femininas e, *a posteriori*, para o exercício do mandato, razão pela qual diminuta a presença igualitária de gênero nas instituições legislativas.

Os óbices comumente colocados à ascensão parlamentar da mulher são:[29] *i)* de origem **cultural**, devido à introjeção de falsas crenças acerca da incapacidade delas se candidatarem, vencerem as eleições e governarem; *ii)* as **dificuldades impostas pelos próprios partidos** na seleção de candidatas, destinando a elas um peso menor na distribuição de fundos partidários; *iii)* as **dificuldades de ordem político-institucional**, devido aos mecanismos eleitorais gerarem menos oportunidades de acesso ou à ausência de programas afirmativos para a aplicação paridade; e, por fim, *iv)* os **óbices estruturais**, decorrentes dos encargos tradicionais com a família que travam as mulheres a se dedicarem plenamente à política profissional.

Adicione-se os obstáculos ideológicos e psicológicos impostos pelos padrões culturais que diminuem a autoestima feminina devido à predeterminação de lugares na estrutura societária. Medidas para suplantá-los são crescentes, a exemplo da iniciativa da Organização das Nações Unidas (ONU) ao editar a Resolução "Agenda 2030 para os Objetivos de Desenvolvimento

---

[28] É possível detectar óbices para a participação das mulheres na política, na medida em que o contexto no qual elas vivem assemelha-se a um local onde o teto é de vidro (definidor de limites invisíveis para suas aspirações) e o piso emborrachado (a simbolizar as limitações impostas pelas seu papel na família que as impedem, muitas vezes, de ousar dar o salto). HELLER, Lidia: *Mujeres, entre el techo de cristal y el piso engomado*. Disponível em: www.lavozdelinterior. Acesso em: 20.04.2020.

[29] *La representación política de las mujeres en México*. Cidade do México: Flavia Freidenberg Editora. Instituto Nacional Electoral, 2017. p. 98.

Sustentável", em setembro de 2015, que inclui 17 objetivos em prol da igualação, conhecidos como ODS. O ODS 5, especificamente, aborda a paridade de gênero e demanda maiores avanços na participação política feminina. Para tanto, sugere condições assecuratórias isonômicas eficazes para a efetivação de oportunidades de liderança em todos os níveis decisórios da vida econômica e pública. Para aferi-la, a ONU utiliza dois indicadores referenciais: *i)* a proporção de mulheres em posições gerenciais, e *ii)* a proporção de cadeiras ocupadas por elas em parlamentos nacionais e governos locais. Sobre esse segundo ponto se tratará a seguir.

ESTRATÉGIAS PARA A PROMOÇÃO DA MULHER NA POLÍTICA

Tal como explanado, as diferenciações de gênero perpassam as estruturas político-partidárias e as instituições legislativas.[30] Conquanto o número de mulheres parlamentares e chefes de Estado tenha aumentado nos últimos anos, o progresso mínimo desse avanço em nível global sinaliza a distância do ideal. Dada a baixa velocidade para o seu incremento, vários métodos foram propostos ou adotados para tentar lidar com o desequilíbrio nos processos deliberativos.[31]

Para tanto, desponta como principal tarefa a reconstrução do processo de formação das alteridades que conflui em direção à interseccionalidade e à

---

[30] Segundo Polianna Pereira dos Santos e Nicole Godim Porcaro: "O princípio da igualdade política é fundamento central para a opção pela democracia entre os demais regimes, não só pelo direito de escolher quem governa, mas também pelo direito, de todos, de poder ser escolhido e participar na tomada de decisões que afetam a si mesmo e a toda a sociedade. [...] Nesses termos, o grau de inclusividade do sistema político – isto é, a extensão com que os direitos civis e políticos são garantidos a todos os cidadãos sem exceção – é uma condição fundamental de sua consolidação. Considerando que a participação nas instituições públicas é um meio especialmente efetivo de influenciar as regras políticas e as políticas públicas do Estado, parece inegável que a participação equitativa de homens e mulheres seja uma condição mínima para a eficácia das instituições democráticas e da própria democracia representativa." A importância da igualdade de gênero e dos instrumentos para a sua efetivação na democracia: análise sobre o financiamento e representação feminina no Brasil. *Constitucionalismo Feminista* – Expressão das políticas públicas voltadas à igualdade de gênero, *Op. cit,* p. 288.

[31] Autoras feministas, como Anne Philips, Iris Mansion Young e Jane Mansbridge, contestam o modelo hegemônico de democracia e de Estado "neutro", e salientam a importância da inclusão feminina na política para o aprofundamento da democracia, indicando que a representação descritiva, ou seja, uma política que promova o acesso de grupos excluídos, como as mulheres, é etapa crucial para uma representação substantiva, de ideias KLAUSEN, J.; MAIER, Charles C. (Eds.). Has Liberalism Failed Women? Assuring Equal Representation in Europe and United States. *POLITIZE!* Disponível em: https://www.politize.com.br/voto--em-lista-fechada/. Acesso em: 09.05.2020.

desconstrução unitária da identidade compartilhada por todas as mulheres, a desaguar na renúncia da dominação binária. A especificidade do feminino, como se pontuou, está hoje contextualizada a partir de marcadores identitários como classe, raça, etnia e orientação sexual,[32] entre outros eixos de relações de poder que manejam com os diferentes filtros qualificadores da pessoa humana.[33]

Nessa perspectiva, mulheres negras, mulheres pobres, mulheres indígenas, mulheres transexuais, exemplificativamente, merecem cortes analíticos diferenciados postas as vivências de cada qual se intersectarem a sistemas de opressão distintos. Por outras palavras, para se entender como a injustiça e a discriminação estrutural ocorrem em uma base multidimensional criando múltiplas formas de asfixia social, imperioso pontuar os critérios de subordinação em contextos que não são idênticos e nada têm de neutro ou natural, ainda que cotidianos.[34]

Daí a relevância da adoção de programas afirmativos distintivos que propiciem uma intervenção no desenho e na gestão das políticas públicas. As questões da diferença, da inclusão e da alteridade ganham dinâmicas próprias sob esse viés, dando azo a interlocuções e debates sobre a democracia cidadã, os direitos humanos no século XXI, a paridade na representação político-partidária e o modo como o aparato estatal vem sendo exercido estrategicamente.

Nesse ponto, convém abordar o conceito de autonomia e de equivalência isonômica de oportunidades. Por certo, a *demokratia* articula com o

---

[32] BUTLER, Judith. *Problemas de Gênero* – Feminismo e subversão da identidade. Op. cit, p. 22 (tradução livre).
[33] BUTLER, Judith. *Contingent Foundations*: Feminism and the Question of "Postmodernism". Tradução: Pedro Maia Soares. Nova York: University of California at Berkeley, 1990. p. 24.
[34] RIOS, Roger Raupp; SILVA, Rodrigo da. Da Democracia e Direito da Antidiscriminação: Interseccionalidade e Discriminação Múltipla no Direito Brasileiro. *Revista da Sociedade Brasileira para o Progresso da Ciência – Gênero*. Ano 69, n. 1 – jan./fev./mar. 2017, p. 45. "*É no contexto dos critérios proibidos de discriminação, em especial na sua concomitância e intersecção, que se apresenta o debate relativo à discriminação interseccional. Diante da complexidade da experiência humana, individual e social, em que as identidades não se vivenciam de modo isolado ou único, não há como fugir dessa realidade quando está em causa os critérios proibidos de discriminação, desafio que reclama a compreensão da interseccionalidade da discriminação e sua repercussão no cenário jurídico. De fato, o fenômeno discriminatório é múltiplo e complexo. Os diferentes contextos, redes relacionais, fatores intercorrentes e motivações que emergem, quando no trato social indivíduos e grupos são discriminados, não se deixam reduzir a um ou outro critério isolado. Não basta, por exemplo, reprovar a discriminação racial e a discriminação sexual, pois a injustiça sofrida por mulheres brancas é diversa daquela vivida por mulheres negras, assim como a discriminação experimentada por homens negros e mulheres negras não é a mesma*". Idem, p. 45.

princípio da autonomia, que se desdobra em privada e pública Na primeira, está-se diante de escolhas inerentes à partição do ser em individualidades, de caminhos e meios para a busca pessoal do bem-estar e da felicidade.[35] Por seu turno, na autonomia pública, está-se diante das opções comuns de passagens societárias rumo à realização de uma concepção política do justo e do bem[36]. Nesse cenário, na "autonomia pública, os direitos do homem e a democracia estão, necessariamente, unidas". E um desenvolvimento pleno de ambas, "somente é possível em um Estado [...] no qual os direitos do homem adquiram a forma de direitos fundamentais".[37]

Ora, a equanimidade pressupõe a insubmissão das autonomias privadas aos crivos hierárquicos, que, sob tal pretexto, conduzem a privilégios e restrições. A desigualação, quando permitida, mira a igualdade efetiva, sobrelevando distinções que no seu ponto de partida afetem, desfavoravelmente, o resultado dos pontos de chegada.

Boaventura Souza Santos a sintetiza de maneira precisa ao versar acerca dos direitos humanos em sua pluralidade e diversidade: "temos direito a reivindicar a igualdade sempre que a diferença nos inferioriza e temos direito de reivindicar a diferença sempre que a igualdade nos descaracteriza". [38]

Diante de situações incongruentes, nas quais segmentos minoritários esbatem-se num ambiente permeado por um histórico de discriminação, a solução é romper as travas opostas à isonomia sistemática. Esta é a política que deve orientar a busca de prestações estatais positivas, sabido "que, estruturalmente, determinados segmentos populacionais, nos quais as mulheres se incluem, sofrem estigmatizações que embaraçam talentos e esforços individuais na obtenção de resultados pessoais distintos. Por isso, medidas reparadoras devem ser adotadas em caráter não perene".[39] Trata-se de uma discriminação inversa, a incidir em contextos de inópia, nos quais grupos marginalizados vivenciam segregações e preconceitos.[40]

---

[35] LAGE, Fernanda de Carvalho; ROCHA, Maria Elizabeth Guimarães Teixeira. A mulher e o poder Judiciário no Brasil. *Constitucionalismo Feminista* – Expressão das políticas públicas voltadas à igualdade de gênero. Op. Cit., p. 221.

[36] ALEXY, Robert. *Direito, razão, discurso:* estudos para a filosofia do direito. Tradução: Luís Afonso Heck. Porto Alegre: Livraria do Advogado, 2010.

[37] *Ibidem*, p. 101.

[38] SANTOS, Boaventura de Souza. Por uma concepção multicultural de direitos humanos. *Revista Crítica de Ciências Sociais*, n° 48, 1997, p. 11-32.

[39] LAGE, Fernanda de Carvalho; ROCHA, Maria Elizabeth Guimarães Teixeira. A mulher e o poder Judiciário no Brasil. *Constitucionalismo Feminista* – Expressão das políticas públicas voltadas à igualdade de gênero. Op. cit, p. 222.

[40] Diferencia a doutrina, para além da discriminação estrutural que se produz como resultado da própria organização social e da manutenção de estereótipos, a discriminação direta,

As reais oportunidades para a fruição livre das garantias autorizam essas cognominadas discriminações que devem abarcar não apenas acessos, mas acompanhamentos do devido prestígio social, porquanto a compreensão da "desigualdade não somente *é* derivada de uma distribuição injusta dos bens econômicos e sociais, como também do reconhecimento".[41]

Nesses termos, quando se fala em estigmatização do gênero feminino em toda a sua latitude, fala-se em assimetrias que não são naturais; antes provém de um *construto* social. Assim, para que grupos propositalmente isolados possam integrar plenamente a *societatis*, fundamental a governança ditar regras de inclusão, em favor das convergências. Em um contexto de legitimidade, nenhuma concretização do princípio da igualdade pode ser considerada válida se alija e menoscaba a participação daqueles que se encontram em situação concreta de vulnerabilidade díspar. O sucesso dependerá da adoção de ajustes que apoiem e reforcem a promoção da equidade fundados na integração de políticas gerais relacionadas com todas as esferas da sociedade. Depende, por igual, de suporte institucional e financiamento adequado.

Na representação político-partidária, um dos mecanismos mais usuais para o adensamento igualitário da cidadania nas questões de gênero são as cotas eleitorais,[42] projetadas para remediar a exclusão das mulheres nos Parlamentos.

---

indireta e inversa. Sobre elas, pontifica Ugena Coromina: "La discriminación directa sería la resultante de la norma o decisión por la que se ha tratado de forma diferenciada y desfavorable a una persona o a determinados grupos o colectivos. La discriminación indirecta es producto de acciones o normas que en principio no tienen por objeto un trato discriminatorio, pero de su aplicación práctica resulta, de hecho, tal discriminación. Es decir, se aplica un criterio que aparentemente es neutral, pero provoca efectos desproporcionadamente desiguales. [...] La discriminación inversa, se caracteriza, en primer lugar, porque se aplica en contextos de especial escasez, por lo que indefectiblemente origina conflictos. E, en segundo término, porque frente al carácter genérico propio de la discriminación indirecta, en lo que se ha denominado discriminación inversa se afecta de manera particular a personas concretas, respecto de las cuales se quiere mejorar su situación en distintos ámbitos. Puede entenderse que ésta última no es discriminación en sentido estricto, sino que, a diferencia de aquella, la discriminación inversa no otorga un trato menos favorable a colectivos que son discriminados, sino que persigue la mejora de grupos que se encuentran en una situación de inicial desventaja. Su origen está en la cuestión de raza y se da en sociedades típicamente multiculturales para compensar situaciones de dificultad y evitar la marginación de ciertos grupos. Se fundamenta en el principio de igualdad real y efectiva." COROMINA, María Pérez-Ugena. *Igualdad entre Mujeres y Hombres. Instrumentos jurídicos y régimen de garantías*. Granada: Editorial Comares, S.L. 2015, p. 25-26.

[41] EPPING, Léa; PRÁ, Jussara Reis. Cidadania e feminismo no reconhecimento dos direitos humanos das mulheres. *Revista Estudos Feministas*. Florianópolis, v. 20, n. 1, p. 33-51, abr. 2012, p. 142.

[42] Em alguns Estados, as cotas aplicam-se às minorias baseadas em clivagens regionais, étnicas, linguísticas ou religiosas. Contudo, esse artigo somente tratará das cotas destinadas ao sexo feminino.

Para além delas, estratégias diferenciadas poderão ser adotadas cumulativamente com o fito de aprimorar a integridade eleitoral, como adiante expostas.

SISTEMA DE COTAS

No âmbito mundial, partidos políticos e parlamentos responderam às pressões crescentes nacional e internacional para ampliar a presença feminina no Legislativo, com a adoção de cotas eleitorais de gênero.

Seus detratores costumam estigmatizá-las com a pecha de afrontar o acesso meritório. Por seu turno, os defensores as veem como uma compensação da discriminação estrutural contra as mulheres, bem como um instrumento eficaz para alcançar o equilíbrio nos poderes do Estado, essencial para o aprofundamento da legitimidade. Críticas à parte, o sistema de cotas veio para ficar, como demonstra a Sul América, à exceção do Suriname.

Diferentes tipos foram implementados em praticamente todos os continentes, variando consoante o nível da democracia de cada país. As cotas espelham o anverso e o reverso do postulado da igualdade, *v.g.*: a igualdade real de oportunidades e a igualdade de resultados.[43]

Antes de adentrar em cada espécie, cumpre defini-las como prestações positivas instituidoras de uma porcentagem ou de um número de vagas para a representação de um grupo específico.[44] Inserem-se no "conjunto daquilo que se denomina ações afirmativas, por sua possibilidade de impacto efetivo nos resultados eleitorais, e também no sentido da tão falada e desejada transformação cultural".[45]

Notório ser o empoderamento feminino um dos Objetivos de Desenvolvimento Sustentável (ODS5) da Agenda 2030 da ONU, mecanismo de inclusão e avanço social, conforme salientado alhures.[46]

Na política, o escopo imediato das cotas de gênero é a aceleração do ritmo de acesso das mulheres às instâncias de representação a fim de deslocá-las

---

[43] A igualdade pode ser definida como a ausência de diferenças de direitos e deveres entre pessoas integrantes de uma mesma organização social. O princípio está explicitado na vigente Constituição da República Federativa do Brasil, artigo 5º, inc. I, no qual se lê: "homens e mulheres são iguais em direitos e obrigações nos termos desta Constituição".

[44] DAHLERUP, Drude. *Electoral gender quotas: between equality of opportunity and equality of result. Representation*, 43:2. 2007. p. 73-92. Disponível em: http://dx.doi.org/10.1080/00344890701363227. Acesso em: 03.05.2020.

[45] GROSSI, Mírian; MIGUEL, Sônia. Transformando a diferença: as mulheres na política. *Revista Estudos Feministas*, Florianópolis 2001. V. 9, n. 1.

[46] ONU. A Agenda 2030 para o Desenvolvimento Sustentável. 2015, *ODS 5*: Alcançar a igualdade de gênero e empoderar todas as mulheres e meninas.

rapidamente para postos e cargos que propiciem não só uma equivalência de oportunidades, mas de resultados. De efeitos culturalmente pedagógicos, subtrairá do imaginário coletivo, notadamente do masculino, a ideia errônea e preconceituosa da incapacidade delas se moverem nesse terreno.

Governos e agremiações partidárias experimentaram diferentes tipos de cotas eleitorais, considerando as falhas e necessidades de cada comunidade, instituindo-as em leis ou na própria Constituição Nacional. Seu propósito é recrutar e equalizar a intervenção do feminino nos palcos políticos de discussão, garantindo-lhes uma participação efetiva, e não simbólica na formação da vontade do Estado.

As soluções projetadas, normalmente, definem metas ou limites mínimos para candidaturas eleitorais por meio de um partido ou uma coligação ou sob forma de reserva das cadeiras congressuais. O correto é que "feminizar" o Parlamento requer a formulação de estratégias e a obtenção de informações confiáveis sobre o modo como diferentes nações foram exitosas ao adotá-las.

Com a globalização e a facilidade de consulta propiciada pela Internet, é possível estabelecer análises comparativas acerca da implementação das ações positivas. As tipologias sobre os sistemas de cotas são diferenciadas e possuem duas fases distintas: a primeira, quando da apresentação dos candidatos e, a segunda, quando os assentos congressuais são distribuídos. As mais comuns[47] são:

Cadeiras reservadas (constitucionais e/ou legislativas):

1. cotas de candidatos legais (constitucionais e/ou legislativas);
2. cotas de partidos políticos (voluntárias).

Embora o sistema de cadeiras reservadas regule o número de mulheres eleitas, as duas outras estabelecem um quantitativo feminino mínimo nas listas partidárias, seja como uma exigência legal, seja como um critério estatuído pelos estatutos partidários.

Analisando-se cada qual de *per se*, é possível caracterizá-las da seguinte maneira:

Reserva de cadeiras são cotas legais impostas na Constituição do Estado para destacar um certo número ou porcentagem de mandatos

---

[47] KROOK, Mona Lena; O'BRIEN, Diana Z. The Politics of Group Representation Quotas for Women and Minorities Worldwide. *Comparative Politics*. NY. April 2010. p. 260. Disponível em: https://mlkrook.org/pdf/krook_obrien_10.pdf. Acesso em: 09.05.2020.

parlamentares a determinados grupos minoritários que poderá observar[48] o sistema eleitoral utilizado e o mecanismo de escolha das cadeiras ou a identidade daqueles para os quais estão destinados os lugares e o número desses assentos.[49]

Cotas voluntárias são as adotadas espontaneamente pelos partidos políticos, sem determinação legal. As agremiações podem ou não deliberar que mulheres ocupem determinada proporção na lista de candidatos nomeados ou pré-selecionados para representá-las no pleito eleitoral. Os parâmetros selecionados possuem recomendações variadas (ou cotas "flexíveis"), sendo regra e requisito obrigatório nomes masculinos e femininos alternados e colocados verticalmente; é conhecido como sistema de zíper.[50] Nele, autoriza-se, outrossim, a adoção de cotas organizacionais para elevar a representação feminina internamente nos processos de tomada de decisões.

Alfim, as **cotas legislativas** são as partilhas que reproduzem um sistema no qual se exige que os partidos políticos nomeiem ou pré-selecionem certo quantitativo de mulheres como candidatas à eleição, embora não garantam suas representações no Parlamento. As cotas legislativas asseguram, tão só, que as agremiações partidárias se comprometam a encontrar candidatas adequadas e, eventualmente, as apóiem ou as incentivem a disputar o sufrágio, podendo sofrer sanções legais em casos de desconformidade ou inobservância. São as mais recentes, presentes nos Estados em desenvolvimento, especialmente, os latino-americanos, e nas regiões pós-conflito, como

---

[48] REYNOLDS, Andrew. Reserved Seats in National Legislatures: A Research Note. *Legislative Studies Quarterly*, vol. 30, n. 2, 2005, p. 301-310. Disponível em: https:\\www.jstor.org/stable/3598674. Acesso em: 09.05.2020.

[49] É patente que as eleições majoritárias são incapazes de garantir que as minorias sejam devidamente representadas. Já no sistema distrital, a seleção geográfica poderá assegurar que grupos minoritários tenham voz no Parlamento em virtude da divisão da circunscrição em distritos, como acontece na Escócia frente ao Reino Unido. Neste contexto, se o distrito for uninominal elegerá um só representante; se plurinominal elegerá mais de um mandatário. Na primeira hipótese, o número total de distritos corresponderá a quantidade de cadeiras a serem ocupadas na respectiva Casa Legislativa. Cada partido ou coligação poderá apresentar tantos candidatos quantas forem as vagas em disputa e no dia do sufrágio é apresentada aos eleitores uma lista de candidatos restrita à área a que pertencem. O eleito será aquele que obtiver o maior número de votos no distrito, podendo ser exigida maioria simples ou absoluta. Sendo absoluta, poderá haver dois turnos de votação.

[50] O sistema de zíper (também conhecido como "paridade vertical") é um método de elaboração de listas de partidos em sistemas eleitorais de representação proporcional. Requer que os candidatos da lista alternem homens e mulheres a fim de garantir uma representação paritária na candidatura e de membros potencialmente eleitos. *Electoral Gender Quota Systems and their Implementation in Europe*. Disponível em: https://www.europarl.europa.eu/RegData/etudes/note/join/2013/493011/IPOL-FEMM_NT(2013)493011_EN.pdf. Acesso em: 20.04.2020.

África, Oriente Médio e Sudeste da Europa.[51] Elas remontam aos anos 1990, quando a representação feminina aflorou e ganhou espaço nas agendas de organizações internacionais e de organizações não governamentais transnacionais.[52] Sua adoção foi fruto de reformas nas leis eleitorais e Constituições e, à semelhança das cotas partidárias em que ambas originam-se de um processo de seleção no interior dos partidos políticos, possui como discrímen o *status* legal ou magno e, consequentemente, a imposição de penas por descumprimento, além da sujeição à supervisão de órgãos externos.[53] Nesse norte, as divergências entre cotas legislativas e partidárias são bem acentuadas, sobretudo pelo fato de as primeiras serem obrigatórias, podendo gerar penalidades tais como sanções financeiras ou mesmo a rejeição da lista de candidatos do partido pelas autoridades eleitorais.[54]

Inquestionável o sistema de cotas ser uma forma valiosa de incremento da presença feminina na política profissional. É um mecanismo compensatório das barreiras reais no compartilhamento dos assentos legislativos, propiciando uma representação igualitária no exercício da soberania estatal. Pontue-se serem os partidos e as coligações quem controlam as indicações dos candidatos, e não os eleitores, pelo que a injusta distribuição de oportunidades viola a liberdade do sufrágio.

Dúvida não resta sobre serem as mulheres tão qualificadas quanto os homens, apesar dos rebaixamentos, da minimização e do apagamento aos quais são submetidas nas sociedades patriarcais.[55] A adoção de cotas contribui enormemente para o aprofundamento da legitimidade democrática porque acelera a equiparação de gênero, tornando as eleições e as escolhas mais autênticas. Elas propiciam, por igual, o incremento

---

[51] As cotas legislativas compulsórias e voluntárias são as mais corriqueiras nas democracias representativas ocidentais, existindo, inclusive, países que as mesclam. Apesar de parecerem similares, distinguem-se pelo fato de as obrigatórias demandarem imposição legal ou constitucional, incidindo em todos os partidos políticos que disputam a eleição. Têm como consequência, a aplicação de sanções financeiras em hipótese de descumprimento, ou mesmo, a rejeição da lista pelas autoridades eleitorais.
[52] KROOK, Mona Lena. *Quotas for women in politics: gender and candidate selection reform worldwide*. New York: Oxford University Press, Inc. NY, 2009. p. 8-9.
[53] Geralmente, as cotas legislativas exigem que as mulheres formem entre 25% e 50% de todos os candidatos. BALDEZ, Lisa. Elected Bodies: The Gender Quota Law for Legislative Candidates in Mexico. ILegislative Studies Quarterly 24 (2): 2004. p. 31.
[54] KROOK, Mona Lena. *Quotas for women in politics: gender and candidate selection reform worldwide*. Op. cit. p. 12.
[55] Inesquecível a foto da deputada argentina Victoria Donda Pérez amamentando a filha, em 2015, enquanto participava da sessão parlamentar, imagem que viralizou nas redes sociais demonstrando o comprometimento, as capacidades e os desafios das mães que trabalham fora de casa.

de uma "massa crítica", para além de empoderar o gênero feminino em toda a sua diversidade. Sem dúvida, a feminização do Poder Legislativo beneficia a sociedade com suas visões plurais e multifacetárias e contribui para uma construção legislativa genuína no tocante às aspirações e interesses nacionais.[56]

O SISTEMA DE COTAS NO BRASIL

O Brasil adota as cotas legislativas mediante as quais, conforme descrito, os partidos políticos encarregam-se de destinar, acorde a lei, o número de vagas às candidaturas femininas.

A primeira legislação que as estabeleceu no ordenamento pátrio data de 1995, a saber, a Lei nº 9.100/1995, que regrava as eleições municipais de 1996 e previu uma cota mínima de 20% para candidatas mulheres.[57]

Mais tarde, em 1997, a Lei nº 9.504, promulgada em 30 de setembro de 1997 e conhecida como Lei do Batom, estatuiu que nas eleições proporcionais para a Câmara dos Deputados, a Câmara Legislativa, a Assembleia Legislativa e as Câmaras Municipais deveriam ser destinadas um mínimo de 30% e um máximo de 70% para as candidaturas de cada sexo.[58]

Esperava-se com a referida norma um alargamento do número de parlamentares mulheres, contudo, tal não aconteceu. Ao revés, nas eleições

---

[56] Naturalmente, há posições desfavoráveis com relação às cotas. Elas argumentam com a contrariedade ao princípio da meritocracia por preterir os homens em favor das mulheres apenas pela questão do gênero, com o fato de políticos serem eleitos em virtude do sexo e não da expertise e que as parlamentares mulheres eleitas para preencherem cotas podem não ser consideradas competentes devido à exclusão de candidatos mais qualificados. Pontuam, ainda, que a introdução de cotas gera conflitos significativos no interior das agremiações partidárias, que dito mecanismo gera a errônea concepção de que somente mulheres podem representar mulheres, enquanto os homens também poderiam fazê-lo, dando a entender que as congressistas somente defendem ideias políticas que lhe são favoráveis. Por último, retrucam que as cotas podem atuar desfavoravelmente como um limite superior à participação feminina, ao invés de inferior, bem como a reserva de cadeiras causar desunião na disputa eleitoral ao longo da campanha. Vide: D'ALMEIDA. Massan. *Pour promouvoir la participation politique des femmes, pourquoi certains pays optent-ils pour le quota ou la parité?* Disponível em: https://www.genreenaction.net/Pour-promouvoir-la-participation-politique-des.html. Acesso em: 27.06.2020.
[57] Disponível em: http://www.planalto.gov.br/ccivil_03/leis/L9100.htm. Acesso em: 09.05.2020.
[58] Disponível em: http://www.planalto.gov.br/ccivil_03/leis/l9504.htm. Acesso em: 09.05.2020.

de 1998, a primeira sob sua vigência, houve uma diminuição, sendo que a porcentagem de eleitas, de 6,2% na legislatura anterior, baixou para 5,6%.

Analisando o Quadro da Organização União Interparlamentar, observa-se persistir, ainda hoje, situação desfavorável ao gênero feminino. O crescimento de seus mandatos entre 1995 a 2020 foi pífio, de apenas 7,6%, o que leva o Brasil a ocupar o vergonhoso penúltimo lugar na América do Sul e o 116º no mundo.[59]

A indagação que se faz, então, diante desse quadro desolador, é por que o sistema de cotas não resultou bem no país? Uma crítica perspicaz é realizada por Cristiane Aquino de Souza,[60] para quem seria "oportuno salientar que a norma que estabelece cotas, no Brasil, apresentou uma ineficácia notória por fatores exatamente opostos aos indicados em relação *à* Argentina, ou seja: sistema eleitoral de listas abertas (que confere um caráter individualizado da competição) combinado com o alto custo da campanha eleitoral e ausência de financiamento público". Adicione-se, a "inexistência de sanções legais para o descumprimento da norma e o aumento do número de possibilidade de oferta de candidatos pelos partidos; a não exigência de aplicação da lei por parte de mulheres políticas e nem de nenhum *órgão* do Governo ou da sociedade civil, o que implica a existência de poucas decisões judiciais que exigem o cumprimento da cota e possibilitam a adequada eficácia da lei".

Para agravar, candidatas mulheres são lançadas em disputas sem o devido conhecimento das regras do sufrágio, tão somente para preencherem ficticiamente ou cumprirem *pro forma* os requisitos legais, cuja vantagem adicional é angariar verbas do fundo eleitoral e partidário, distribuídas posteriormente aos candidatos do sexo masculino numa fraude deslavada.[61] Ao final das eleições, quando da prestação de contas à Justiça Eleitoral pelos candidatos e diretórios partidários nacionais, estaduais e municipais prevista na Res. TSE n. 23.607/2019, as mulheres não o fazem, por ignorar o comando normativo e terem sido usadas dolosamente durante a campanha. Os resultados são o impedimento na obtenção da certidão de quitação

---

[59] IUP. *Women in parliament: 1995-2020*. Disponível em: https://www.ipu.org/resources/publications/reports/2020-03/women-in-parliament-1995-2020-25-years-in-review. Acesso em: 21.04.2020.

[60] SOUZA, Cristiane Aquino de. *A eficácia das cotas eleitorais na Argentina e no Brasil*. Disponível em: www.univali.br/periodicos. Acesso em: 20.04.2020.

[61] *"Candidatas-laranja"* – a falácia da inclusão de mulheres na política brasileira". Disponível em: https://camilavazvaz.jusbrasil.com.br/artigos/437619026/candidatas-laranja-a-falacia-da-inclusao-de-mulheres-na-politica-brasileira. Acesso em: 09.05.2020.

eleitoral até o final da legislatura e a eventual inelegibilidade; uma situação que perdurará até o devido acerto com a Corte Eleitoral.[62]

O cenário auspicioso que desponta no horizonte é que, a partir de 2020, por força da Emenda Constitucional nº 97/2017, a formação de coligações nas eleições proporcionais para Câmara dos Deputados, Câmara Legislativa, Assembleias Legislativas e Câmaras Municipais restará vedada. Um dos principais reflexos dessa mudança será, precisamente, a elevação das candidaturas femininas, considerando que cada partido deverá indicar um mínimo de 30% de mulheres filiadas para concorrer ao pleito.

Some-se, a decisão do Tribunal Superior Eleitoral que, em consonância ao entendimento do Supremo Tribunal Federal na Ação Direta de Inconstitucionalidade nº 5.617/2018, determinou que pelo menos 30% dos recursos do Fundo Partidário seja destinado às campanhas das candidatas.[63]

Em verdade, de todo o articulado, depreende-se que o funcionamento das cotas eleitorais de gênero resulta bem ou mal segundo o grau civilizatório das organizações políticas nas quais elas incidem, bem assim acorde a eficácia do Código Eleitoral em cada país. À evidência, é um mecanismo auspicioso e pedagógico, mas que deve vir acompanhado de ações destinadas a suprimir óbices e barreiras institucionais que se impõe às mulheres, nomeadamente às mulheres negras e trans, e que não são suplantados meramente pelas vias legais.

---

[62] Sobre o tema consultar: *A desaprovação das contas de campanha e a quitação eleitoral: a evolução do entendimento do Tribunal Superior Eleitoral*. Disponível em: http://www.tse.jus.br/o-tse/escola-judiciaria-eleitoral/publicacoes/revistas-da-eje/artigos/revista-eletronica-eje-n.-6-ano-3/a-desaprovacao-das-contas-de-campanha-e-a-quitacao-eleitoral-a-evolucao-do-entendimento-do-tribunal-superior-eleitoral. Acesso em: 09.05.2020.

[63] Relembre-se de ter o Plenário do TSE confirmado que os partidos políticos deveriam, já nas eleições 2018, reservar pelo menos 30% dos recursos do Fundo Especial de Financiamento de Campanha, conhecido como Fundo Eleitoral, para subsidiar as campanhas no período eleitoral. Os ministros entenderam, igualmente, que este percentual deveria ser considerado em relação ao tempo destinado à propaganda eleitoral gratuita no rádio e na televisão. A decisão colegiada do TSE foi prolatada em consulta apresentada por oito senadoras e seis deputadas federais. O entendimento dos magistrados eleitorais foi firmado em consonância com o estabelecido pelo Supremo Tribunal Federal (STF), na Ação Direta de Inconstitucionalidade (ADI) nº 5.617/2018, quando a Corte Constitucional determinou a reserva de pelo menos 30% dos recursos do Fundo Partidário às candidaturas femininas. TSE – Cota de 30% para mulheres nas eleições proporcionais deverá ser cumprida por cada partido em 2020. Disponível em: http://www.tse.jus.br/imprensa/noticias-tse/2019/Marco/cota-de-30-para-mulheres-nas-eleicoes-proporcionais-devera-ser-cumprida-por-cada-partido-em-2020. Acesso em: 21.04.2020.

Nesse contexto, as listas eleitorais – abertas [64] ou fechadas [65] – poderão, a depender, auxiliar o acesso de grupos minoritários nos Legislativos e alavancar os programas afirmativos porventura adotados.

OUTRAS ESTRATÉGIAS PARA A PROMOÇÃO DA IGUALDADE DE GÊNERO

Em paralelo ao sistema de cotas, as desigualações de gênero seriam abrandadas mediante posturas de mulheres que, após eleitas, reivindiquem posições de destaque para servir de exemplo e influenciar suas iguais a candidatar-se, bem assim para mostrar aos partidos políticos que não se contentam em posar como figuras decorativas. Tais estratégias de

---

[64] Na chamada **lista aberta,** o partido ou a coligação define os candidatos a deputado ou a vereador, sem qualquer ordenamento ou hierarquização prévia. O eleitor vota nominalmente, podendo igualmente sufragar a legenda. A ordem dos candidatos é obtida pela votação nominal. É o sistema adotado no Brasil, *ex vi* do art. 109, § 2º, do Código Eleitoral, que considera o quociente eleitoral e a distribuição de sobras. Uma crítica negativa contundente a esse sistema é a possibilidade, devido ao quociente eleitoral, de um candidato de determinado partido ser eleito com menos votos que outro candidato de partido diverso, o que contraria a lógica da representação proporcional. ROTTA, Arthur Augusto; BARRETO, Álvaro Augusto de Borba. *Peculiaridades e efeitos do sistema eleitoral de lista aberta adotado no Brasil*. Disponível em: https://jus.com.br/artigos/21562/peculiaridades-e-efeitos-do-sistema-eleitoral-de-lista-aberta-adotado-no-brasil. Acesso em: 10.05.2020

[65] Já na **lista fechada, lista de partido ou o voto em lista** que se verifica na representação proporcional, os eleitores sufragam os partidos políticos, não os candidatos. Nela, as agremiações apresentam *a priori* sua seleção de candidatos com o número correspondente ao círculo eleitoral. Eles são ordenados crescentemente e o número de eleitos será proporcional ao número de votos que o partido obtiver. Obviamente os que estiverem no topo elegem-se com maior facilidade do que os últimos. Tal como colocado, o voto em lista fechada acaba com a votação direta e, de acordo com a quantidade de votos recebidos, cada partido político terá direito a um número proporcional de vagas na Câmara de deputados ou de vereadores. A vantagem deste sistema é os eleitores conhecerem previamente seus eventuais representantes, podendo pressionar as agremiações a inserirem mulheres prioritariamente. POLITIZE! Disponível em: https://www.politize.com.br/voto-em-lista-fechada/. Acesso em: 09.05.2020. Por óbvio, há argumentos favoráveis e desfavoráveis à lista fechada. Os favoráveis manejam com a possibilidade de visualização por parte do eleitor sobre quem poderá ser vitorioso com o seu voto, o que não acontece na lista aberta, além de autorizar aos partidos que divulguem melhor seu conteúdo programático e gastem menos com propaganda, já que as atenções estarão centralizadas nos conteúdos ideológicos defendidos ao longo da campanha. No tocante aos aspectos negativos, sobreleva-se que a definição das listas seria feita dentro e pelos partidos, razão pela qual os eleitores teriam menor poder de escolha, além de dificultar bastante o entendimento das eleições para os votantes mais humildes.

comportamento formam o que Azza Karam e Joni Lovenduski[66] chamaram de "estratégia de regras".

A estratégia baseia-se nas características específicas do funcionamento congressual e abrange três áreas principais: o aprendizado das regras, sua utilização e sua alteração.

Aprender as regras é a primeira providência a ser adotada por todo o congressista para a perfeita compreensão da legislatura e envolve tanto as escritas quanto as costumeiras. O conhecimento, por certo, é paulatino e obedece a uma curva de aprendizado, porém, como as mulheres são percentualmente minoritárias, devem destacar-se como conhecedoras profundas do Regimento Interno das Casas Congressuais, fundamental para o bom desempenho do mandato. Usar a mídia corretamente, construir pontes e redes de conhecimento com os profissionais de imprensa é, igualmente, conveniente e inteligente para ampliar a visibilidade feminina frente à imprensa.

Usar as regras é o passo seguinte para a obtenção do máximo impacto diante dos pares. Após conhecê-las, as mulheres devem valer-se das oportunidades para integrar comissões de relevo, assumir posições de destaque e se fazer ouvir em discussões cujo propósito final é promover as mudanças desejadas e necessárias.

Por último, **alterar as regras** é a consequência prática e derradeira desse caminhar. Inteiradas da *práxis* legislativa, é chegado o momento de as mulheres atuarem revogando normas excludentes, desconstruindo estereótipos e demudando comportamentos estigmatizantes *interna corporis*. Ainda, legislando para as minorias e impondo o debate sobre a diferença e a alteridade como uma demanda da cidadania.

As medidas suprassugeridas, entre tantas que poderiam ser mencionadas, constituem estratégias que por meio da sororidade poderão atrair mais mulheres a aderirem à política como profissão, reduzindo a baixa representatividade feminina nos parlamentos estaduais e federal brasileiros, cujos índices giram em torno de 10%.

CONCLUSÃO

De todo o exposto, sabidamente perduram discriminações contra as mulheres cujas liberdades civis ainda são restringidas em muitos Estados,

---

[66] KARAM, Azza; LOVENDUSKI, Joni. Women in Parliament: Making a Difference. *Women in Parliament:* beyond numbers. a revised edition. International Institute for Democracy and Electoral Assistance. Sweden. 2005, p. 187-212.

sem mencionar os abusos e as violências por elas sofridas, na medida em que a lógica heteronormativa insiste em prevalecer como um nefasto produto histórico-cultural.

Afortunadamente, a construção das identidades socialmente edificadas em contextos de opressões e assujeitamentos não são rígidas o suficiente para impedir brechas, escapes, fraturas e aberturas no agir dos sujeitos que acabam por impulsionar mudanças nos padrões socionormativos. Foucault, em obra clássica *Vigiar e punir,* ao discorrer sobre as artimanhas da liberdade, afirmava que, "onde há poder, há resistência, e as resistências ao poder, muitas vezes, têm força irresistível".[67]

A liberdade, por sua condição ontológica, é insubmissa: diz sempre não às forças que procuram controlá-la. E o faz em condições fora do terror e do constrangimento, o faz por meio de um afrontamento contínuo. O que está em jogo é a questão das identidades, do sentimento de pertencimento, afinal, é impossível ao indivíduo renunciar às características que compõem a sua personalidade. As lutas de resistência em torno do estatuto da individuação almejam o encontro do "eu" no mundo.

Nesse norte, o grande desafio da legitimidade na contemporaneidade é opor a desigualdade à alteridade e rechaçar o *apartheid* que obstrui a interação entre pessoas pertencentes a universos distintos. Pressuposto para uma sociedade pluralista, o diálogo possibilita a concórdia nos confrontos entre os diversos grupos, posto ser inadmissível a hierarquização entre humanos ou o seu confinamento.

É fato não terem as sociedades se libertado da circunscrição classe dominante ou corpos dominantes sobre classes dominadas ou corpos dominados. A democracia radical como possibilidade de todos serem partícipes é um porvir, uma construção sem pausa à qual todos devem estar atentos.

Enquanto isso, pessoas marcadas como diferentes e percebidas como subordinadas sempre causarão problemas, uma alusão a mulheres, indígenas, afrodescendentes, homossexuais, transgêneros e demais oprimidos sobre as quais o poder se impõe e intersecciona para reforçar suas invisibilidades e posições de subalternidade. Não por acaso, Winnicott escreveria que, quando se fala do homem, fala-se da soma de suas experiências.[68]

---

[67] FOUCAULT, Michel. **O sujeito e o poder**. In: DREYFUS, H. L.; RABINOW, P. *Michel Foucault, uma trajetória filosófica: (para além do estruturalismo e da hermenêutica)*. Tradução: Vera Portocarrero. Rio de Janeiro: Forense Universitária, 1995. p. 231-249.

[68] *Winnicott Ressonâncias*. Organizadora: Inês Sucar. Coorganizadora: Heloisa Ramos. Primavera Editorial. Sociedade Brasileira de Psicanálise de São Paulo, 2016. Disponível em: https://boks.google.com.br.

A leitura que pensadores psicanalíticos, como Lacan[69] e Freud,[70] fazem da identidade é que ela se forma ao longo do tempo, por processos inconscientes. Permanentemente incompleta, ela segue sendo construída e surge não tanto da plenitude do que está dentro de cada indivíduo, mas de uma falha de inteireza que "é preenchida" a partir de exterior, pelas formas como ele imagina ser visto pelo outro.

Platão sugeriu, em um de seus diálogos, a ideia do "cuidado do si", mas como cuidar de si e "tornar-te o que tu és" sem subordinar a diferença à identidade? Sem espaços de liberdade que permitam ao homem ser o protagonista de sua própria história e condutor do seu próprio destino?

Acreditar em um mundo que não persegue, não ignora e não discrimina, ao contrário, que considera todos dignos em seus movimentos de inclusão, depende, antes de mais, das leis do Estado servirem a todos indiscriminadamente. Um imperativo axiológico que normatiza conquistas civilizatórias diretamente vinculadas aos princípios supremos da democracia.

Rosário Castellanos, na obra *O eterno feminino*, advertiria as mulheres: "não basta sequer descobrir o que somos. Há que nos inventarmos". Para isso, fundamental revistar os paradigmas identitários diante de uma nova visão de mundo.[71]

Sabiamente, a história ensina ser proveitoso criar problemas. E as mulheres sempre os criaram. Foi assim com Antígona frente a Creonte na tragédia de Sófocles, atitude interpretada por Hegel como indicação da necessária passagem da lei divina e familiar para a lei pública e estatal; foi assim no limiar da modernidade da França Revolucionária, com Olympes de Gouges frente aos formuladores da paradoxal "Declaração Universal dos Direitos do Homem e do Cidadão", enunciado explícito da exclusão das

---

[69] A ideia do "falocentrismo" é oriunda dos estudos psicanalíticos de Jacques Lacan (1901-1981), para quem a identificação do indivíduo é fixada na concepção binária de "ser" e "ter" o falo como uma distinção dual sobre a linguagem de gênero. "Ser" o falo é ser o objeto de desejo do outro (numa linguagem heterossexista) e "ter" o falo é, não apenas, possuir o órgão genital, mas necessitar da confirmação do ser feminino nas concepções simbólicas de "ser" o falo do masculino. *Vide:* LACAN, Jacques. *Encore* (1972-1973). Versão PDF – Escola da Letra Freudiana. Rio de Janeiro, 2010. Acesso em: 03.05.2020. Um estudo excelente filosófico sobre a fenomenologia do corpo na visão de diversos filósofos como Husserl, Merleau-Ponty, Heidegger está em: *Fenomenología del cuerpo y hermenéutica de la corporeidad*. XOLOCOTZI, Ángel; GIBU, Ricardo (coords.). Cidade do México: Plaza y Valdes, PYV Editores, 2014.

[70] Sobre o conceito de identidade em Freud consultar MOREIRA, Jacqueline de Oliveira. *Revisitando o conceito do eu em Freud:* da identidade à alteridade. Disponível em: http://www.revispsi.uerj.br/v9n1/artigos/pdf/v9n1a18.pdf. Acesso em: 28.06.2020.

[71] CASTELLANOS, Rosário. *El eterno feminino. Farsa.* Cidade do México: Fondo de Cultura Económica, 1975.

mulheres da universalidade, e foi assim um século depois com as sufragistas, quando reivindicaram que nenhum Estado poderia se intitular democrático se as mulheres não tivessem o direito de votar, instituindo-se a primeira grande crise de representação política.

Nesse diapasão, se o constitucionalismo oitocentista emancipou o homem, que o constitucionalismo do terceiro milênio emancipe o gênero feminino para extirpar a privação dos estigmatizados e exorcizar a fragmentação social. Só assim frutificará o ideal de autenticidade republicano no qual a conjugação isonômica da cidadania projeta-se como um imperativo cívico e moral das sociedades justas.

REFERÊNCIAS

ALEXY, Robert. *Direito, razão, discurso:* estudos para a filosofia do direito. Tradução: Luís Afonso Heck. Porto Alegre: Livraria do Advogado, 2010.

AMORÓS, Celia. *Feminismo:* igualdad y diferencia. Cidade do México: PUEG Books Collection, UNAM, 1994.

BALDEZ, Lisa. Elected Bodies: The Gender Quota Law for Legislative Candidates in Mexico. *Legislative Studies Quarterly* – 24 (2): 2004.

BEAUVOIR, Simone. *O segundo sexo.* Tradução: Sérgio Milliet. São Paulo: Difusão Europeia do Livro, 1970. vol. 2 – A experiência de vida.

BRASIL – Constituição da República Federativa do Brasil.

BRASIL – Lei Eleitoral nº 9.504, de 30 de setembro de 1997. Disponível em: http://www.planalto.gov.br/ccivil_03/leis/l9504.htm. Acesso em: 09.05.2020.

BRASIL – Lei nº 9.100/95, de 29 de setembro de 1995. Disponível em: http://www.planalto.gov.br/ccivil_03/leis/L9100.htm. Acesso em: 09.05.2020.

BRASIL. Tribunal Superior Eleitoral. Cota de 30% para mulheres nas eleições proporcionais deverá ser cumprida por cada partido em 2020. Disponível em: http://www.tse.jus.br/imprensa/noticias-tse/2019/Marco/cota-de-30-para-mulheres-nas-eleicoes-proporcionais-devera-ser-cumprida-por-cada-partido-em-2020. Acesso em: 21.04.2020.

BRASIL. Tribunal Superior Eleitoral. A desaprovação das contas de campanha e a quitação eleitoral: a evolução do entendimento do Tribunal Superior Eleitoral. Disponível em: http://www.tse.jus.br/o-tse/escola-judiciaria-eleitoral/publicacoes/revistas-da-eje/artigos/revista-eletronica-eje-n.-6-ano-3/a-desaprovacao-das-contas-de-campanha-e-a-quitacao-

-eleitoral-a-evolucao-do-entendimento-do-tribunal-superior-eleitoral. Acesso em: 09.05.2020.

BUTLER, Judith. *Contingent Foundations*: Feminism and the Question of "Postmodernism". New York: University of California at Berkeley, 1990.

BUTLER, Judith. *Problemas de gênero:* feminismo e subversão da identidade. Tradução de Renato Aguiar. Rio de Janeiro: Editora Civilização Brasileira, 2003.

CÂMARA, Heloisa Fernandes. Queda Democrática/Declínio Democrático e Gênero. *Constitucionalismo Feminista* – Expressão das políticas públicas voltadas *à* igualdade de gênero. Coordenadoras Christine Oliveira Peter da Silva, Estefânia Maria de Queiroz Barboza, Melina Girardi Fachin. Salvador: JusPodivm, 2020.

COMANNE, Denise. *Como o patriarcado e o capitalismo se combinam para agravar a opressão das mulheres.* Comitê para a Abolição da Dívida Ilegítima, 2017. Disponível em: http://www.cadtm. patriarchy-and--Capitalismorg/How-Pa. Acesso em: 26.04.2020.

COROMINA, María Pérez-Ugena. *Igualdad entre Mujeres y Hombres* – Instrumentos jurídicos y régimen de garantías. Granada: Editorial Comares, S.L, 2015.

CASTELLANOS, Rosário. *El eterno feminino.* Cidade do México: Fondo de Cultura Económica, 1975.

D'ALMEIDA, Massan. *Pour promouvoir la participation politique des femmes, pourquoi certains pays optent-ils pour le quota ou la parité?* Disponível em: https://www.genreenaction.net/Pour-promouvoir-la-participation--politique-des.html. Acesso em: 27.06.2020.

DAHLERUP, Drude. *Electoral gender quotas: between equality of opportunity and lity of result.* Representation, 43:2. 2007. Disponível em: http://dx.doi.org/10.1080/00344890701363227. Acesso em: 03.05.2020.

DE LOS RÍOS, Marcela Lagarde y. *Los Cautiverios de las mujeres. Madresposas, monjas, putas, presas y locas.* 2. ed. Cidade do México: Siglo XXI Editores, 2015.

DOS SANTOS, Polianna Pereira; PORCARO, Nicole Godim. A importância da igualdade de gênero e dos instrumentos para a sua efetivação na democracia: Análise sobre o financiamento e representação feminina no Brasil. *Constitucionalismo Feminista* – Expressão das políticas públicas voltadas *à* igualdade de gênero. Coordenadoras Christine Oliveira Peter da Silva, Estefânia Maria de Queiroz Barboza, Melina Girardi Fachin. Salvador: JusPodivm, 2020.

ENGELS, Friedrich. *A origem da família, da propriedade privada e do Estado*. Tradução: Leandro Konder. Rio de Janeiro: Civilização Brasileira, 1984.

EPPING, Léa; PRÁ, Jussara Reis. Cidadania e feminismo no reconhecimento dos direitos humanos das mulheres. *Revista Estudos Feministas*. Florianópolis, v. 20, n. 1, abr. 2012.

FAORO, Raimundo. *Os donos do poder* – Formação do Patronato Político Brasileiro. 3. ed. São Paulo: Globo, 2001.

FOUCAULT, Michel. O sujeito e o poder. *In*: DREYFUS, H. L.; RABINOW, P. *Michel Foucault, uma trajetória filosófica*: para além do estruturalismo e da hermenêutica. Tradução de Vera Portocarrero. Rio de Janeiro: Forense Universitária, 1995.

FRASER, Nancy. Redistribuição, reconhecimento e participação: por uma concepção integrada de justiça. In: SARMENTO, D.; IKAWA D.; PIOVESAN, F. (Orgs.). *Igualdade, diferença e direitos humanos*. Rio de Janeiro: Lumen Juris, 2010.

FREIDENBERG, Flavia (ed.). *La representación política de las mujeres en México*. Cidade do México: Flavia Freidenberg Editora, Instituto Nacional Electoral, 2017.

GROSSI, Mírian; MIGUEL, Sônia. Transformando a diferença: as mulheres na política. Florianópolis: *Revista Estudos Feministas*, 2001. v. 9, n. 1.

GUEDES, M. Eunice Figueiredo. *Gênero, o que é isso?* Scielo. 1995. Disponível em: http://www.scielo.br/scielo.php?script=sci_arttext&pid=S1414-98931995000100002. Acesso em: 20.04.2020.

HELLER, Lidia. *Mujeres, entre el techo de cristal y el piso engomado*. Disponível em: http://archivo.lavoz.com.ar/2004/0822/suplementos/economico/nota265277_1.htm. Acesso em: 20.04.2020.

HOLANDA, Sérgio Buarque de. *Raízes do Brasil*. São Paulo: Companhia das Letras, 2002.

INTER-PARLIAMENTARY UNION. WOMEN IN PARLIAMENT: 1995-2020. Disponível em: https://www.ipu.org/resources/publications/reports/2020-03/women-in-parliament-1995-2020-25-years-in-review. Acesso em: 20.04.2020.

KARAM, Azza; LOVENDUSKI, Joni. Women in Parliament: Making a Difference. *Women in Parliament: Beyond Numbers*. A Revised Edition. International Institute for Democracy and Electoral Assistance, Sweden, 2005.

KERBER, Linda. Separate Spheres, Female Worlds, Woman's Place: The Rhetoric of Women's History. *Journal of American History*, 75/1.1988.

KROOK, Mona Lena. *Quotas for women in politics:* gender and candidate selection reform worldwide. Oxford University Press, Inc. NY. 2009.

KROOK, Mona Lena; O'BRIEN, Diana Z. The Politics of Group Representation Quotas for Women and Minorities Worldwide. *Comparative Politics.* NY. April 2010. Disponível em: https://mlkrook.org/pdf/krook_obrien_10.pdf. Acesso em: 09.05.2020.

LACAN, Jacques. *Encore* (1972-1973). Versão PDF. Escola da Letra Freudiana. Rio de Janeiro, 2010. Acesso em: 03.05.2020.

LAGE, Fernanda de Carvalho; ROCHA, Maria Elizabeth Guimarães Teixeira. A Mulher e o Poder Judiciário no Brasil. *Constitucionalismo Feminista – Expressão das políticas públicas voltadas à igualdade de gênero.* Coordenadoras Christine Oliveira Peter da Silva, Estefânia Maria de Queiroz Barboza, Melina Girardi Fachin. Salvador: JusPodivm, 2020.

MATTOS, Marlice. *A questão patriarcal e o Estado Brasileiro.* Núcleo de Estudos e Pesquisas sobre a Mulher. UFMG. Disponível em: https://repositorio.enap.gov.br/bitstream/1/3102/4/Aula%204%20-%20A%20quest%C3%A3o%20patriarcal.pdf. Acesso em: 25.04.2020.

MIGUEL, Luis Felipe; BIROLI, Flávia. *Feminismo e política.* São Paulo: Boitempo, 2014.

MILLET, K. *Sexual politics.* New York: Doubleday & Company, 1970.

MOREIRA, Jacqueline de Oliveira. *Revisitando o conceito do eu em Freud:* da identidade à alteridade. Disponível em: http://www.revispsi.uerj.br/v9n1/artigos/pdf/v9n1a18.pdf. Acesso em: 28.06.2020.

NOVO AURÉLIO – *Dicionário da Língua Portuguesa.* Rio de Janeiro: Nova Fronteira, 1999.

ONU. A Agenda 2030 para o Desenvolvimento Sustentável. 2015, *ODS 5 –* Alcançar a igualdade de gênero e empoderar todas as mulheres e meninas.

NIETZSCHE, Friedrich Wilhelm. *Além do bem e do mal ou prelúdio de uma filosofia do futuro.* Tradução: Márcio Pugliesi. Curitiba: Hemus Livraria, Distribuidora e Editora S.A, 2001.

NIETZSCHE, Friedrich Wilhelm. *A gaia ciência.* Tradução: Paulo César de Souza. São Paulo: Companhia de Bolso, 2012.

PATEMAN, C. *O contrato sexual.* Tradução Marta Avancini . Rio de Janeiro: Paz e Terra, 1993.

PHILIPS, Anne; YOUNG, Iris Mansion; MANSBRIDGE, Jane. Has Liberalism Failed Women? Assuring Equal Representation in Europe and United States. In: J. Klausen; Charles C. Maier Eds. *POLITIZE!,* 2001. Disponível em: https://www.politize.com.br/voto-em-lista-fechada/. Acesso em: 09.05.2020.

REYNOLDS, Andrew. Reserved Seats in National Legislatures: A Research Note. *Legislative Studies Quarterly*, vol. 30, n. 2, 2005. Disponível em: https:\\www.jstor.org/stable/3598674. Acesso em: 09.05.2020.

REZENDE, Daniela Leandro. *Patriarcado e formação do Brasil:* uma leitura feminista de Oliveira Vianna e Sérgio Buarque de Holanda. Disponível em: file:///C:/Users/robet/Downloads/6568-24213-1-PB.pdf. Acesso em: 28.06.2020.

RIOS, Flávia; PEREIRA, Ana Cláudia; RANGEL, Patrícia. Paradoxo da Igualdade; Gênero, Raça e Democracia. *Revista da Sociedade Brasileira para o Progresso da Ciência – Ciência & Cultura – Gênero*. Ano 69, n. 1, jan./fev./mar. 2017.

RIOS, Roger Raupp; SILVA, Rodrigo da. Da Democracia e Direito da Antidiscriminação: Interseccionalidade e Discriminação Múltipla no Direito Brasileiro. *Revista da Sociedade Brasileira para o Progresso da Ciência – Gênero*. Ano 69, n. 1, jan./fev./mar. 2017.

ROTTA, Arthur Augusto; BARRETO, Álvaro Augusto de Borba. Peculiaridades e efeitos do sistema eleitoral de lista aberta adotado no Brasil. *Conjur*. Disponível em: https://jus.com.br/artigos/21562/peculiaridades-e--efeitos-do-sistema-eleitoral-de-lista-aberta-adotado-no-brasil. Acesso em: 10.05.2020.

SANTOS, Boaventura de Souza. Por uma concepção multicultural de direitos humanos. *Revista Crítica de Ciências Sociais*, n. 48, 1997.

SCOTT, J. Gênero: uma categoria útil de análise histórica. *Educação & Realidade*. Disponível em: https://seer.ufrgs.br/educacaoerealidade/article/view/71721/40667. Acesso em: 29.12.2020.

SOUZA, Cristiane Aquino de. *A eficácia das cotas eleitorais na Argentina e no Brasil*. Disponível em: www.univali.br/periodicos. Acesso em: 20.04.2020.

TOCQUEVILLE, Alexis de. *Da democracia na América*. Tradução Pablo Costa e Hugo Medeiros. São Paulo: Vide Editorial, 2019. 2. vol.

VAZ, Camila. *Candidatas-laranja: a falácia da inclusão de mulheres na política brasileira*. Disponível em: https://camilavazvaz.jusbrasil.com.br/artigos/437619026/candidatas-laranja-a-falacia-da-inclusao-de-mulheres-na-politica-brasileira. Acesso em: 09.05.2020.

VIANNA, Oliveira. *Populações meridionais do Brasil*. Rio de Janeiro: Paz e Terra, 1974. vol. 1.

WALBY, Silvia. From private to public patriarchy. *Theorizing patriarchy*. Oxford: Basil Blackwell, 1990.

WEBER, Max. Economia e Sociedade. *Fundamentos da sociologia compreensiva*. Tradução de Regis Barbosa e Karen Elsabe Barbosa. Revisão técnica de Gabriel Cohn São Paulo: Editora UNB e Imprensa Oficial, 2004, vol. 2. Disponível em: https://ayanrafael.files.wordpress.com/2011/08/weber-m-economia-e-sociedade-fundamentos-da-sociologia-compreensiva-volume-2.pdf. Acesso em: 28.06.2020.

WINNICOTT RESSONÂNCIAS. Organizadora: Inês Sucar. Coorganizadora: Heloisa Ramos. São Paulo: Primavera Editorial. Sociedade Brasileira de Psicanálise de São Paulo, 2016. Disponível em: https://boks.google.com.br.

WRIGHT, Danaya C. Theorizing History: Separate Spheres, the Public/Private Binary and a New Analytic for Family Law History. *UF Law Scholarship Repository University of Florida Levin College of Law*. 2012.

XOLOCOTZI, Ángel; GIBU, Ricardo (coords). *Fenomenología del cuerpo y hermenéutica de la corporeidad*. Cidade do México: Plaza y Valdes – PYV Editores, 2014.

democracia s.f. (1671 cf. RB) POLÍTICO 1 governo do povo; governo em que o povo exerce a soberania 2 sistema político cujas ações atendem aos interesses populares 3 governo no qual o povo toma as decisões importantes a respeito das políticas públicas, não de forma ocasional ou circunstancial, mas segundo princípios permanentes de legalidade 4 sistema político comprometido com a igualdade ou com a distribuição equitativa de poder entre todos os cidadãos 5 governo que acata a vontade da maioria da população, embora respeitando os direitos e a livre expressão das minorias 6 por extensão: país em que prevalece um governo democrático <ele é cidadão de uma autêntica d.> 7 por extensão: força política comprometida com os ideais democráticos <a d. venceu as eleições naquele país> 8 figura: pensamento que preconiza a soberania popular <a d. ganhou espaço na teoria política> 9 d. direta POLÍTICO forma

Liberdade de Expressão e Vedação ao Autoaniquilamento da Democracia

GRACE MENDONÇA

1. DEMOCRACIA PARTICIPATIVA

O regime democrático, eixo sobre o qual se ergue a melhor forma de estruturação de um convívio social civilizado, inviabiliza a concentração de poder em uma única figura. Seu núcleo irradia mecanismos de legitimação de escolha de representantes entre os membros da sociedade para o exercício de atribuições inerentes à elaboração normativa e à direção administrativa de um país, de modo a encartar uma balanceada distribuição de poder.

No Brasil, é do atual espaço democrático que o povo extrai a legitimação para o exercício do atributo de decisão em temas de maior relevância para a nação, inserindo-se no processo de escolha de representantes e na participação da rotina política.

É nesse sentido que a democracia configura regime essencialmente dotado de força para evitar o sequestro do controle dos rumos do país por determinadas pessoas, uma vez que permite a inclusão de toda a sociedade nos assuntos que a afetarão diretamente, materializando o pleno exercício da cidadania. Cidadania, aliás, que retrata um dos aspectos basilares para a compreensão de pertencimento do indivíduo, porquanto reflete instrumento de integração sociopolítica a uma unidade nacional.

Diferentemente do que se vislumbrava em um passado não tão remoto – marcado pela exclusão de determinados grupos sociais –, no contexto do atual Estado Democrático de Direito brasileiro, as balizas da democracia buscam alcançar a totalidade de cidadãos. A estrutura política nacional não mais se contrapõe à possibilidade de inserção de certos indivíduos, pelo contrário, confere a toda a pluralidade inerente à sociedade a devida cota de participação democrática.

É no pressuposto da incorporação da coletividade nos assuntos de maior interesse nacional, por meio do poder conferido ao povo, que a democracia revela sua magnitude. Nessa perspectiva, o exercício de poder deve ser atual, e não potencial[1] – o que se distancia substancialmente da existência de uma mera consagração de poder popular sem as correspondentes ferramentas que assegurem a sua prática –, especialmente considerando que o efetivo desempenho da cidadania compõe as bases de uma verdadeira democracia.

No âmbito da Constituição da República de 1988, é registrado logo no primeiro dispositivo o reconhecimento de que todo poder emana do povo, cujo exercício sucederá por meio de representantes eleitos ou de forma direta. O texto constitucional entrega a titularidade do poder ao povo, o qual assume protagonismo tanto na escolha de membros da sociedade que representarão os interesses da coletividade, quanto no uso de mecanismos de participação na política.

A possibilidade de escolha de representantes do povo na tomada de decisões que afetam os rumos do país reflete a vertente representativa da democracia, cuja efetivação ocorre essencialmente mediante o voto. Nessa perspectiva, aos representantes apenas é possível assumir e exercer tal atribuição se assim restar definido pelos representados, enquanto os representados têm na figura dos representantes a concretização mais palpável de suas escolhas políticas.

A presença popular na política também é revelada por instrumentos de inclusão direta nos processos de tomadas de decisão, como a possibilidade de ingresso de ação popular, a participação em audiências públicas, o plebiscito, o referendo, entre outros. Parte-se da premissa de que as pessoas, por serem diretamente atingidas por tais decisões, detêm profundo interesse em contribuir para o seu alcance, o que conferiria, inclusive, maior legitimidade e aprovação popular das medidas estatais[2].

A faceta participativa da democracia, portanto, posiciona a sociedade não somente como mera figura responsável pela escolha de representantes,

---

[1] MIRANDA, Jorge. *Constituição e Democracia*. Disponível em: http://s.oab.org.br/arquivos/2017/03/jorge-miranda-07-03-constituicao-e-democracia.pdf. Acesso em: 24 ago. 2020.

[2] BARCELLOS, Ana Paula de. *Direitos fundamentais e direito à justificativa*: devido procedimento na elaboração normativa. 3. ed. Belo Horizonte: Editora Fórum, 2020. p. 56-57.

mas também como verdadeiro agente de mudança, ao estabelecer mecanismos aptos a materializar a incorporação da coletividade nas temáticas de interesse coletivo. Assim, as escolhas políticas expandem as suas fronteiras de modo a serem desencadeadas também pela sociedade, cuja voz passa a ser ouvida diretamente, e não somente por intermédio de seus representantes eleitos.

Como derivada do princípio democrático, a democracia participativa também confere aos cidadãos a possibilidade de aprendizado democrático e de controle crítico no âmbito de divergência de posicionamentos[3], fomentando a obtenção de resultados políticos democráticos por meio da troca de percepções e opiniões. Estimula-se, nessa perspectiva, a participação consultiva[4] da sociedade nos processos decisórios dos poderes constituídos, ao conceder ferramentas que reduzem as distâncias entre representantes e representados.

A participação política decorre, assim, de uma forma de governo que é favorável à liberdade[5] nas suas mais variadas acepções, cujo exercício não encontra óbice estatal infundado. Um Estado sustentado em bases democráticas deve exercer suas funções com o olhar voltado a todos os membros da sociedade, na medida em que sua existência se funda em todos e se dirige a todos.

2. LIBERDADE DE EXPRESSÃO E SUA REPERCUSSÃO

A presença democrática da população decorre de uma estrutura política propícia às múltiplas expressões inerentes a uma sociedade plural, de modo a congregar ampla diversidade de visões e percepções proferidas sob o amparo da liberdade de expressão. Na condição de direito fundamental, a liberdade de expressão constitui uma conquista da coletividade alcançada após intercorrências de variadas ordens registradas ao longo da história, que demandaram dos indivíduos posições firmes no sentido de defender bens jurídicos essenciais a uma vida digna e livre.

Sob o manto da liberdade de expressão, assim, os indivíduos podem voluntariamente exteriorizar suas ideias e concepções, sem obstruções estabelecidas por autoridades públicas por mero receio de juízos incompatíveis com a condução por elas empreendida. Nessa perspectiva, a liberdade de

---

[3] CANOTILHO, J. J. Gomes. *Direito Constitucional e Teoria da Constituição*. 7. ed. Coimbra: Almedina, 2003. p. 288.
[4] BLANCO DE MORAIS, Carlos. *O sistema político*. Coimbra: Almedina, 2018. p. 113.
[5] MIRANDA, Jorge. *Formas e sistemas de governo*. Rio de Janeiro: Forense, 2007. p. 27.

expressão representa ferramenta indispensável ao avanço democrático na medida em que viabiliza manifestações pacíficas de convicções pessoais, cuja formação está intimamente vinculada à realidade única percebida por cada indivíduo.

A troca de posicionamentos entre cidadãos fomenta o debate saudável e a construção de soluções conjuntas que beneficiam os diversos grupos da sociedade, em uma verdadeira reunião de esforços em prol dos interesses coletivos. Enquanto comunidade congregada sobre os mesmos limites territoriais que definem uma nação, o povo deve se fazer ouvir por meio de sua liberdade de expressão, que, em última análise, representa um instrumento essencial para a participação democrática.

Um Estado Democrático de Direito confere aos seus cidadãos a possibilidade de exprimir seus pensamentos livremente, agregando substancialmente valores ao desenvolvimento democrático a partir da consideração de manifestações de múltiplas vertentes, nas balizas da convivência social harmônica e pacífica. A entrega aos indivíduos de meios para expressar suas ideias e ideais guarda profunda relação com o nível de avanço democrático de uma nação, na medida em que revela a importância que a estrutura sociopolítica atribui às posições pessoais e ao respeito a entendimentos divergentes.

Não obstante, a conversão da liberdade de expressão em instrumento de amparo a manifestações abusivas configura fenômeno incongruente com os eixos democráticos. A defesa das percepções pessoais e de posições particulares vem adquirindo atualmente contornos fundados no desrespeito mútuo e no caos social, em completo descompasso com as bases democráticas nas quais a sociedade brasileira fixa suas raízes.

A liberdade de expressão tem sido invocada quase como um trunfo para sustentar premissas próximas a um vale-tudo. Discurso de ódio, manifestações discriminatórias, expressões antidemocráticas e alegações de cunho autoritário alcançam praticamente todos os setores da coletividade, difundindo-se em demasiada velocidade e intensidade, em uma verdadeira propagação de hostilidade e repulsa.

Frequentemente, confunde-se a figura do indivíduo com a percepção pessoal por ele emitida, mesclando-se a pessoa à sua opinião em uma conformação unificadora preocupante. Acaloram-se os ânimos a ponto de um indivíduo ter a sua existência reduzida à sua posição sobre determinado tema, fundamento considerado suficiente para desqualificá-lo como ser humano.

Gostar ou desgostar de algo ou de alguém tem representado sinalização apta a desencadear investidas desproporcionais de quem apresenta percepções diversas. A veemência com que se defende e ataca, sob o invocado abrigo da liberdade de expressão, atinge parâmetros de extrema polarização e profunda impetuosidade, acentuados notadamente na era digital.

Não se pode negar que as redes sociais facilitam consideravelmente a comunicação, o estabelecimento e a manutenção de vínculos sociais. A agilidade com a qual mensagens e informações se disseminam revela-se extraordinária, com alcance e magnitude muitas vezes inimagináveis. O poder de velocidade e de extensão conferido pelas plataformas digitais viabiliza a eclosão de expressões diversas, o que seria salutar nas balizas de harmonia social.

Entretanto, em um contexto de liberdade de expressão vale-tudo, as redes sociais constituem espaço prolífico para manifestações substancialmente danosas e ostensivamente contraproducentes. A pretexto de um pleno exercício do direito à livre expressão, utiliza-se das redes para ampliar a atmosfera de animosidade, elevando significativamente os níveis de polarização social.

Práticas antes dignas de repúdio – ou até mesmo de responsabilização criminal – hoje passam por um processo de normalização que vem adquirindo espaço e cativando adeptos no âmbito das redes sociais, sob a bandeira de que a democracia abraça a liberdade de expressão disforme. A liberdade de expressão, nesse contexto, converteu-se em credencial para validar manifestações ofensivas e atacar quem é considerado adversário – ou quem pense diferente.

Não somente isso, extrai-se da deturpada expressão livre até mesmo espaço para manifestações inautênticas e ilegítimas, cujos efeitos, muitas vezes, são de difícil reversão, especialmente considerando a velocidade de sua disseminação e a dimensão de seu alcance. Na era digital, a mentira tem pernas longas e ligeiras.

O momento atual é marcado pela firme convicção de que a liberdade de expressão comporta ideias de toda ordem, inclusive aquelas de cunho discriminatório, antidemocrático e autoritário. Assim, passa-se a presumir que seu vigoroso exercício distorcido se coaduna com os valores democráticos, quando, na realidade, reduz as distâncias entre a democracia e o seu fim.

3. EQUILÍBRIO COMO EMPECILHO AO PRETENDIDO AUTOANIQUILAMENTO DA DEMOCRACIA

Direito fundamental conquistado a duras penas e do qual não se deve abrir mão, a liberdade de expressão tem sido perigosamente transfigurada em mecanismo de viabilização de manifestações ofensivas e ilícitas. O direito à livre expressão representa um instrumento essencial à prática democrática, porém, como os demais direitos fundamentais, tem o seu escopo de atuação limitado pela Constituição, por todo acervo normativo vigente no ordenamento jurídico nacional e pela manutenção da ordem social.

Os direitos fundamentais não são absolutos[6] e irrestritos, inviabilizando, portanto, o seu exercício arbitrário e desenfreado. Os direitos fundamentais existem no contexto de Estado Democrático de Direito e, por essa razão, devem ser praticados não somente em observância ao arcabouço normativo que rege o país, como também em consonância com a harmonia coletiva e a pacificação social.

A prática disforme e imoderada de direitos fundamentais, especialmente as liberdades, afeta substancialmente a materialização de direitos de parcelas da coletividade. Em uma sociedade livre, organizada e democrática os direitos devem ser igualmente exercidos por todos. Por conseguinte, a realização de liberdades por uns não pode significar o encarceramento de outros – ainda que seja o encarceramento de ideias.

Nessa perspectiva, a liberdade de expressão em sua concepção vale-tudo força sua entrada até mesmo onde não é bem-vinda, atingindo a ordem social, a estrutura democrática, o Federalismo e a Constituição, sem limites e sem medidas. O direito à livre expressão tem sido recorrentemente utilizado para fins de aniquilamento da democracia e de todas as premissas dela decorrentes.

Não obstante, a manifestação de pensamento não deve se coadunar com ideais tendentes a suprimir direitos fundamentais, afastar a atuação de poderes constituídos e extinguir a diversidade sociocultural. O pretexto de que o contexto democrático autoriza o uso da liberdade de expressão desmedida, na realidade, reflete uma suposta permissão da democracia para seu autoaniquilamento.

---

[6] Nesse sentido, transcreve-se trecho do voto do Ministro Celso de Mello, no âmbito do MS nº 23.452 (*DJe* 12.05.2000): "Não há no sistema constitucional brasileiro, direitos ou garantias que se revistam de caráter absoluto, mesmo porque razões de relevante interesse público ou exigências derivadas do princípio da convivência das liberdades legitima, ainda que excepcionalmente, a adoção, por parte dos órgãos estatais, de medidas restritivas das prerrogativas individuais ou coletivas, desde que respeitados os termos estabelecidos pela própria Constituição. O estatuto constitucional das liberdades públicas, ao delinear o regime jurídico a que estão sujeitas – e considerado o substrato ético que as informa – permite que sobre elas incidam limitações de ordem jurídica, destinadas, de um lado, a proteger a integridade do interesse social e, de outro, a assegurar a coexistência harmoniosa das liberdades, pois nenhum direito ou garantia pode ser exercido em detrimento da ordem pública ou com desrespeito aos direitos e garantias de terceiros".

Muito embora a democracia, de fato, compreenda a liberdade de expressão como um de seus conteúdos mais caros, a sua essência simplesmente não pactua com manifestações contrárias ao seu desenvolvimento. Não se deve obstruir o avanço democrático e o progresso social, ainda que pelo subterfúgio de mera expressão de convicção pessoal.

Manifestações que propõem uma preponderância de determinados grupos sobre outros, que sugerem o encerramento de vias de inclusão social e que insuflam multidões contra valores democráticos devem ser vigorosamente abandonadas, sob pena de dissolução de toda a estrutura democrática que custou séculos para ser alcançada. A democracia não tolera práticas que visem ao seu autoaniquilamento.

Um Estado Democrático de Direito, como o Brasil, de fato não deve suportar o abuso de poder, mas certamente também não deveria comportar o abuso de direito. Portanto, embora represente um direito fundamental cujo exercício manifesta-se essencial em uma democracia, a liberdade de expressão deve ser convertida em prática conforme as regras do jogo.

Não se deve, nesse sentido, burlar as regras, nem mesmo as eliminar. A liberdade de expressão deve ser efetivada conforme as regras democráticas, e não por meio de investidas inclinadas a aniquilá-las.

Igualmente, a solução para o impasse gerado pelo uso deturpado da liberdade de expressão não passa pela eliminação de tal direito fundamental do ordenamento jurídico, o que, aliás, configuraria ato autoritário e incompatível com os termos constitucionais. A saída, portanto, não percorre as vias do aniquilamento seja da democracia, seja da liberdade de expressão.

A resposta, por outro lado, está na própria Constituição, em seu art. 1º, V. O pluralismo político, constitucionalmente arrolado como um dos fundamentos da República, protege a multiplicidade de pensamentos, convicções e ideias inerentes a uma sociedade plural.

No âmbito de uma democracia, o pluralismo está associado à liberdade de participação política, desconectado de discriminações de natureza ideológica[7], uma vez que a diversidade social abrange a convivência harmônica entre concepções e ideias múltiplas. O pluralismo político, nesse sentido, homenageia a complexidade de compreensões acerca do panorama social, econômico e político, bem como o necessário respeito às diferentes convicções pessoais, para que seja efetivada a conservação dos eixos do desenvolvimento democrático.

---

[7] OTERO, Paulo. *Instituições políticas e constitucionais*. Coimbra: Almedina, 2016. v. I. p. 602.

A democracia, nessa linha de ideias, detém o condão de integrar todos os membros da sociedade à política, sem representar um regime que confere poderes ilimitados à maioria a ponto de justificar práticas discriminatórias contra as minorias, nem mesmo estrutura de poder que concede à minoria o direito à desconsideração arbitrária das decisões tomadas pela maioria legitimada pelo voto. Sem o equilíbrio de forças não se vive a democracia em sua essência, sem o respeito pelo diverso a democracia não avança e não se consolida.

Nesse sentido, o conteúdo de manifestações pessoais e a forma como são emitidas devem primar pelo necessário equilíbrio entre o direito à livre expressão e a harmonia coletiva, em sintonia com os valores democráticos, o pluralismo político e a pacificação social.

O direito de se manifestar livremente em uma sociedade é conquista que não se deve abrir mão, porém, seu exercício não deve significar desapreço a valores democráticos, sob pena de esvaziamento do próprio regime que lhe prestigia e de comprometimento das bases sobre as quais se assentarão as relações político-sociais das gerações futuras.

Amparada pelo pilar do pluralismo político, a democracia comporta expressões múltiplas, desde que em consonância com a Constituição e com o acervo normativo, bem como em observância à ordem social. O respeito à multiplicidade de perspectivas que repercutem no espaço democrático constitui elemento basilar e salutar, apto a elidir a estagnação do desenvolvimento democrático ou mesmo o retrocesso de conquistas democráticas.

REFERÊNCIAS

BARCELLOS, Ana Paula de. *Direitos fundamentais e direito à justificativa*: devido procedimento na elaboração normativa. 3. ed. Belo Horizonte: Editora Fórum, 2020.

BLANCO DE MORAIS, Carlos. *O sistema político*. Coimbra: Almedina, 2018.

CANOTILHO, J. J. Gomes. *Direito Constitucional e Teoria da Constituição*. 7. ed. Coimbra: Almedina, 2003.

MIRANDA, Jorge. *Constituição e Democracia*. Disponível em: http://s.oab.org.br/arquivos/2017/03/jorge-miranda-07-03-constituicao-e-democracia.pdf. Acesso em: 24 ago. 2020.

MIRANDA, Jorge. *Formas e sistemas de governo*. Rio de Janeiro: Forense, 2007.

OTERO, Paulo. *Instituições políticas e constitucionais*. Coimbra: Almedina, 2016. v. I.

A Participação Feminina na Política como Pilar da Democracia

Ana Lúcia Arraes de Alencar
Ana Maria Alves Ferreira

A Constituição de 1988 representa o principal avanço jurídico na direção da democracia que o Brasil já vivenciou. Nossa Carta Magna assegura a igualdade para todos, indistintamente, com relação ao sexo ou a distinções de qualquer outra natureza. É uma conquista e tanto para um país, cuja identidade apresenta cicatrizes proeminentes causadas pelo longo histórico de exploração colonial e pela mácula histórica do trabalho escravo; um país que viu reconhecido o voto feminino há menos de cem anos apenas. Uma Constituição com reconhecimento amplo dos direitos para todos os cidadãos deve ser celebrada e protegida; há de haver dedicação diária de seus cidadãos para que esses direitos encontrem realização concreta, e não apenas denotem intenção, sonho, projeto.

Para o que será tratado neste artigo, adotar-se-á como conceito de democracia o conjunto de regras que estabelecem a forma como as decisões que dizem respeito à coletividade inteira são tomadas, de modo a representar os interesses de todos (BOBBIO, 2009).

A forma de exercer a democracia passa, portanto, por assegurar que a coletividade esteja representada legitimamente, a partir de decisões tomadas em seu nome.

Pensando a respeito de que coletividade se fala no Brasil, é importante entender quais grandes grupos a integram. Apenas para exemplificar, pode-se citar que mais da metade da população é de mulheres; mais da metade é parda ou negra. Entretanto, tais grupos encontram proporção muito destoante em relação aos representantes parlamentares. No âmbito federal, as mulheres representam menos de 15% dos integrantes das casas legislativas, e negros e pardos ocupam menos de 18% dos assentos do Legislativo.

Tamanho distanciamento entre os representantes na esfera política é também alerta ao exercício da democracia, pois revela grande possibilidade de a coletividade não estar representada, logo suas demandas podem não ser levadas a um foro fundamental para que os direitos estabelecidos na Constituição, de fato, sejam usufruídos.

Apesar de a Carta Magna ser o documento primordial do Estado de Direito brasileiro, muito da efetivação dos direitos previstos passa por regulamentação específica, que depende da atuação direta do Poder Legislativo. Nesse sentido, há relação direta dos representantes, deputados e senadores, em ações necessárias para que diretrizes constitucionais se convertam em direitos de fato.

Democracia não se resume ao direito de expressão e opinião. Implica igualdade de oportunidades no que se refere a vários direitos conquistados e garantidos na Constituição, mas nem sempre postos em prática; muitos óbices podem se interpor antes que aqueles saiam do papel. É importante notar: mesmo que barreiras legais sejam superadas, ainda remanescem, por vezes, barreiras culturais.

Para este texto, será dado maior enfoque à representação feminina nos espaços de poder como direito incipiente em sua concretização. Diversas outras desigualdades, como concentração de renda, falta de acesso à educação de qualidade por grande parcela da população, baixa representatividade de negros e pardos nos espaços de poder, são temas extremamente importantes e também determinantes para o avanço da democracia, mas que requerem um extenso debate, que extravasaria dos objetivos do tema objeto desta publicação.

As desigualdades nas relações de gênero estão inseridas em um amplo processo histórico, cultural e estrutural, que perpassa as esferas privada e pública. Assim, a participação política integra essa estrutura e se destaca como o principal fundamento da vida democrática e como instrumento, por excelência, para ampliar os direitos de cidadania.

Um processo tão recente de inclusão das mulheres na vida política certamente passa por diversos estágios. Primeiramente, o reconhecimento formal do direito; em seguida, a disposição de instrumentos que possibilitem o exercício desse direito. Um atributo indispensável para que mulheres tenham voz nas tomadas de decisão é a autonomia econômica, pois a dependência financeira ou patrimonial pode representar, também, fator de fragilidade ou submissão aos detentores das condições de subsistência.

A falta de autonomia das mulheres pode ter implicações em sua segurança. Muito frequentemente, a violência doméstica está relacionada à convivência com o agressor em razão de sua dependência econômica, num contexto de medo e apreensão diante da relação desequilibrada de poder. A instituição de normas de proteção – como a Lei Maria da Penha – contribui para auxiliar o exercício da cidadania pelas mulheres, por trazer mecanismos que as apoiem no caso de risco de violência: é exemplo inegável de como o olhar parlamentar sobre determinado público pode causar impactos sociais de grande amplitude.

Temos assistido a avanços legislativos com vistas a contribuir para a efetiva igualdade de direitos. Uma dessas medidas é a representação política paritária de homens e mulheres entre parlamentares, que teve avanço normativo ao ser determinado, por meio da Lei 9.504/1997, que os partidos políticos estabeleçam um mínimo de 30% de candidaturas de cada sexo. Ocorre que, na prática, os efeitos dessa regra não se mostraram tão significativos. Na última eleição no Senado, apenas 7 dos 54 eleitos são mulheres; na Câmara, as mulheres representam somente 15% dos deputados eleitos (TSE, 2020).

Para além das diferenças na representação política, há diversos indicadores que expõem, além disso, enormes desigualdades nos direitos de homens e mulheres.

De acordo com o estudo do IBGE "Indicadores Socais", publicado em 2017, a taxa de subutilização da força de trabalho das pessoas maiores de 16 anos aponta as mulheres como maioria desse grupo. Em 2016, enquanto esse índice era de 17,2% entre os homens; entre as mulheres, era na faixa de 25,1%. Além disso, a diferença remuneratória entre homens e mulheres persiste. Naquele mesmo ano, o rendimento médio das mulheres representava 76% do dos homens.

Muitos outros países também apresentam diferenças marcantes de oportunidades entre homens e mulheres. O mesmo estudo do IBGE informa que, nos países que compõem a Organização para a Cooperação e Desenvolvimento Econômico (OCDE), as mulheres têm, em média, 1,4 vez mais chances de não estudar nem estar ocupadas do que os homens, sendo que, em países como a Turquia e o México, as mulheres chegam a ter de três a quatro vezes mais chances que aqueles de se encontrar nessa situação. Por outro lado, mostra que há países nos quais tal desigualdade não se verifica, como a Suécia e a Bélgica, o que indica ser problema cuja solução pode achar-se em políticas públicas adequadas.

Há fatores claramente apontando no sentido de que os papéis culturalmente associados às mulheres interferem diretamente na empregabilidade.

O mesmo estudo do IBGE abordou os motivos pelos quais jovens de 16 a 29 anos que não estudavam nem estavam ocupados não envidavam esforços com vistas a conseguir ocupação. O resultado mostrou que, enquanto 34,6% das mulheres responderam "ter que cuidar dos afazeres domésticos, do(s) filho(s) ou de outro(s) parente(s)", apenas 1,4% dos homens apontou referido motivo como a principal causa pela inação.

É fundamental destacar também que não utilizar a força de trabalho feminina traz prejuízos ao País. A aposta na redução das desigualdades entre homens e mulheres traz ganhos para toda a sociedade, desde a qualidade de vida de todo o grupo familiar até os consideráveis efeitos na economia de um modo geral.

Segundo a Organização Internacional do Trabalho (2017), a "diminuição das diferenças de gênero poderia aumentar o PIB em 3,3% e acrescentar R$ 131 bilhões em receita tributária". A mesma publicação acrescenta que, se o País conseguir reduzir em 25% a desigualdade na taxa de participação até 2025, o PIB poderia crescer em até R$ 382 bilhões, ou 3,3%. Ou seja, se a participação feminina crescesse, o mercado de trabalho brasileiro ganharia 5,1 milhões de mulheres para sua mão de obra e um aumento considerável no PIB.

Há ainda diversos indicadores sociais que estão relacionados com as condições das mulheres e que, invariavelmente, têm impacto em outros grupos populacionais, homens e crianças. Em cada lar, em cada família, elas estão presentes. As políticas que as atingem também impactam os demais membros. Exemplo disso é a relação entre educação materna e mortalidade infantil.

Na literatura especializada sobre mortalidade infantil, verifica-se, de forma consistente, que a escolaridade materna tem sido considerada um dos fatores de maior importância associados à sobrevivência de menores de cinco anos de idade (LIMA, 2013). Entre as possíveis razões por que a educação traz tal impacto, a autora aborda a superação de explicações tradicionais e busca por cuidados apropriados, conhecimento sobre os meios necessários aos cuidados com os filhos, mais capacidade de diálogo com o companheiro e outros membros da família em relação à criação dos filhos e demais assuntos domésticos. Assim, fica clara a relação entre políticas de educação das mulheres e impactos sociais.

Há muitas outras políticas que guardam relação entre as vivências femininas e o impacto direto em diversas outras áreas. É o caso, por exemplo, da disponibilidade de creches e escolas em tempo integral, o que permite às mães se dedicarem, com mais tranquilidade e entrega, a áreas profissionais e, assim, participarem do mercado de trabalho em condições mais equilibradas em relação às dos homens.

No mesmo sentido, ações como essas impactam na renda das famílias, no consumo, na qualidade da educação, na qualidade nutricional e favorecem o crescimento saudável dos filhos.

Questões culturais relacionadas aos papéis tradicionais das mulheres podem ter repercussão ainda mais intensa nas populações rurais. Muitas vezes, o trabalho das mulheres do campo é invisibilizado. Diante do fato de, tradicionalmente, sua ocupação estar mais diretamente relacionada a afazeres domésticos, embora também laborem no campo, seu reconhecimento como trabalhadora é relegado. Assim, as mulheres do campo acumulam tanto a exclusão dos espaços de poder político quanto do mercado como agente de produção econômica.

Outro fator que deve ser lembrado é o impacto na saúde física e mental. Liberar as mulheres da responsabilidade integral dos cuidados com os filhos pode reduzir o estresse físico e mental e impactar positivamente a saúde, trazendo mais qualidade de vida própria e dos seus.

Contribuir para que políticas com orientação voltada às mulheres avancem representa desafios imensos, perpassa pela necessidade de se reconhecer a importância para a sociedade de ações com tais objetivos. É preciso que os representantes tenham legitimidade diante daqueles que representam. Portanto, a representatividade das mulheres na elaboração das leis certamente agregaria conhecimento de causa a questões inerentes. Não se trata de mera representação numérica; trata-se de equidade. Na vivência das mulheres, há diversos elementos não percebidos pela vivência masculina.

Em publicação intitulada "Mais mulheres na política" (editada pelo Senado), destaca-se que "o poder sobre as decisões públicas, que deveria ser neutro em relação a gênero, é marcadamente masculino, o que resulta em pouca sensibilidade no mundo político diante de assuntos importantes para a qualidade de vida das mulheres". E acrescenta: "avaliando-se o resultado das eleições nos últimos trinta anos, constata-se um lentíssimo crescimento da participação das mulheres no Legislativo brasileiro".

Em contraposição, a realidade estampa a presença das mulheres em áreas nas quais, antes, apenas a masculina era vista. Os dados mais recentes mostram que elas são maioria nas universidades brasileiras e são identificadas como chefes de família em mais de 40% dos lares do País (Ipea, 2015).

É possível perceber, portanto, que, em certos aspectos, a realidade mostra o reconhecimento cultural pela sociedade da autonomia feminina. Todavia, quando se trata de espaço de poder tão importante quanto a política, ainda há muito o que avançar.

A instituição de cotas de vagas para mulheres no sistema político é ação afirmativa criada para garantir sua inserção no meio político-partidário e equilibrar a proporção dos parlamentares por gênero, para, assim, fazer se aproximar esta da verificada na sociedade.

De acordo com a publicação do Senado mencionada sobre a inserção das mulheres na política, "apenas a aplicação da lei não é suficiente para que haja incremento na quantidade de cadeiras ocupadas por mulheres. É preciso capacitar, criar programas de apoio, além de realizar campanhas de incentivo, a fim de despertar as condições para que elas participem dos processos decisórios do país".

O artigo 10 da Lei 9.504, de 1997, estabelece percentual mínimo de 30% de candidaturas de cada gênero, porém o número de parlamentares tem mostrado que, para avançar nessa equidade, é necessário mais do que a imposição legal de uma política de cotas.

A ocupação dos espaços políticos e de poder, proporcionalmente à presença e ao papel do sexo feminino na sociedade, passa, necessariamente, por articulações sociais, políticas, culturais e econômicas.

É preciso considerar como meta clara aumentar a proporção de mulheres nos cargos eletivos e reforçar ações coerentes com as suas necessidades e o seu cotidiano.

A conquista de direitos sociais, como o acesso à saúde, à assistência e à educação, resulta do poder de luta, de organização e de reivindicação; nunca é dádiva do Estado, e por isso mostra-se tão importante a presença das mulheres, conhecedoras de suas reivindicações, nos foros que fazem parte da trilha em direção aos direitos.

Uma vez ocupados os espaços de poder pelas mulheres parlamentares, estas precisam estar imbuídas do sentimento de que são determinantes para a efetividade dos direitos em tela, políticas que apoiem a vivência feminina, que alcancem as demandas de todas as mulheres, como aquelas que fomentem a maternidade saudável, por meio de creches e educação de qualidade e que valorizem o trabalho feminino, incentivando a equidade salarial.

Pensar em uma agenda que favoreça o exercício efetivo da democracia é pensar em inserção gradual das mulheres nos espaços de poder, como forma de trazer mais legitimidade às decisões políticas, pois consideraria um leque maior de aspirações advindas de todas os segmentos da sociedade.

Na publicação do Senado referida anteriormente, faz-se menção a razões arguidas no senso comum acerca do possível desinteresse das mulheres por cargos políticos. Não há estudos consistentes sobre essa hipótese, mas é fato verificável que muito menos mulheres se inscrevem em processos eletivos.

Dados disponíveis no *site* do Tribunal Superior Eleitoral (TSE) mostram que, entre os 15,7 milhões de eleitores afiliados a partidos políticos, 45% são mulheres. Esse dado demonstra que, entre os que se envolvem de algum modo com política partidária, há mais equilíbrio entre homens e mulheres. É importante avançar nesse comprometimento e partir para outro nível de atuação, no sentido de se inscreverem como candidatas e receberem apoio em suas campanhas.

Relatório produzido pelas Nações Unidas, em 2017, mostrou que, comparado a outros países, o Brasil tem representatividade feminina muito reduzida. Em uma lista de 167 países em que o indicador foi medido, ocupou a posição 154, em razão da baixa representatividade de mulheres no Poder Legislativo.

A razão de ser da representatividade nas casas legislativas é, de fato, a sociedade se fazer representar. Nada mais justo e equitativo do que se observar, entre seus membros, proporcionalmente, o número de mulheres em relação ao total da população, ou pelo menos algo próximo a esse número.

Por fim, não estão claras as razões pelas quais a mulher ainda não tem buscado ocupar um espaço tão importante como o da política. Historicamente, os homens têm ditado as regras do universo político-partidário. Porém, assim como em outras esferas, as mulheres precisam perceber o quão positivamente determinante pode ser sua integração em área tão essencial para a sociedade como um todo.

Todavia, as mulheres avançaram muito. Mesmo as diferenças que ainda persistem mostram sinais de participação mais equitativa no mercado de trabalho e na educação, por exemplo. Não obstante, a política, especialmente, tem sido seara pouco explorada e ocupada por elas.

A democracia brasileira levou muito tempo para alcançar o desenho estabelecido na nossa atual constituição. É preciso continuar vigilante para assegurar os direitos tão duramente conquistados. Não se pode relativizá-los ou, por inércia, mantê-los apenas formalmente: escritos e não exercitados. Ainda falta muito para que alcancemos a democracia em seus aspectos econômicos e sociais, pois estes contribuem diretamente para o exercício dos princípios democráticos de fato. A igualdade de direitos entre homens e mulheres ainda não é plena como prometido na Carta Magna, justamente porque nem todos os aspectos da democracia avançaram.

O Brasil está atrasado em relação ao exercício da igualdade de todos os brasileiros. É preciso avançar na representatividade política, e, para tanto, essa mensagem precisa chegar aos brasileiros e sua importância ser compreendida por homens e mulheres. É caminho de afluxo obrigatório caso se almeje um país mais democrático, uma sociedade mais equitativa e uma economia mais promissora.

A efetiva participação feminina na política é, sem dúvida, um dos pilares de uma democracia justa Fazer-se representar por seu grupo traz a sensação de guarida social, que culmina, por certo, no amparo a direitos que podem ser reconhecidos, ao contrário do que acontece ao não haver empatia política.

REFERÊNCIAS

BOBBIO, Norberto. *O futuro da democracia*. Rio de Janeiro: Paz e Terra, 2009.

BRASIL. Constituição da República Federativa do Brasil. Disponível em: http://www.planalto.gov.br/ccivil_03/constituicao/constituicao.htm. Acesso em: 12.12.2020.

BRASIL. Senado Federal. *Mais mulheres na política*. 2. ed. Brasília. Disponível em https://www12.senado.leg.br/institucional/procuradoria/proc--publicacoes/2a-edicao-do-livreto-mais-mulheres-na-politica. Acesso em: 12.12.2020.

BRASIL. Lei nº 9.504, de 30 de setembro de 1997. Estabelece normas para as eleições. Diário Oficial [da] República Federativa do Brasil, Brasília, DF, 1º out. 1997. Disponível em: http://www.planalto.gov.br/ccivil_03/leis/l9504.htm. Acesso em: 12.12.2020.

BRASIL. Lei nº 11.340, de 07 de agosto de 2006. Cria mecanismos para coibir a violência doméstica e familiar contra a mulher. Disponível em: http://www.planalto.gov.br/ccivil_03/_ato2004-2006/2006/lei/l11340.htm. Acesso em: 12.12.2020.

Instituto Brasileiro de Geografia e Estatística (IBGE). 2017. Síntese de Indicadores Sociais. Uma análise das condições de vida da população brasileira. Disponível em: https://biblioteca.ibge.gov.br/visualizacao/livros/liv101459.pdf. Acesso em: 12.12.2020.

Instituto de Pesquisa Econômica Aplicada (IPEA). 2015. Retrato das Desigualdades de Gênero e Raça. Disponível em: https://www.ipea.gov.br/retrato/indicadores_chefia_familia.html. Acesso em: 12.12.2020.

LIMA, Luciana Conceição de. A natureza da relação entre escolaridade materna e mortalidade infantil e na infância no Brasil. Tese de Doutorado em Demografia. 2013. Centro de Desenvolvimento e Planejamento Regional da Faculdade de Ciências Econômicas da Universidade Federal de Minas Gerais. Disponível em: https://repositorio.ufmg.br/handle/1843/AMSA-9D8PJT?mode=full. Acesso em: 12.12.2020.

INTER-PARLIAMENTARY UNION. Women in politics. Disponível em: https://www.ipu.org/resources/publications/infographics/2017-03/women-in-politics-2017?utm_source=Inter-Parliamentary+Union+%28IPU%29&utm_campaign=550dedbec7-EMAIL_CAMPAIGN_2017_02_23&utm_medium=email&utm_term=0_d1ccee59b-3-550dedbec7-258891957. Acesso em: 12.12.2020.

Organização Internacional do Trabalho (OIT). Tendências para mulheres no mercado de trabalho 2017. Disponível em: http://www.ilo.org/wcmsp5/groups/public/---dgreports/---dcomm/documents/briefingnote/wcms_558014.pdf. Acesso em: 12.12.2020.

Tribunal Superior Eleitoral. Eleitores filiados por sexo e faixa etária. Disponível em http://www.tse.jus.br/eleitor/estatisticas-de-eleitorado/eleitores-filiados-por-sexo-e-faixa-etaria. Acesso em: 12.12.2020.

democracia s.f. (1671 cf. RB) POLÍTICO 1 governo do povo; governo em que o povo exerce a soberania 2 sistema político cujas ações atendem aos interesses populares 3 governo no qual o povo toma as decisões importantes a respeito das políticas públicas, não de forma ocasional ou circunstancial, mas segundo princípios permanentes de legalidade 4 sistema político comprometido com a igualdade ou com a distribuição equitativa de poder entre todos os cidadãos 5 governo que acata a vontade da maioria da população, embora respeitando os direitos e a livre expressão das minorias 6 por extensão: país em que prevalece um governo democrático <ele é cidadão de uma autêntica d.> 7 por extensão: força política comprometida com os ideais democráticos <a d. venceu as eleições naquele país> 8 figura: pensamento que preconiza a soberania popular <a d. ganhou espaço na teoria política> 9 d. direta POLÍTICO forma [illegible]

Sem Mulheres não Existe Democracia

Mara Gabrilli

Em 2016, nas eleições de São Tomé e Príncipe, país no continente africano, a candidata Maria das Neves se tornou a primeira cidadã são-tomense a candidatar-se a presidente. Com uma campanha empática, que pregava a igualdade, ficou em terceiro lugar na disputa com uma diferença de menos de 1% para o segundo lugar. Após a contagem final dos votos, que foi fraudada, diga-se de passagem, ouviu de seu adversário que "já poderia retornar ao seu marido para lavar e cozinhar".

Mulher e pobre, Maria das Neves representa a luta de mulheres pelo mundo que confrontam diariamente todas as formas de preconceito. Elas brigam pelos seus direitos, pelos direitos de seu povo e por mais espaço na política.

No Brasil, só em 1932, conquistamos, por lei, o direito a votar em eleições nacionais, mas, até hoje, vivenciamos uma política majoritariamente masculina, apesar de representarmos mais de 51% dos eleitores no País.

Mulheres são apenas 15% dos congressistas e 14% dos vereadores do Brasil. No Executivo, apenas 12% dos municípios brasileiros possuem uma prefeita e apenas um estado possui governadora (Rio Grande do Norte).

Amargamos a 152ª posição na lista de 192 países que mede a representatividade feminina na Câmara dos Deputados, divulgada em 2019 pela Inter-Parliamentary Union. Nos cargos no Executivo, ocupamos a 161ª posição na comparação entre 186 países, de acordo com recente levantamento do Projeto Mulheres Inspiradoras. Países como Arábia Saudita, Venezuela, Rússia e Somália estão na nossa frente.

No Senado, meu atual campo de trabalho, muita gente nem imagina, mas, até 2016, as senadoras tinham de sair do plenário e usar o banheiro do restaurante ao lado, porque a única opção era o banheiro masculino, construído em 1960.

Hoje, apesar de existir a reserva mínima de 30% das vagas nos partidos para mulheres, ainda vivenciamos a desigualdade de gêneros nos Parlamentos. Muito se deve à falta de investimento das próprias siglas em campanhas femininas e na formação política de mulheres. Por mais vagas que se criem, a disputa com homens ainda é desigual. Sem falar nas "candidatas-laranja", usadas só para cumprir a legislação.

Além de os partidos se mostrarem legítimos redutos masculinos, a política brasileira ainda se mostra como um "jogo sujo", desanimando mulheres a se filiarem e seguirem a vida pública.

Apesar de as brasileiras terem progredido em áreas como educação e saúde, a baixa representação na política ainda é uma realidade. Por muito tempo, temos sido um Brasil conduzido por homens. Não só isso, nossa política esteve nas mãos de homens majoritariamente padrões: brancos, mais velhos e com histórico familiar na política. Esse cenário, felizmente, começa a ser desconstruído com mulheres atípicas ocupando cargos públicos e indo na contramão desse *status*.

Mulher e tetraplégica, faço parte dessa atipicidade, pois levo comigo uma somatória de discriminações. Driblo, na cadeira de rodas, o machismo, o sexismo, a misoginia e a discriminação que se manifesta em várias outras facetas, já que carrego o adicional de não mexer quase nada do pescoço para baixo. Assim como eu, outras tantas mulheres com deficiência, de diferentes áreas de atuação, lutam para firmar seu lugar na sociedade. E somos muitas.

Para se ter uma ideia, a cada dez pessoas no mundo, uma tem deficiência. A cada cinco pessoas com deficiência, três são mulheres. O mundo conta com 1 bilhão de pessoas com deficiência, das quais 600 milhões são mulheres.

De acordo com a Organização Internacional de Trabalho, em 2019, a participação feminina no mercado de trabalho era quase 20% inferior aos homens (52,7% contra 71,5% deles). Quando se trata de cargos de liderança, as mulheres ocupam 25% deles dentro dessas empresas. Para os cargos de mais alto nível nas corporações, apenas 15% das empresas possuem uma mulher no topo. As mulheres têm somente 18% dos títulos de graduação em ciência da computação e representam, atualmente, 25% da força de trabalho da indústria digital.

O buraco é ainda mais embaixo: 3 em cada 10 pessoas no Brasil admitem que se sentem desconfortáveis em ter uma mulher como chefe. Os dados são da pesquisa Atitudes Globais pela Igualdade de Gênero, publicada em 2019 pela Ipsos.

Estamos diante de problemas estruturais e não podemos ignorar que uma das áreas consideradas decisivas para diminuir todas essas disparidades entre homens e mulheres no mercado de trabalho é a política.

Não ter no Parlamento um retrato da sociedade como de fato ela é – diversa – subtrai muitas vezes o olhar de nossos representantes para outras questões e camadas sociais, empobrecidas de representatividade entre aqueles cuja função é essencialmente ouvir e representar anseios.

Mulheres não devem ser a maioria absoluta, muito menos a minoria. Para conquistar o país que a gente quer, precisamos de mulheres complementando e enriquecendo o que hoje é homogêneo e empobrecido. A democracia só se fortalece quando há equilíbrio entre homens e mulheres compartilhando experiências.

A DISPUTA POR UM CARGO NA ONU

Ter disputado um cargo em um comitê da ONU expandiu meu olhar para a problemática da inclusão. Questões que antes não tinham tanta correlação agora fazem todo o sentido. O acesso à água e a condição da mulher no mundo são algumas delas.

Para vocês terem ideia, mais de 2 bilhões de pessoas no planeta não têm acesso à água potável e mais de 4,5 bilhões não têm serviços de saneamento adequados. A precariedade dessa política pública é inclusive um dos maiores causadores de deficiência em alguns países.

Atualmente, estima-se que 90% dos casos de deficiência visual estejam concentrados em nações em desenvolvimento. A maior parte poderia ser evitada com políticas de saúde.

Você deve estar se perguntando o que a causa da mulher tem a ver com tudo isso. Bom, é a mulher quem busca e carrega essa água que ainda não consegue chegar a todos que precisam.

É a mulher, sobretudo a pobre, quem carrega a água do mundo na cabeça. E não por acaso, é o contingente feminino que mais é cometido por deficiências. E a violência doméstica perpetrada contra a mulher é um dos motivos para tal dado existir.

Ou seja, não estamos falando de um microcosmo, mas de um planeta de mulheres e meninas esquecidas. Muitas buscando água potável para a subsistência de sua família e comunidade.

A falta de gestão para a água perpetua não só a desigualdade entre nações pobres e ricas, gera disparidades dentro dos próprios países. Isso porque, antes da disputa pela água, há ainda a luta pela igualdade de gêneros.

Juntas, mulheres e meninas em países de baixa renda gastam cerca de 40 bilhões de horas por ano coletando água – uma soma feita pela Unicef.

Estar na ONU, como a personificação de uma somatória de exclusões (mulher *plus* tetraplégica), fez-me perceber o quanto perdemos quando não temos mais mulheres no poder para balancear e democratizar acessos a políticas públicas tão básicas quanto fundamentais.

Para chegar à água, ao saneamento básico, ao combate à violência, temos mais essa barreira a vencer: acabar com a desigualdade de gêneros nas relações de poder.

Hoje, esta senadora tetraplégica também é representante do Brasil no Comitê da ONU sobre os Direitos das Pessoas com Deficiência, o CDPD. É a primeira vez que o nosso país tem um representante ali, pensando nas pessoas com deficiência no mundo.

Espero que, assim como Maria das Neves, eu possa inspirar outras mulheres e meninas no Brasil e no mundo a buscarem seus direitos. Que juntas possamos exercer a liberdade para sermos simplesmente o que sonhamos ser.

Reflexos da Atuação Administrativa na Efetivação de Direitos Fundamentais

MARIA SYLVIA ZANELLA DI PIETRO

1. DA FUNÇÃO ADMINISTRATIVA DO ESTADO

Falar em *função administrativa* significa referir-se a uma das três funções do Estado, ao lado da *legislação* e da *jurisdição*. Seguindo a lição de Renato Alessi,[1] as três funções assim se distinguem: a) a *legislação* é ato de *produção jurídica primário*, porque fundado única e diretamente no poder soberano, do qual constitui exercício direto e primário; mediante a lei, o Estado regula relações, permanecendo acima e à margem delas; b) a *jurisdição* é emanação de atos de *produção jurídica subsidiários* dos atos primários, que só se produzem por provocação da parte interessada e que se exerce apenas quando os interessados não os cumprem espontaneamente; c) a *administração* é a emanação de atos de *produção jurídica complementares*, em aplicação concreta do ato de produção jurídica primário e abstrato contido na lei; ela atua independentemente de provocação da parte interessada e tem por fim dar cumprimento à vontade contida no comando legal, de modo a propiciar a consecução dos fins estatais.

O mesmo autor demonstra que a função de emanar atos de produção jurídica complementares não fica absorvida apenas pela *função administrativa*

---

[1] ALESSI, Renato. *Instituciones de Derecho Administrativo*. Buenos Aires: Bosch, Casa Editorial, 1970. t. 1.

de realização concreta dos interesses coletivos, mas compreende também a *função política* ou de *governo*, "que implica uma atividade de ordem superior referida à direção suprema e geral do Estado em seu conjunto e em sua unidade, dirigida a determinar os fins da ação do Estado, a assinalar as diretrizes para as outras funções, buscando a unidade da soberania estatal".[2]

A função política compreende as atividades colegislativas e de direção; a função administrativa corresponde a uma atividade de execução, compreendendo o serviço público, a intervenção, o fomento, a polícia e a regulação. A primeira rege-se fundamentalmente pelo Direito Constitucional.

Na realidade, falar em função administrativa do Estado é o mesmo que falar em Administração Pública, em sentido objetivo, material ou funcional, que se distingue da Administração Pública em sentido subjetivo, formal ou orgânico. Esta última compreende pessoas jurídicas, órgãos e agentes públicos incumbidos de exercer a função administrativa do Estado. No sentido objetivo, a Administração Pública designa a atividade exercida pelos referidos entes, correspondendo à própria função administrativa, que incumbe predominantemente ao Poder Executivo.

Considerada em sentido amplo, a Administração Pública compreende tanto os *órgãos de Governo*, supremos, constitucionais, aos quais incumbe exercer a chamada função política (traçar os planos de ação, dirigir, comandar), como também os *órgãos administrativos*, subordinados, dependentes, aos quais incumbe a *função administrativa* de executar os planos governamentais.

Charles Debbasch, falando sobre o lugar que a administração ocupa na máquina estatal, ensina que "a administração constitui o instrumento de realização das escolhas políticas. Sua função é comparável àquela de um intermediário: ela assegura, paralelamente ao processo representativo, o contato entre os governantes e os cidadãos. Para esse fim, ela informa, ela prepara, ela prevê, ela decide, ela executa e ela controla".[3] No que diz respeito à função de execução, o autor[4] realça o seu papel de intermediário entre a decisão política e a ação. Ela deve não somente permitir a realização dos fins supremos fixados pelo poder político, mas igualmente adaptá-los aos casos concretos que deve resolver. O autor ainda observa, com base em doutrina, que, para bem executar, é necessário escolher os meios, adaptá-los às dificuldades encontradas ou às circunstâncias. Em outro ponto, Charles Debbasch, falando sobre a autonomia da administração diante do poder

---

[2] ALESSI, Renato. Ob. cit., p. 7-8.
[3] DEBBASCH, Charles. *Science administrative*. 5. ed. Paris: Dalloz, 1989. p. 39.
[4] DEBBASCH, Charles. Ob. cit., p. 43.

político, observa que, quando se trata de "competência vinculada, a ação da administração deve se inserir estritamente no modelo previsto pelo poder político. Ao contrário, o poder discricionário – mas não há jamais poder totalmente discricionário – supõe que a administração possua um completo poder de apreciação em função das circunstâncias".[5]

No que diz respeito à efetivação dos direitos fundamentais, pode-se dizer que depende, em grande parte, da definição de políticas públicas, que incumbe ao Poder Legislativo e ao Poder Executivo, no exercício da *função política,* acima referida, ficando com a Administração Pública, no exercício da *função administrativa* propriamente dita apenas a execução das políticas públicas definidas na lei ou nas decisões governamentais.

2. OS DOIS LADOS DO DIREITO ADMINISTRATIVO E OS DOIS LADOS DA ADMINISTRAÇÃO PÚBLICA

A Administração Pública, considerada em sentido subjetivo (entes que exercem a atividade administrativa do Estado) ou em sentido objetivo (a própria função administrativa do Estado) rege-se fundamentalmente pelo direito administrativo. Trata-se de ramo do direito público que, de forma simplista, pode ser definido como o direito da Administração Pública, ainda que esta se submeta também a normas de outros ramos do Direito, como o Constitucional, o Tributário, o Previdenciário, o Trabalhista, o Financeiro e, em certas hipóteses, o Direito privado (ainda que parcialmente derrogado por normas de Direito público).

O Direito Administrativo, desde as origens, caracterizou-se pelo binômio *prerrogativas* (que protegem a autoridade) e *sujeições* (que protegem os direitos individuais perante os excessos do poder); e esse é um dos grandes paradoxos do Direito Administrativo como ramo do Direito caracterizado fundamentalmente pelo referido binômio. Não há justificativa para que esse binômio seja visto de um lado só. Por isso mesmo, é possível falar nos *dois lados do Direito Administrativo* e nos *dois lados da Administração Pública.*

Entre as funções administrativas, algumas aumentam as vantagens, os benefícios, os direitos dos cidadãos. É o caso das atividades de fomento e serviço público. Outras regulam, restringem, reprimem o exercício dos direitos individuais; é o caso da polícia administrativa, da intervenção e da regulação.

---

[5] Ob. cit., p. 51.

Como nasceu junto com o Direito Constitucional, o Direito Administrativo apresenta, como uma de suas características, o fato de dar efetividade às normas e princípios constitucionais, a ponto de, muitas vezes, ser difícil definir quando termina um e começa o outro.

Pode ter havido períodos da evolução do Direito Administrativo em que a balança pendeu para o lado das prerrogativas e, portanto, do autoritarismo.

No entanto, talvez nunca se tenha vivido outro período da evolução do Direito Administrativo como o atual, em que se defende de forma tão efetiva a proteção dos direitos individuais. O Direito Administrativo se constitucionalizou, se humanizou, se democratizou. Este, desde as origens, encontrou fundamento no Estado de Direito e acompanhou a sua evolução nas várias fases (Liberal, Social e Democrática). Mais recentemente, a ligação com os princípios do Estado de Direito ainda mais se acentuou com a constitucionalização do Direito Administrativo, levando à ideia de *centralidade da pessoa humana*, porque prestigia o princípio da dignidade da pessoa humana, com tudo o que isto significa de exigência de cumprimento aos direitos fundamentais, especialmente aos de ordem social. E essa nova feição vincula os três Poderes do Estado.

3. O GRANDE PARADOXO DO DIREITO ADMINISTRATIVO: AUTORIDADE *VERSUS* LIBERDADE

Em texto intitulado "Existe um novo Direito Administrativo?",[6] realçamos os grandes paradoxos do Direito Administrativo ligados ao paradoxo maior, que é o binômio autoridade/liberdade, interesse público/direito individual: o Direito Administrativo sempre abrigou e vai continuar abrigando institutos, teorias e princípios que protegem o interesse público e que exigem a outorga de poderes, prerrogativas e privilégios à Administração Pública, pelo simples fato de que ela atua em nome do Estado; ao mesmo tempo em que sempre abrigou e vai continuar abrigando institutos, teorias e princípios que protegem os direitos do cidadão frente ao poder público, especialmente o princípio da legalidade, hoje ampliado pela incorporação de inúmeros outros princípios e valores que integram a legalidade em sentido amplo, como a moralidade administrativa, a segurança jurídica, nos aspectos objetivo (estabilidade das relações jurídicas) e subjetivo (proteção à confiança), a reserva do possível, a razoabilidade, entre tantos outros.

---

[6] DI PIETRO, Maria Sylvia Zanella. Existe um novo Direito Administrativo? In: DI PIETRO, Maria Sylvia Zanella; RIBEIRO, Carlos Vinicius Alves (coords.). *Supremacia do interesse público e outros temas relevantes do Direito Administrativo*. São Paulo: Atlas, 2010, Introdução.

No mesmo artigo, demonstramos os dois tipos de institutos criados e desenvolvidos no âmbito do Direito Administrativo: uns a garantir a *autoridade* e outros para proteger os *direitos individuais*.

No sentido de garantir prerrogativas públicas às autoridades administrativas, o Direito Administrativo idealizou os atos administrativos com atributos de presunção de legalidade e veracidade, imperatividade e autoexecutoriedade; elaborou a teoria dos contratos administrativos, com suas cláusulas exorbitantes; as funções de polícia administrativa e de intervenção, com tudo o que isso envolve de imposição de restrições ao exercício de direitos individuais, de fiscalização, de repressão, de punição. Isto tudo sem falar nas prerrogativas de que usufruem as entidades públicas quando assumem a posição de *partes* em processos judiciais, tais como a garantia do duplo grau de jurisdição, os prazos maiores para recorrer e contestar, o processo especial de execução, o juízo privativo.

Mas o Direito Administrativo também formulou toda uma teoria do equilíbrio econômico-financeiro do contrato, de que constituem aplicação as teorias da imprevisão, do fato do príncipe, do fato da Administração, cujo objetivo é proteger os direitos do particular que contrata com a Administração Pública e equilibrar a posição de desigualdade entre as partes nos contratos administrativos; criou o conceito de serviço público de titularidade do Estado, a partir da ideia de que determinadas atividades, por atenderem a necessidades essenciais da coletividade, não serão prestadas com o caráter de universalidade, continuidade, isonomia, independentemente do intuito especulativo, se deixadas à livre-iniciativa; elaborou as teorias do desvio de poder e dos motivos determinantes, que ampliaram os requisitos de validade dos atos administrativos, possibilitando ao Judiciário ampliar o controle sobre eles, pelo exame dos fins e dos motivos (pressupostos de fato e de direito); criou e desenvolveu a teoria da responsabilidade civil do Estado, até chegar à teoria da responsabilidade objetiva, em benefício do cidadão; incorporou uma série de princípios, como os da publicidade, razoabilidade, proporcionalidade, impessoalidade, continuidade, motivação, segurança jurídica, proteção à confiança, ampla defesa, todos eles com o objetivo de proteger os direitos individuais perante as prerrogativas da Administração Pública; incorporou os princípios e valores ao conceito de legalidade (em sentido amplo), possibilitando a ampliação do controle judicial sobre os atos da Administração Pública; trouxe para o âmbito do Direito Administrativo toda uma teoria dos conceitos jurídicos indeterminados, com vistas também a ampliar a possibilidade de reduzir a discricionariedade administrativa e ampliar o controle judicial sobre os atos da Administração Pública; desenvolveu novas formas de parcerias com o setor privado, seja na área social, seja na área econômica, para estimular as atividades privadas de interesse público; trouxe para o âmbito de atuação da Administração Pública princípios, institutos e procedimentos inspirados no direito processual, com o intuito de garantir o devido processo legal, com tudo o que representa de garantia do direito de defesa e do contraditório; mais recentemente, vem adotando técnicas de consensualismo, com o objetivo de abrandar os poderes da Administração Pública e prestigiar a participação do cidadão na tomada de decisões.

4. O DIREITO ADMINISTRATIVO NO PAPEL DE CONCRETIZADOR DA CONSTITUIÇÃO

Uma das características do Direito Administrativo é ser um dos ramos do Direito que dá aplicação a preceitos constitucionais, por meio da legislação infraconstitucional, da doutrina e da jurisprudência.

Com efeito, grande parte dos direitos individuais e coletivos e das respectivas garantias, previstos nos artigos 5º e 6º da Constituição, é disciplinada por leis complementares e ordinárias que se inserem no âmbito do Direito Administrativo, já que regulam relações entre a Administração Pública e o cidadão. São ilustrativas dessa afirmação, entre outros diplomas: a Lei nº 12.527, de 18.11.2011, que regula o direito de acesso a informações, previsto no artigo 5º, inciso XXXIII; a Lei nº 9.051, de 18.05.1995, que estabelece normas sobre o direito à expedição de certidão de que trata o inciso XXXIV, "b", do artigo 5º; a Lei nº 9.784, de 29.01.1999 (Lei do Processo Administrativo Federal) bem como as leis estaduais que dispõem sobre o mesmo tema, que deram concretude ao princípio do devido processo legal, previsto no inciso LV do artigo 5º; mais recente, a Lei nº 13.655, de 25.04.2018, veio introduzir alterações na Lei de Introdução às Normas do Direito Brasileiro, para garantir a segurança jurídica, a motivação, a proporcionalidade, a transparência nas decisões da Administração Pública. Tudo isto sem falar nas inúmeras leis que disciplinam a prestação de serviços públicos essenciais para garantia dos direitos fundamentais.

O Direito Administrativo brasileiro, em seu desenvolvimento, nunca se afastou do Direito Constitucional. É na Constituição que se encontram os fundamentos dos principais institutos do Direito Administrativo, como desapropriação, requisição, tombamento, regime jurídico estatutário, regime previdenciário do servidor público, responsabilidade civil do Estado, serviço público, concessão e permissão de serviço público, licitação, contratos administrativos, terceirização, entre tantos outros. Essa aproximação com o Direito Constitucional acentuou-se de forma bastante sensível na vigência da Constituição de 1988, passando-se a falar em *constitucionalização do Direito Administrativo*, expressão que compreende vários sentidos, entre os quais dois mais relevantes: a) presença de normas de outros ramos do Direito na Constituição; e b) expansão dos efeitos das normas constitucionais sobre os vários ramos do Direito; é o que ocorre com as normas definidoras dos direitos fundamentais, cujo conteúdo reflete sobre a atuação dos três Poderes do Estado.

A constitucionalização constitui um movimento de mão dupla, porque significa, de um lado, levar para a Constituição uma série de normas antes tratadas pela legislação infraconstitucional, e, de outro, a ida de valores, princípios, fins, direitos previstos na Constituição para outros ramos do Direito, inclusive o Direito Administrativo. A este segundo sentido refere-se Virgílio Afonso da Silva, quando, baseado na lição de Louis Favoreu, ensina que é a *constitucionalização-transformação*, que teve início com a Lei Fundamental de Bonn, de 1949, significando o "efeito expansivo das normas constitucionais, cujo conteúdo material e axiológico se irradia, com força normativa, por todo o sistema jurídico",[7] efeito que se acentua com alterações introduzidas por emendas à Constituição.

Luís Roberto Barroso, embora admitindo outros sentidos para o vocábulo *constitucionalização*, atribui-lhe o mesmo sentido referido por Virgílio Afonso da Silva, ao afirmar que a ideia de constitucionalização "está associada a um efeito expansivo das normas constitucionais, cujo conteúdo material e axiológico se irradia, com força normativa, por todo o sistema jurídico. Os valores, os fins públicos e os comportamentos contemplados nos princípios e regras da Constituição passam a condicionar a validade e o sentido de todas as normas do direito infraconstitucional".[8]

Embora o Direito Administrativo brasileiro tenha nascido e evoluído sob influência do Direito francês e outros que integram o sistema de base romanística (como italiano, português, espanhol), em tempos mais recentes, no que diz respeito à constitucionalização do Direito Administrativo, talvez se possa dizer que a influência maior (ainda que atrasada) veio do Direito alemão, por força, especialmente, de dispositivos da Lei Fundamental de Bonn, de 1949, e de interpretações do Tribunal Constitucional Federal da Alemanha.

---

[7] SILVA, Virgílio Afonso da. *A constitucionalização do direito*: os direitos fundamentais nas relações entre os particulares. São Paulo: Malheiros, 2007. p. 48-49.
[8] BARROSO, Luís Roberto. A constitucionalização do direito e suas repercussões no âmbito administrativo. In: ARAGÃO, Alexandre; MARQUES NETO, Floriano de Azevedo (coords.). *Direito Administrativo e seus novos paradigmas*. Belo Horizonte: Fórum, 2008. p. 32.

Dois dispositivos dessa lei foram relevantes para a constitucionalização do Direito Administrativo: o artigo 20, item 3, e o artigo 1º.

O artigo 20, item 3, estabelece que "o Poder Legislativo está vinculado à ordem constitucional; os poderes executivo e judicial obedecem à lei e ao direito". Ao falar em "lei e direito", o dispositivo levou ao entendimento de que o princípio da legalidade abrange não só os atos legislativos propriamente ditos, mas também todos os valores e princípios consagrados implícita ou explicitamente na Constituição, em especial o princípio da dignidade da pessoa humana. A constitucionalização levou à expansão dos efeitos dos direitos fundamentais na interpretação de leis e na integração do Direito, reduzindo a discricionariedade da Administração Pública na tomada de decisões. O dispositivo propiciou um alargamento do princípio da legalidade, permitindo falar em legalidade em sentido estrito (quando a Administração Pública está sujeita a lei) e legalidade em sentido amplo (que abrange a lei, os atos normativos do Poder Executivo, os valores, os princípios emanados da Constituição, entre os quais o da dignidade da pessoa humana).

Segundo lição de José Afonso da Silva,[9] a lei, no Estado de Direito, tem sentido *formal*, pelo fato de emanar do Poder Legislativo (ressalvadas algumas hipóteses excepcionais previstas na Constituição, como é o caso das leis delegadas e medidas provisórias) e sentido também *material*, porque lhe cabe o papel de realizar os valores consagrados pela Constituição sob a forma de princípios fundamentais (enunciados no Título I da Constituição).

A consequência da ampliação do princípio da legalidade foi a redução da discricionariedade administrativa, que passa a ser limitada também pelos princípios e valores constitucionais que almejam a efetivação dos direitos fundamentais, e a ampliação do controle judicial, que passa a abranger aspectos antes considerados de mérito do ato administrativo, de apreciação privativa da Administração Pública.

A Constituição Espanhola de 1978, no artigo 103.1, adota preceito semelhante ao do artigo 20.3 da Lei Fundamental de Bonn, ao estabelecer que a Administração Pública serve com objetividade aos interesses gerais e atua com *submissão plena à lei e ao Direito*. A Constituição Portuguesa de 1976, que muito influenciou a Constituição Brasileira de 1988, não repete as mesmas palavras, mas, no artigo 266, coloca os princípios fundamentais a que se submete a Administração Pública, afirmando que ela visa à "prossecução do interesse público, no respeito pelos direitos e interesses legalmente protegidos do cidadão"; e, no item 2, preceitua que "os órgãos

---

[9] SILVA, José Afonso de. *Curso de Direito Constitucional positivo*. São Paulo: Malheiros, 1989. p. 362.

e agentes administrativos estão subordinados à Constituição e à lei e devem atuar com justiça e imparcialidade no exercício das suas funções". Ainda na parte relativa aos direitos e deveres fundamentais, o artigo 16 determina que "os direitos fundamentais consagrados na Constituição não excluem quaisquer outros constantes das leis e das regras aplicáveis de direito internacional"; e que "os preceitos constitucionais e legais relativos aos direitos fundamentais devem ser interpretados e integrados de harmonia com a Declaração Universal dos Direitos do Homem".

Por sua vez, o artigo 1º da Lei Fundamental de Bonn, promulgada em 08.05.1949, determina:

1. A dignidade do homem é intangível. Respeitá-la é obrigação de todo poder público.
2. O povo alemão reconhece, portanto, os direitos invioláveis e inalienáveis do homem como fundamentos de qualquer comunidade humana, da paz e da justiça no mundo.
3. Os direitos fundamentais a seguir discriminados constituem direito diretamente aplicável para os Poderes Legislativo, Executivo e Judiciário.

A valorização da dignidade da pessoa humana e dos direitos humanos inspirou-se no artigo 1º da Declaração Universal dos Direitos do Homem, de 1948, em cujos termos "todos os seres humanos nascem livres e iguais em dignidade e em direitos. Dotados de razão e de consciência devem agir uns para com os outros em espírito de fraternidade". No Preâmbulo da Declaração consta a expressão "dignidade inerente a todos os membros da família humana".

Além das normas constitucionais, o Tribunal Constitucional Federal da Alemanha foi adotando interpretação que permite a aplicação dos direitos fundamentais mesmo sem a existência de leis que lhes dê aplicação e até contra disposições de lei. Por outras palavras, afastou o caráter meramente programático das normas constitucionais que definem os direitos fundamentais, permitindo a sua aplicação direta pelos órgãos de execução (Judiciário e Administração Pública), independentemente de lei que os regule.

Na Itália também, a Carta Constitucional de 1956 passou a entender que as normas constitucionais de direitos fundamentais podiam ser aplicadas diretamente pelo Judiciário, sem necessidade de lei e levou até mesmo à declaração de inconstitucionalidade de dispositivos do Código Civil.

No Brasil, embora não se repitam, nos mesmos termos, as normas da Lei Fundamental de Bonn, não há dúvida de que se adotou igual concepção, já a partir do preâmbulo da Constituição, rico na menção a valores como segurança, bem-estar, desenvolvimento, igualdade e justiça. Além disso, os artigos 1º a 4º e outros dispositivos esparsos contemplam inúmeros princípios e valores, como os da dignidade da pessoa humana, os valores sociais do trabalho e da livre-iniciativa, o da erradicação da pobreza, o da prevalência dos direitos humanos, o da moralidade, publicidade, impessoalidade, eficiência, economicidade, entre outros. Todos esses princípios e valores são dirigidos aos três Poderes do Estado: a lei que os contrarie será inconstitucional; a discricionariedade da Administração Pública restou limitada pelos mesmos; o Judiciário pôde ampliar o controle judicial, que passou a abranger a validade dos atos administrativos não só diante da lei, mas também perante o Direito.

Vale dizer que a constitucionalização dos princípios da Administração Pública permitiu ao Poder Judiciário e aos demais órgãos de controle apreciar aspectos dos atos antes reservados à competência administrativa. Princípios como os da razoabilidade, proporcionalidade, segurança jurídica, entre outros previstos no ordenamento jurídico, passaram a ser invocados no controle dos atos administrativos, dentro da ideia, já referida, de que a Administração Pública deve obediência não só à lei, mas também ao Direito.

Carlos de Cabo Martín[10] resume o que vem ocorrendo com o princípio da legalidade e, de outro lado da moeda, com o controle judicial. Quanto à legalidade, ele fala que foi substituída por *constitucionalidade* ou tendência à hiperconstitucionalização do sistema, com as seguintes consequências: ampliação do âmbito da Constituição e diminuição do âmbito da lei; *expansão do âmbito dos direitos e liberdades até se entender que praticamente todas as questões estão impregnadas destes, levando a uma contaminação do individualismo*; tendência a colocar na Constituição a regulação de todas as matérias, sem deixar muito campo ao legislador; tendência à formação de um Direito Constitucional de princípios e valores, o que muda a forma de interpretação da Constituição, tornando-a mais complexa e difusa, com prejuízo para a certeza do Direito.

No que diz respeito ao controle judicial, o autor realça o surgimento de novos tipos de sentenças, como as *aditivas* (que preenchem as lacunas da lei), as de inconstitucionalidade por omissão, as que adotam a chamada interpretação "conforme" à Constituição, sem redução do texto da norma constitucional.

No Brasil, também houve a valorização da dignidade da pessoa humana, prevista no artigo 1º entre os princípios fundantes da República. E houve valorização dos direitos fundamentais, que passaram a ser previstos logo no início da Constituição, no Título II.

---

[10] MARTÍN, Carlos de Cabo. *Sobre el concepto de ley*. Madri: Trotta, 2000. p. 79 e ss.

Daí hoje falar-se em *princípio da centralidade da pessoa humana* ou *princípio da dignidade da pessoa humana*, como preferem alguns, em substituição ao velho princípio da supremacia do interesse público. A omissão dos órgãos de governo na efetivação dos direitos fundamentais levou a outra consequência que tem se revelado bem forte no Direito brasileiro, que é a *judicialização de políticas públicas*, mediante a defesa de entendimento grandemente inspirado no Direito alemão: parte-se da ideia de que as normas constitucionais que garantem os direitos sociais não são meramente programáticas, como sempre se afirmou. Elas têm de ter um núcleo essencial, um mínimo de efetividade que decorre diretamente da própria Constituição. A tese é reforçada pelo artigo 5º, § 1º, da Constituição de 1988, em cujos termos "as normas definidoras dos direitos e garantias fundamentais têm aplicação imediata".

Na realidade, a efetivação dos direitos fundamentais depende da adoção de políticas públicas hábeis para esse fim. A competência para essa atribuição fica a cargo do Poder Legislativo e da Administração Pública, esta última considerada como *função política*, e não meramente como *função administrativa*.

As políticas públicas são metas e instrumentos de ação que o poder público define para a consecução de interesses públicos que lhe incumbe proteger. Elas compreendem não só a definição das metas, das diretrizes e das prioridades, como também a escolha dos meios de atuação. Nas palavras de Maria Paula Dallari, "as políticas públicas devem ser vistas também como processo ou conjunto de processos que culmina na escolha racional e coletiva de prioridades, para a definição dos interesses públicos reconhecidos pelo direito".[11]

Vale dizer que o tema se relaciona com o da discricionariedade, seja na escolha do interesse público a atender, entre os vários agasalhados pelo ordenamento jurídico, seja na escolha das prioridades e dos meios de execução. E aqui não se fala apenas da discricionariedade no exercício da *função administrativa* (que é de execução das políticas públicas), mas, com mais razão, na própria discricionariedade dos órgãos que exercem a *função política* (Legislativo e Governo), ao definirem políticas públicas com base em metas maiores postas pela Constituição. Postas as metas, em termos genéricos, pela Constituição, cabe ao legislador, em segundo plano, disciplina-las de modo a garantir o seu atendimento, por meio dos atos legislativos previstos no artigo 59. Fica para a Administração Pública direta e indireta o papel de implementação das políticas públicas definidas em lei.

---

[11] DALLARI, Maria Paula. *Direito Administrativo e políticas públicas*. São Paulo: Saraiva, 2002. p. 264-265.

Na omissão dos entes competentes, acabou ocorrendo a chamada *judicialização das políticas públicas*, exatamente por serem elas vistas como o instrumento adequado para concretizar os direitos fundamentais previstos na Constituição, especialmente na área social. Diferentes fatores contribuíram para isso, cabendo realçar, de um lado, a excessiva prodigalidade do constituinte na indicação do rol dos direitos individuais, especialmente na área social; basta ler o rol contido no artigo 6º. Com a previsão de inúmeros serviços sociais como *deveres* do Estado, acabou-se por colocar em confronto, de um lado, o dever de atender às imposições constitucionais, que correspondem a *direitos* do cidadão (essenciais para garantir a dignidade da pessoa humana) e, de outro lado, a escassez dos recursos públicos para atender a todos esses direitos. Os recursos públicos são finitos, são insuficientes para atender a todos os direitos sociais previstos no artigo 6º. Daí a necessidade de definição das prioridades e dos meios de atuação para efetivá-las. Essa definição cabe aos Poderes Legislativo e Executivo, precipuamente, e não ao Poder Judiciário.

Outro fator que tem levado à judicialização das políticas públicas é a inércia do poder público, a sua ineficiência, a ausência ou deficiência de planejamento, a corrupção, os desvios de finalidade na definição de prioridades, os interesses subalternos protegidos, em detrimento de outros, especialmente relevantes para a garantia dos direitos fundamentais.

A consequência é que a Administração Pública vai perdendo espaço no exercício de uma função que lhe é própria. A interferência do Judiciário foi ganhando adeptos, sob o argumento de que, ao interferir em políticas públicas, ele não está invadindo matéria de competência dos outros Poderes do Estado nem a discricionariedade que lhes é própria, porque está fazendo o seu papel de intérprete da Constituição. Ele está garantindo o núcleo essencial dos direitos fundamentais ou o mínimo existencial para a dignidade da pessoa humana. Em resumo, o Judiciário não estaria analisando aspectos de discricionariedade, mas fazendo cumprir a Constituição.

Na realidade, o Judiciário, anomalamente, vai se substituindo ao legislador e à Administração Pública. E o faz pela omissão de que tem a competência para efetivação dos direitos fundamentais.

5. DA VINCULAÇÃO DA ADMINISTRAÇÃO PÚBLICA AOS DIREITOS FUNDAMENTAIS

A Constituição de 1988 foi pródiga na previsão de direitos individuais. Talvez por isso mesmo seja chamada de "Constituição Cidadã".

Conforme ensinamento de Ingo Walfgang Sarlet, "(...) para além da circunstância, muitas vezes apontada de forma crítica, de que muitas constituições (especialmente de países tidos como periféricos ou em desenvolvimento), dada a amplitude de seu catálogo constitucional de direitos sociais, talvez de fato tenham prometido mais do que o desejável ou mesmo possível de ser cumprido, aspecto que também diz respeito ao que já se designou de uma banalização da noção de direitos fundamentais (fenômeno que não se manifesta apenas na seara dos direitos sociais). Há que reconhecer que, transitando do plano textual para o da realidade social, econômica e cultural, a ausência significativa de efetividade do projeto social constitucional para a maioria das populações dos países designados de periféricos ou em desenvolvimento, marcados por níveis importantes de desigualdade e exclusão social, segue sendo um elemento caracterizador de uma face comum negativa".[12] E continua o autor, com muita razão: "Tal crise, no sentido de uma crise de efetividade, por sua vez, é comum – em maior ou menor escala – a todos os direitos fundamentais, não podendo ser considerada uma espécie de triste privilégio dos direitos sociais, precisamente pela conexão entre os direitos sociais e o gozo efetivo dos assim designados direitos civis e políticos".

Com efeito, a Constituição Brasileira de 1988 contempla direitos individuais em vários dispositivos, alguns previstos como *princípios fundamentais* (arts. 1º a 4º), outros, como *direitos e garantias fundamentais* (Título II), abrangendo os *direitos e deveres individuais e coletivos* (art. 5º) e os *direitos sociais* (arts. 6º e 7º), além de determinar que "os direitos e garantias expressos nesta Constituição não *excluem outros decorrentes do regime e dos princípios* por ela adotados, ou dos tratados internacionais em que a República Federativa do Brasil seja parte", dando ensejo a que os três Poderes estendam o rol dos direitos fundamentais para além dos expressamente previstos, fazendo-o com base em princípios e em tratados internacionais. A Constituição ainda previu os *direitos políticos* (art. 14) e os *direitos dos servidores públicos e dos militares* (arts. 37 a 42), os *direitos dos membros da Magistratura* (arts. 93 e 95) e do *Ministério Público* (art. 128, § 5º).

A maior parte desses direitos está disciplinada por lei infraconstitucional e sua aplicação concreta fica a cargo de órgãos administrativos dos três Poderes do Estado, cada qual em seu âmbito de atuação.

---

[12] SARLET, Ingo Walfgang. Os direitos sociais entre proibição de retrocesso e "avanço" do Poder Judiciário? Contributo para uma discussão. In: PINTO E NETTO, Luísa Cristina; BITTENCOURT NETO, Eurico (coords.). *Direito Administrativo e direitos fundamentais*. Belo Horizonte: Editora Fórum, 2012. p. 177.

Para os fins deste trabalho, interessam precipuamente o *princípio da dignidade da pessoa humana* e, inseparáveis dele, os *direitos sociais previstos no artigo 6º* da Constituição.

O princípio da dignidade da pessoa humana[13] apareceu pela primeira vez, no âmbito constitucional do direito brasileiro, na Constituição de 1988, cujo artigo 1º, inciso III, o inclui entre os fundamentos da República Federativa do Brasil. Também é prestigiado, de modo implícito, nos artigos 170 (no Título da ordem econômica), 193, 226, § 7º, 227 e 230 (no Título da ordem social). No entanto, esses dispositivos não esgotam o conteúdo do princípio. Partindo-se do pressuposto de que a dignidade é inerente a todo ser humano, em seu conteúdo inserem-se todos os direitos individuais, sejam eles econômicos, políticos, sociais, culturais ou de qualquer natureza, previstos em Constituições, em Declarações de Direitos ou em leis infraconstitucionais. Nas palavras de José Afonso da Silva, "a dignidade da pessoa humana é um valor supremo que atrai o conteúdo de todos os direitos fundamentais do homem, desde o direito à vida".[14]

Na realidade, a expressão é de conteúdo indeterminado, aplicável às mais variadas áreas dos direitos individuais. Trata-se de princípio cujo significado é mais fácil de intuir do que definir. Com efeito, todos nós temos consciência de que cada ser humano tem sua individualidade própria, suas crenças, seus sonhos, suas esperanças, sua fé. Todo ser humano quer ter liberdade para decidir como conduzir a sua vida, sem interferência do Estado. Todo ser humano quer ser tratado com igualdade em relação aos seus semelhantes. Todo ser humano quer ser reconhecido como pessoa e respeitado como tal.

Tudo isso realçamos no artigo já citado, publicado na *Revista de Direito Administrativo e Constitucional*.[15] Naquela oportunidade, ressaltamos que, em hipóteses extremas, pode-se dizer que a dignidade da pessoa humana exige, pelo menos, um teto onde se abrigar, alimentos para se manter, roupas adequadas para vestir, educação, saúde, trabalho, segurança, lazer, salário compatível com as necessidades mínimas de subsistência. Talvez

---

[13] Sobre o tema vide: DI PIETRO, Maria Sylvia Zanella. Direito Administrativo e dignidade da pessoa humana. *Revista de Direito Administrativo e Constitucional*, Belo Horizonte: Editora Fórum, ano 13, nº 52, abr./jul. 2013, p. 13-33.

[14] SILVA, José Afonso da. *Comentário contextual à Constituição*. São Paulo: Malheiros, 2005. p. 38.

[15] DI PIETRO, Maria Sylvia Zanella. Direito administrativo e dignidade da pessoa humana. *Revista de Direito Administrativo e Constitucional*, Belo Horizonte: Editora Fórum, ano 13, nº 52, abr./jul. 2013, p. 13-33.

essas exigências correspondam àquilo que se chama de *mínimo existencial*, ou seja, condições indispensáveis para que o ser humano tenha uma existência digna.

O artigo 6º da Constituição, que se insere no Título dos Direitos e Garantias Fundamentais, dá um elenco de direitos sociais que podem ser considerados inerentes à dignidade da pessoa humana, abrangendo a educação, a saúde, a alimentação, o trabalho, a moradia, o lazer, a segurança, a previdência social, a proteção à maternidade e à infância, a assistência aos desamparados. E no Título VIII, pertinente à Ordem Social, são previstos os direitos à seguridade social (abrangendo previdência, assistência e saúde), à educação, à cultura, ao meio ambiente ecologicamente equilibrado, à assistência à família, à infância e à velhice, todos esses direitos correspondendo, do outro lado da moeda, a *deveres* do Estado.

É evidente que todas as normas constitucionais, entre elas as que definem os direitos fundamentais, vinculam os três Poderes do Estado. Portanto, vinculam a Administração Pública.

Eurico Bittencourt Neto, falando sobre a "incidência do direito ao mínimo existencial sobre a Administração Pública",[16] observa que "(...) todas as normas de direitos fundamentais possuem ao menos uma dimensão de eficácia que incide diretamente sobre as três funções do Estado. Nesse sentido, todos os direitos fundamentais, incluído o direito ao mínimo existencial, vinculam diretamente a Administração Pública, ao menos quanto a algumas dimensões de sua eficácia. Em primeiro lugar, mencione-se o dever de interpretar e aplicar as leis em conformidade com os direitos fundamentais, cuja inobservância pode levar à invalidação judicial das decisões administrativas. Daqui decorre a relevante questão da possibilidade de a Administração deixar de aplicar, por ato próprio, lei em desconformidade com direito fundamental". Um pouco além, o autor acrescenta que o mandado de otimização dos direitos fundamentais "deve orientar a formulação e a aplicação das políticas públicas, no sentido de organização, procedimento e alocação de recursos que possam assegurar as condições materiais necessárias à observância do dever geral de respeito à dignidade da pessoa humana".[17]

João Antunes dos Santos Neto, por sua vez, defende que "a irradiação dos direitos humanos fundamentais por todo ordenamento jurídico decorre do fato de serem mandamentos de otimização e esta irradiação representa

---

[16] BITTENCOURT NETO, Eurico. Vinculação da Administração Pública ao Mínimo Existencial. In: PINTO E NETTO, Luísa Cristina; BITENCOURT NETO, Eurico. *Direito Administrativo e direitos fundamentais*. Ob. cit., p. 153-174.

[17] Ob. cit., p. 166.

mais que a mera irradiação do direito positivo, senão a irradiação da própria ideia de justiça em todos os âmbitos de direito". E acrescenta que "uma vez que a Administração Pública se encontra vinculada à lei e ao direito justo não poderá deixar de sofrer os influxos desta irradiação, que passará a informar sua ação de ofício de modo que a dignidade da pessoa humana seja a finalidade a ser buscada em todas as suas atividades".[18]

E não há dúvida de que, perante o ordenamento jurídico constitucional, a Administração Pública, da mesma forma que os demais Poderes do Estado, vincula-se à observância do princípio da dignidade da pessoa humana e aos direitos individuais e coletivos, ficando obrigada a prestar as atividades essenciais à efetivação desses direitos.

6. O PAPEL DO DIREITO ADMINISTRATIVO E DA ADMINISTRAÇÃO PÚBLICA NA CONCRETIZAÇÃO DAS NORMAS CONSTITUCIONAIS QUE ALMEJAM O RESPEITO À DIGNIDADE DA PESSOA HUMANA

Grande parte das normas constitucionais que protegem os direitos fundamentais do homem, essenciais para que se garanta a dignidade da pessoa humana, estão muito longe de serem cumpridas e muitas delas não têm condições de serem concretizadas, por variadas razões que não temos condições de conhecer e analisar.

Todos sabem que, especialmente na área dos direitos sociais, parcela considerável da população não têm nem mesmo o *mínimo existencial* para que se possa dizer que lhe é assegurada existência digna. Embora a situação fosse conhecida desde sempre, talvez não se imaginasse a sua extensão, até que fosse amplamente divulgada e escancarada a partir da adoção de medidas de combate ao coronavírus.

Talvez nunca tenhamos tomado tanta consciência da desigualdade social que vivenciamos em algumas regiões do país, muitas delas bem próximas de nós e situadas em grandes e prósperas cidades: pessoas que não têm água, não têm artigos de higiene, não têm alimentos, não têm moradia digna, não têm segurança.[19] E esse rol vai crescendo por conta da pandemia

---

[18] SANTOS NETO, João Antunes dos. *O impacto dos direitos humanos fundamentais no Direito Administrativo*. Belo Horizonte: Editora Fórum, 2008. p. 427.
[19] Foi absolutamente surpreendente a notícia recentemente veiculada pela imprensa de que só no Rio de Janeiro existem mais de 1.400 favelas, 80% das quais inteiramente dominadas pelas milícias e pelo tráfico de drogas. Mais surpreendente ainda foi a decisão do STF proibindo a polícia de entrar nas favelas enquanto durar a pandemia, como se o perigo de

que afastou milhares de pessoas de seu ganha-pão. O mundo realmente vai empobrecendo. A pandemia foi um fato absolutamente imprevisto para toda a humanidade. E pegou o mundo inteiro de surpresa. Ninguém, absolutamente ninguém estava equipado para atender adequadamente a todos os infectados. Daí os resultados catastróficos que mesmo os países mais ricos enfrentaram e continuam a enfrentar. Na realidade, ninguém pensa em equipar os órgãos públicos para enfrentar uma situação inédita como essa. Mas não há dúvida de que a experiência ora vivida recomenda o incremento de serviços públicos essenciais, especialmente o saneamento, em todas as suas áreas. É preciso aprender a prever o imprevisível.

Essa situação reforça a ideia de que o Estado brasileiro tem de estar presente em áreas de serviços públicos essenciais, especialmente na área social. Nem poderia ser diferente em um país em que impera a pobreza na maior parte da população. Chama a atenção, no momento atual, a imensa quantidade de pessoas que dependem inteiramente do serviço público de saúde, prestado pelo SUS, para tentar sobreviver. Muitos perdem a vida sem lograr qualquer tipo de atendimento, pelo esgotamento do sistema. Depois da pandemia, a situação talvez se agrave, em termos de dependência da atuação do Estado. Não há como conceber que o Estado possa se ausentar, até porque é a Constituição que prevê a saúde como direito de todos e dever do Estado. A iniciativa privada pode atuar em caráter complementar (como realmente tem atuado em demonstração surpreendente de solidariedade social talvez antes nunca testemunhada), mas a ela não se impõe o *dever jurídico* de atuar. Pode-se abrir mais espaço para a iniciativa privada. Mas o Estado tem que estar presente.

Norberto Bobbio, mencionado por Gilmar Mendes, Inocêncio Mártires Coelho e Paulo Gustavo Gonet Branco, ensina que a universalização do respeito à dignidade da pessoa humana se desenvolveu em pelo menos três fases: num primeiro momento, "eles aparecem como teorias filosóficas nas obras de seus defensores"; [20] a seguir, inserem-se em textos de âmbito nacional; e, por derradeiro, são enunciados em documentos de alcance mundial, como a Declaração Universal dos Direitos Humanos, de 1948.

---

contágio do coronavírus não fosse tão relevante como a proteção da incolumidade física e a vida das pessoas que convivem, em seu dia a dia, com a mais completa insegurança provocada pela atuação de marginais. A segurança pública tem, indiscutivelmente, a natureza de serviço público essencial, previsto, como direito fundamental, tal como previsto no *caput* do artigo 5º da Constituição. Como tal, não pode sofrer solução de continuidade.

[20] MENDES, Gilmar Ferreira; COELHO, Inocêncio Mártires; e BRANCO, Paulo Gustavo Gonet. *Curso de Direito Constitucional*. São Paulo: Saraiva, 2007. p. 143.

Quanto à primeira fase, Jacob Dolinger[21] mostra como foi sendo conceituada a dignidade da pessoa humana nas obras filosóficas ao longo dos séculos, a convergência do direito romano com o direito canônico, na era medieval e nas fases subsequentes, mostrando a influência da moral, da religião e da ética na formação do princípio da dignidade da pessoa humana, bem como a influência do Antigo e Novo Testamento. Ele não deixa dúvida de que as construções doutrinárias e filosóficas antecederam muito o reconhecimento da dignidade da pessoa humana no direito positivo e nas Declarações Universais de Direitos. Mesmo no Direito brasileiro, ele cita lições extraídas de obras de Clóvis Beviláqua, Pimenta Bueno, Ruy Barbosa, Carlos Maximiliano, Pontes de Miranda, em escritos muitos anteriores à Constituição de 1988 e alguns anteriores à própria Declaração Universal de 1948.

A segunda fase, referida por Bobbio, foi a da inclusão em textos internos e, a terceira fase, a inclusão em textos internacionais, de alcance mundial.

No entanto, o autor, da mesma forma que a maior parte da doutrina, reconhece a distância entre o princípio da dignidade da pessoa humana, tal como defendido pela doutrina e posto no direito interno e internacional, e a sua efetiva concretização.

Esse distanciamento existe ou porque nem todas as nações estão empenhadas em garantir a dignidade da pessoa humana e os direitos fundamentais a ela inerentes, ou porque a observância desses direitos exige recursos financeiros que não existem em quantidade suficiente, ou, quando existem, são desperdiçados com outros fins menos relevantes, ou são utilizados de forma incompetente, ou são desviados pela corrupção que impera nas classes políticas.

7. CONCLUSÕES

A Administração Pública, no exercício da *função política* que incumbe aos órgãos governamentais participa, nos limites de suas competências constitucionais, da elaboração de políticas públicas necessárias à efetivação dos direitos fundamentais. Ou seja, ela participa da fixação de metas, de escolha de prioridades e de meios de ação hábeis para esse fim.

No exercício da *função administrativa*, a Administração Pública exerce atividades puramente *materiais* e *atividades jurídicas*. Como atividades

---

[21] DOLINGER, Jacob. Dignidade: o mais antigo valor da humanidade. *Revista de Direito Constitucional e Internacional* – RDCI 70/24, jan.-mar. 2010; republicado na coletânea *Doutrinas Essenciais. Direitos Humanos*. São Paulo: Revista dos Tribunais, 2012, vol. I, p. 445-506.

materiais, ela participa da execução das políticas públicas essenciais ao cumprimento das normas constitucionais consagradoras dos direitos fundamentais e atua na prestação de serviços públicos essenciais a essa finalidade, especialmente os previstos no Título da ordem social, com a natureza de *deveres do Estado*, a que correspondem *direitos fundamentais do cidadão*. Como atividades jurídicas, a Administração Pública faz escolhas, toma decisões e baixa atos administrativos, limitados pela lei e pelo direito. No exercício dessa função, a discricionariedade administrativa sofre restrições decorrentes não só da lei, mas também dos princípios, dos valores, dos fins sociais, dos direitos fundamentais previstos na Constituição.

REFERÊNCIAS

ALESSI, Renato. *Instituciones de Derecho Administrativo*. Buenos Aires: Bosch, Casa Editorial, 1970. t. 1.

BARROSO, Luís Roberto. A constitucionalização do direito e suas repercussões no âmbito administrativo. In: ARAGÃO, Alexandre; MARQUES NETO, Floriano de Azevedo (coords.). *Direito Administrativo e seus novos paradigmas*. Belo Horizonte: Fórum, 2008.

BITTENCOURT NETO, Eurico. Vinculação da Administração Pública ao Mínimo Existencial. In: PINTO E NETTO, Luísa Cristina; BITTENCOURT NETO, Eurico (coords.). *Direito Administrativo e direitos fundamentais*. Belo Horizonte: Editora Fórum, 2012.

DALLARI, Maria Paula. *Direito Administrativo e políticas públicas*. São Paulo: Saraiva, 2002.

DEBBASCH, Charles. *Science administrative*. 5. ed. Paris: Dalloz, 1989.

DI PIETRO, Maria Sylvia Zanella. Direito Administrativo e dignidade da pessoa humana. *Revista de Direito Administrativo e Constitucional*, Belo Horizonte: Editora Fórum, ano 13, nº 52, abr./jul. 2013, p. 13-33.

DI PIETRO, Maria Sylvia Zanella. Existe um novo Direito Administrativo? In: DI PIETRO, Maria Sylvia Zanella; RIBEIRO, Carlos Vinicius Alves (coords.). *Supremacia do interesse público e outros temas relevantes do Direito Administrativo*. São Paulo: Atlas, 2010.

DOLINGER, Jacob. Dignidade: o mais antigo valor da humanidade. *Revista de Direito Constitucional e Internacional* – RDCI 70/24, jan.-mar. 2010; republicado na coletânea *Doutrinas Essenciais. Direitos Humanos*. São Paulo: Revista dos Tribunais, 2012, vol. I, p. 445-506.

MARTÍN, Carlos de Cabo. *Sobre el concepto de ley*. Madri: Trotta, 2000.

MENDES, Gilmar Ferreira; COELHO, Inocêncio Mártires; e BRANCO, Paulo Gustavo Gonet. *Curso de Direito Constitucional*. São Paulo: Saraiva, 2007.

SANTOS NETO, João Antunes dos. *O impacto dos direitos humanos fundamentais no Direito Administrativo*. Belo Horizonte: Editora Fórum, 2008.

SARLET, Ingo Walfgang. Os direitos sociais entre proibição de retrocesso e "avanço" do Poder Judiciário? Contributo para uma discussão. In: PINTO E NETTO, Luísa Cristina; BITTENCOURT NETO, Eurico (coords.). *Direito Administrativo e direitos fundamentais*. Belo Horizonte: Editora Fórum, 2012.

SILVA, José Afonso da. *Comentário contextual à Constituição*. São Paulo: Malheiros, 2005.

SILVA, José Afonso de. *Curso de Direito Constitucional positivo*. São Paulo: Malheiros, 1989.

SILVA, Virgílio Afonso da. *A constitucionalização do direito:* os direitos fundamentais nas relações entre os particulares. São Paulo: Malheiros, 2007.

democracia s.f. (1671 cf. RB) POLÍTICO 1 governo do povo; governo em que o povo exerce a soberania 2 sistema político cujas ações atendem aos interesses populares 3 governo no qual o povo toma as decisões importantes a respeito das políticas públicas, não de forma ocasional ou circunstancial, mas segundo princípios permanentes de legalidade 4 sistema político comprometido com a igualdade ou com a distribuição equitativa de poder entre todos os cidadãos 5 governo que acata a vontade da maioria da população, embora respeitando os direitos e a livre expressão das minorias 6 por extensão: país em que prevalece um governo democrático <ele é cidadão de uma autêntica d.> 7 por extensão: força política comprometida com os ideais democráticos <a d. venceu as eleições naquele país> 8 figura: pensamento que preconiza a soberania popular <a d. ganhou espaço na faceta política> 9 d. direta POLÍTICO forma

Democracia Formal, Democracia Real

ELIANE CANTANHÊDE

Aos 14 anos de idade, durante um almoço trivial em família, comuniquei aos meus pais qual o curso que eu tinha decidido fazer na universidade: jornalismo. Minha mãe e meu pai se entreolharam, achando tudo muito estranho, e a primeira reação, como só iria acontecer, foi dela: "De onde você tirou isso, filha? Jornalista ganha pouco, trabalha muito e morre cedo". Ao lado ou acima disso, havia aquela outra questão não revelada: o jornalismo era, então, em meado dos anos 1960, uma profissão "muito masculina" e, no imaginário das pessoas, talvez com certa razão, sem rotina, sem horário, cheia de perigos.

Minha mãe não disse nada sobre profissão feminina ou masculina, nem poderia dizer algo assim, porque, na prática da vida, era uma feminista empedernida, sem sequer saber que era, sem se preocupar com rótulos. Uma mulher independente, lutadora, desbravadora, de vanguarda. No bom sentido, ambiciosa. Coisa de família, que vinha de pai para filho, ou melhor, de mãe para filha. Tudo muito parecido pelo lado paterno e pelo materno, apesar de meu pai, José, ser do Maranhão e a minha mãe, Ruth, do Rio de Janeiro.

Minhas avós nasceram, casaram, tiveram o primeiro filho e morreram, as duas, exatamente no mesmo ano, com uma outra coincidência: suas mães, minhas bisavós, ficaram ambas viúvas muito cedo, na faixa dos 30 anos de idade. A bisavó do Maranhão, Dona Déa, era morena, mas tinha sobrenome Jansen, dos holandeses que tentaram invadir o Nordeste brasileiro. O marido morreu, ela distribuiu os cinco filhos (quatro mulheres e um homem, o caçula) pelas irmãs e tias e foi viver a vida. Viajava de navio para a Europa e torrou rapidamente a fortuna do falecido, que Deus o tenha. Até morrer, perto dos 90 anos, ela só usava linho branco, pintava as unhas de cor de rosa claro e fazia as sobrancelhas. Morreu pobre, mas cheia de pose.

A bisavó materna, Dona Emília, e seu marido eram portugueses, vieram para o Brasil trabalhar e fazer dinheiro. Tudo o que ele ganhava (não sei como) mandava para Portugal, para onde pretendia retornar com a mulher e a criançada assim que fizesse um pé de meia caprichado. Um dia, quando Dona Emília se preparava para horas depois dar à luz mais um filho (foram vários, mas sobreviveram três), ele saiu para "comprar as coisas da criança" e nunca mais voltou. Ela morreu, bem velhinha, como Dona Déa, sem saber o que realmente aconteceu com ele, mas preferiu passar a vida acreditando que o marido tinha morrido num acidente horroroso de trens na Central do Brasil, no Rio, justamente no mesmo dia. Naquela época, em caso de muitas mortes, por acidente ou doença, não havia como fazer reconhecimento. Enterravam-se todos em covas comuns e não se falava mais nisso.

Semianalfabeta, a bisa ficou com os filhos pequenos, inclusive o bebê recém-nascido, e sem marido, sem o atestado de morte dele, sem um tostão e sem ideia de quem, e como, poderia ajudá-la em Portugal. Na versão da família, os irmãos dele romperam as comunicações e os laços para surrupiar todo o dinheiro, mas isso pode ser só intriga entre parentes, ou lenda urbana. O fato mesmo é que Dona Emília ficou na miséria e comeu o pão que o diabo amassou.

E, assim, dessas duas mulheres muito fortes, surpreendidas pelo destino, surgiram minhas avós, a paterna, Dona Onezinda, uma mulher admirável, magra e ágil, bem-educada, falante e contadora de histórias, e a materna, Dona Júlia, gorducha, tristonha, de poucos sorrisos, poucas palavras e pouco letrada. Apesar de temperamentos tão opostos, as duas tinham coisas em comum: a garra, a capacidade de sobreviver e de dar a volta por cima. Exemplos do caráter da mulher brasileira.

Pelos dados do Instituto de Pesquisa Econômica Aplicada (Ipea), o percentual de domicílios comandados por mulheres saltou de 25%, em 1995, para 45%, em 2018. Ou seja, as mulheres são responsáveis por metade dos lares no Brasil, tanto que os programas sociais, desde o governo Fernando Henrique Cardoso (1995-1998 e 1999-2002), são em nomes das mulheres. Mas, na época de Déa, que viveu no bem-bom, e de Emília, que deu muito duro, a mulher estava fora do mercado de trabalho, sem condições de sustentar a si e suas famílias. E não havia programas sociais. Era depender dos outros ou depender dos outros.

Como a mãe e a sogra, minha mãe sempre foi uma guerreira. E era de uma nova época, uma época desbravadora. Adorava a escola, os livros e filmes, descobrir pessoas, lugares e coisas novas. Aos 14 anos, foi trabalhar para ajudar a família, mas não parou de estudar. Já velha, confessou-me que queria ter sido engenheira, mas como? Mulher, pobre, tendo de acumular estudo e serviço? Era o sonho impossível, mas ele atingiu o possível: era contadora, passou num concurso difícil do serviço público e, mais adiante, como não havia o curso de economia, conquistou função equivalente à de diploma superior. Sempre foi de vanguarda, voluntariosa, mandona, feminista sem sequer perceber.

E por que conto tudo isso? Para tentar explicar como as histórias pessoais e familiares avançam a par e passo com as sociedades que lutam pela democracia e por que raios uma menina de 14 anos, naquela época, no quarto ano da ditadura militar, se metia a querer ser jornalista. Não tinha nenhuma referência dessa profissão na família, nem sabia direito o que era ser jornalista, mas tinha a resposta na ponta da língua para os pais. Por que jornalista? "Porque eu gosto de ler e de escrever, portanto..." E fui logo pedindo o presente de Natal, para seis meses depois: uma máquina de escrever semiportátil. Mamãe, toda orgulhosa, achou muito melhor dar uma TV portátil. Chorei uma semana, até ela se render e vir com a máquina – uma Olivetti que guardo até hoje.

Ela e meu pai, o Zé Cantanhêde, jamais cerceavam a liberdade dos filhos, jamais se imiscuíram em nossas amizades ou opções, jamais quiseram nos moldar assim ou assado, tanto que somos três, muito diferentes entre si. E o clima de independência e de autonomia de Brasília, inaugurada poucos anos antes, contribuíam. Assim, inscrevi-me na aula de datilografia e continuei lendo *O Globo*, o jornal da minha infância carioca, e me preparando para o admirável mundo novo do jornalismo. Na bolha dos colégios de freira, mal me dava conta de que havia uma ditadura. Aliás, o que era mesmo uma ditadura? E o tenebroso ano de 1968, com censura, início da luta armada, desaparecimentos e mortes, só viria dois anos depois.

Foi quando, aos 16, tirei carteira de identidade só para estar com tudo pronto, dois anos depois (dois anos!), para tirar também a carteira de motorista, me inscrever para o vestibular de comunicação social da Universidade de Brasília (UnB) e fazer o primeiro concurso, que acabou sendo para o Banco da Amazônia. Passei, mas nunca assumi. No meio do caminho, o curso clássico (extinto quando entrei no terceiro ano do segundo grau), o curso de inglês na Casa Thomas Jefferson e um intercâmbio de seis meses nos Estados Unidos, para afiar a língua. Era meio loucura naquela época, mas nada chegava a ser exatamente loucura para os meus pais. E lá fui eu para Iowa, onde consegui ligar para casa uma única vez em meio ano, depois de pedir a ligação de manhã e só conseguir completá-la à noite. Não era mole.

Na volta, estava tudo pronto, dentro do *script* para fazer cursinho, passar no vestibular, entrar na UnB e virar jornalista. Depois, a sorte ajudou. Já no início do meu segundo ano na universidade, o formando que faria estágio no disputado *Jornal do Brasil* desistiu. A namorada engravidara, ele não podia abrir mão do salário para fazer estágio temporário. Em vez de chamar um outro aluno do último ano, o professor Manoel Vilela de Magalhães me escolheu. E lá fui eu, aos 19 anos, fazer estágio de três meses, que foi prorrogado por mais três, depois mais três, até ser contratada, com carteira assinada e tudo. Assim, virei jornalista profissional aos 20, três anos antes de me formar. (A exigência de diploma para exercer a profissão só viria mais tarde.) Contavam-se nos dedos as jornalistas que cobriam Política, Economia, Judiciário, mundos essencialmente masculinos. Hoje, elas estão em todas as áreas. Brilham em chefias, editorias, colunas, na tela de TV e nos programas de rádio.

Do *Jornal do Brasil*, fui para a sucursal da revista *Veja*, que reunia os melhores profissionais da época e era chefiada, nada mais, nada menos, pelo professor e velho jornalista Pompeu de Sousa. Na verdade, foi aí que eu tive real noção do que era ditadura, repressão, medo. Um medo profundo, sobretudo, quando minha colega e amiga Marinilda Carvalho, então Marchi, foi sequestrada e presa. Bem na época do assassinato do também jornalista Vladimir Herzog, no DOI-CODI de São Paulo. Foram dias, semanas de pânico. O que andariam fazendo com minha amiga? Ela saiu razoavelmente ilesa e jamais me descreveu os tempos de cárcere. Mas aprendi assim, de perto, como as ditaduras liquidam leis, direitos individuais e o senso básico de justiça. E jogam a humanidade às favas.

Foi também na *Veja* que cobri o movimento estudantil, que ressurgia a partir de Brasília, "o quintal do Palácio do Planalto", depois de anos reprimido pela ditadura. Aprendi muito com estudantes (futuros médicos, engenheiros, diplomatas, agrônomos, pedagogos), professores, advogados e, sobretudo, os jornalistas mais experientes e particularmente com Pompeu, meu grande mestre. Mas não conseguia publicar nada. Escrevia freneticamente, mas os censores instalados no prédio da revista, em São Paulo, vetavam tudo, qualquer linha sobre a estudantada.

Ali, naquele ambiente, naquelas circunstâncias, aprendi também a maior lição: tudo na vida é política, a política move o mundo. Move a educação, a saúde, o meio ambiente, as relações internacionais, as relações pessoais, os avanços e retrocessos de costumes. Por isso, virei jornalista de Política, não de Congresso ou partidos, mas Política com P maiúsculo, a do poder, da conversa, da negociação, de idas, recuos, erros e acertos. Aproximei-me de militares, como me aproximara de estudantes. Fui aprender com os médicos dentro e fora do Ministério da Saúde, com os coronéis e professores do Ministério da Educação e de escolas e universidades. Fui entender as relações de trabalho com ministros, sindicatos, parlamentares. Vi a ditadura murchar e morrer e a democracia surgir, impor-se e brilhar. A eleição indireta de Tancredo Neves, a primeira eleição direta, a Constituinte de 1988, a afirmação da independência entre Poderes, a compreensão – agora em xeque – de que não se destrói o meio ambiente para crescer; ao contrário, só existe desenvolvimento com a preservação do ambiente.

A democracia é como o casamento entre pessoas que se amam: cheia de defeitos, idas e vindas, muitas rusgas, mas ainda não se inventou nada melhor. É o regime em que os desiguais têm voz, há confronto de ideias, busca de consensos, formação de maiorias, direitos de minorias, vitórias e derrotas. Mas, no Brasil, a democracia continua, tantos anos depois do fim da ditadura, falha, injusta, capenga, apenas formal. Como falar em democracia quando poucos têm tudo, a grande maioria não tem nada? Quando o Estado não garante saúde, educação, habitação e segurança? Quando a Justiça não vale para todos; persegue uns, os negros e pobres, e protege outros, os brancos e poderosos?

Há muito o que corrigir, restaurar e construir na democracia brasileira, mas sem negar o que os fatos mostram e a história irá confirmar: os Poderes se autofiscalizam e se autorreprimem, as instituições civis funcionam, o resultado das urnas é respeitado, a imprensa é livre, ativa e crítica, a sociedade se organiza e várias frentes se formam numa barricada de cidadania para dizer "não" a qualquer investida golpista, ou com ares antidemocráticos, seja à extrema-direita, seja à extrema-esquerda.

E é assim, nesse nosso Brasil tão lindo, cheio de sol, água, ar puro, petróleo, energia renovável, florestas, rios e oceanos, miscigenação, rica cultura, culinária diversificada e uma única língua, de Norte a Sul, mas tão desigual, tão injusto e tão violento, que as mulheres se afirmam mais e mais em todas as áreas, invadem a academia, brilham em qualquer carreira, assumem cargos de chefia. E precisam se unir para assumir seu lugar ao sol na política, no comando do Executivo, do Legislativo e do Judiciário e, nessas trincheiras, lutar. Lutar por igualdade, não só entre mulheres e homens, mas entre cidadãos, cidadãs, todos os brasileiros. O que significa lutar por real democracia!

Nós somos resultado das Déas, Emílias, Onezindas, Júlias e Ruths. O futuro será resultado de nós, nossos filhos bem-educados no sentido mais amplo e nossos netos cidadãos, unidos pela consciência coletiva, do seu papel na sociedade e da sua responsabilidade com quem recebeu muito pouco do Estado, mas tem muito a crescer, vender e dar para o País.

Os Desafios para a Liderança Empresarial Feminina no Brasil

JANETE VAZ

Nasci em uma fazenda em Ouro Verde, perto de Anápolis, no interior de Goiás. Desde cedo, recebi lições de vida e de empreendedorismo de meu pai, Antônio Mendes Ribeiro Sobrinho. Ele começou sua jornada aos 16 anos, com apenas o segundo grau, e conseguiu ser um vencedor na área que é destaque no estado e em sua cidade: o agronegócio. Casou-se com minha mãe quando tinha apenas 18 anos. Fui criada na fazenda da família e aprendi com meu pai a importância da honestidade, do caráter, do bom senso, da ética e dos princípios, tanto na vida privada quanto na vida em sociedade e nos negócios, e a respeitar os valores familiares.

Minha mãe, Dona Geralda, era a mais velha de oito irmãos, ela perdeu a mãe aos dezesseis anos e assumiu a responsabilidade de cuidar da casa e da família. De minha mãe, herdei o incentivo para investir nos estudos e expandir meus horizontes. Com ela, aprendi também a cuidar do bem-estar e da qualidade de vida das pessoas ao meu redor. Esse cuidado era estendido a todos os empregados da fazenda, sem distinção. Dona Geralda, que em 2019 completou 87 anos e continua distribuindo conselhos aos familiares, era muito, mas muito exigente com a disciplina e soube passar isso para a geração seguinte.

Meu pai sempre fez contas para tudo. Calculava e analisava cada investimento e depois fazia mais contas e analisava os resultados detalhadamente. Ele alertava: "Quem não sabe administrar o pouco nunca vai dar conta de administrar o muito". Outra teoria que meu pai difundia: "Se quer ter uma boa colheita, escolha boas sementes, prepare muito bem a terra, escolha o tempo certo da semeadura e tenha uma boa safra".

Numa época em que as boas práticas nas relações de trabalho no campo não eram tão difundidas, meu pai ressaltava a importância de pagar os salários religiosamente em dia e dizia que "a sua palavra vale mais do que a sua assinatura", noção que, hoje em dia, se mostra bastante rara tanto nas relações pessoais como nas comerciais. Ele foi a minha fonte de inspiração; foi quem me levou a vencer na vida; foi quem me deu coragem para enfrentar os desafios. Autodidata, foi meu conselheiro, consultor e orientador nos quatro primeiros anos da empresa (falaremos dela mais adiante) que eu fundei e me trouxe até aqui para contar essa história, quando então faleceu. Ele deixou seu legado de honestidade, bom senso, foco, visão de futuro e cultivo de bons relacionamentos.

Outra pessoa que influenciou muito minha trajetória de vida foi a minha avó, que aos 80 anos ainda tinha fôlego para bater de casa em casa vendendo Avon. Os ensinamentos que recebi dela e dos meus pais foram tão fortes e permanecem tão arraigados em mim que os coloquei em prática não só na vida e em casa, mas também no dia a dia da empresa que fundei e solidifiquei com muita persistência e determinação – o Laboratório Sabin de Análises Clínicas, que depois ganhou a denominação de Grupo Sabin. Foi nos valores familiares que busquei inspiração para desenvolver os princípios da cultura de valorização e desenvolvimento de pessoas da empresa, que viria a render bons frutos ao longo de sua existência. Já ultrapassamos três décadas e meia no mercado, sempre baseados nesses alicerces, e não vamos parar por aqui!

SONHO DE EMPREENDER

Tive uma vida simples na infância e de muito estudo na adolescência e juventude. Só fui conhecer Goiânia, a capital do meu estado, quando prestei vestibular e passei. Com o diploma de Bioquímica pela Universidade Federal de Goiás (UFG) nas mãos, deixei Anápolis em 1980, carregando nos braços meu primogênito de apenas 7 meses para acompanhar meu marido, que à época ainda estudava na Universidade de Brasília (UnB), na capital federal. Eu já conhecia Brasília. Tinha de 14 para 15 anos quando conheci a cidade. Foi no mesmo dia em que o homem colocou os pés na Lua, em julho de 1969. Eu sabia, no íntimo, que queria abrir meu próprio negócio e Brasília sempre foi vista como um lugar promissor. Despontava, à época, como uma cidade para se investir. Não tive dúvida de que a capital do país seria o lugar ideal para realizar meu objetivo profissional.

As lições de empreendedorismo que recebia no alpendre de minha casa na fazenda, vendo meu pai negociar, estavam cada dia mais latentes. Foi quando conheci, em 1984, a bioquímica Sandra Soares Costa, recém-chegada de Belo Horizonte, Minas Gerais, também com o mesmo sonho. Fundamos, então, o Laboratório Sabin, com a ajuda de apenas duas funcionárias: uma coletora e uma atendente. Juntas, dividíamos os mesmos sonhos e os mesmos princípios, e não nos intimidamos: fundamos um laboratório num período conturbado do país, com o processo de redemocratização ainda se desenhando e em uma época em que os homens ocupavam os postos de grandes líderes, comandavam as grandes e também as pequenas empresas. Mulheres à frente de qualquer negócio ainda era algo raro de se ver.

O começo não foi fácil, como na maioria dos casos. No mesmo ano que abrimos a primeira unidade do Laboratório Sabin, numa sala de 46 m² no início da Asa Norte, área central de Brasília, eu fui trabalhar na rede pública de saúde e cheguei a ter três empregos ao mesmo tempo. Era um período difícil no Brasil e os desafios eram enormes. No início, como em quase todos os negócios embrionários, o Sabin demandava muita dedicação, mas ainda não apresentava faturamento que justificasse abandonar os outros empregos e abrir mão de uma renda fixa.

Com crianças pequenas em casa para cuidar, tripla jornada e as dificuldades de deslocamento que as cidades grandes impõem, o jeito era buscar o equilíbrio entre tantas atividades. Foram sete anos na Secretaria de Saúde do Distrito Federal, cinco dos quais na chefia do laboratório do HRT (Hospital Regional de Taguatinga), o segundo maior da rede até então. Assumi a chefia do HRT aos 29 anos e de lá saí em 1990, quando o Sabin tinha seis anos e já apresentava sinais de que poderia render o suficiente para as nossas necessidades. A economia, nessa época, dava sinais de melhoras e despertava nas pessoas um sentimento de maior de confiança no país.

Ao longo de uma vida de trabalho árduo, e com meus filhos crescendo junto com o Sabin, tive que aprender a administrar meu tempo com muita eficiência, de modo a dar a maior atenção possível às crianças. No início, tive receio de que um dia me cobrassem pela ausência. Com ajuda de um casal de psicólogos, consegui entender que o mais importante não é a quantidade, mas a qualidade do tempo dedicado aos filhos que realmente faz a diferença na percepção infantil.

Muitos anos depois, ao proferir uma palestra tendo minha filha na plateia, ouvindo atentamente minhas palavras, fui interrompida por sua voz familiar com um depoimento emocionante: "Minha mãe foi uma mãe distante, porém nunca ausente", disse aos presentes. Tive de segurar as lágrimas e seguir com a minha fala, mesmo tendo, àquela altura, plena ciência de que minhas responsabilidades como mãe haviam sido cumpridas com muito amor e muita dedicação.

Tenho três filhos adultos: Leandro Vaz, o mais velho, é médico especialista em medicina antienvelhecimento; Raquel Vaz, a filha do meio, e Rafael Vaz, o caçula, são formados em administração de empresas, seguem os mesmos passos da mãe e são empreendedores. Eles adquiriram uma fábrica de sucos, a Global Fruit – no interior de Minas Gerais. Recentemente, para meu orgulho, deram um salto enorme com a abertura de uma nova empresa, a Tropicool, e a expansão para um país tão distante e diferente do nosso. Em 2020, a Tropicool chegou ao maior *shopping* do mundo, localizado em Dubai, nos Emirados Árabes, com a abertura de um quiosque.

Mesmo com a agenda lotada de compromissos, o que não abro mão e priorizo é estar ao lado da família, que cresceu com a chegada de quatro netos que alegram o meu coração: Matteo, Enrico, Ana Gabriela e a caçula Maria Eduarda, que dividem minha atenção. Separei-me do primeiro marido e encontrei, aos 62 anos, na maturidade da vida, uma pessoa que complementa a minha felicidade, o advogado Flávio Marcílio, com quem me casei e compartilho os mesmos valores de vida.

Além das mulheres fortes da minha linhagem patriarcal e de minha mãe Geralda, tive influência de outras personalidades femininas que se destacaram não necessariamente pela veia empresarial, mas pelo modo como conduziam suas vidas, eram leais a seus princípios e, principalmente, pelo modo como tratavam e se doavam ao próximo. Tenho algumas referências de mulheres que foram à frente de seu tempo e deixaram transformações para o bem comum. Nomes como Dona Ruth Cardoso, Irmã Dulce, Zilda Arns, minha conterrânea Cora Coralina, Luiza Helena Trajano e, a parceira de todas as horas, minha sócia e amiga Sandra Costa.

Lembro-me dessas grandes mulheres, cada uma com suas características e personalidade, que são verdadeiros exemplos de liderança. Com todas elas aprendi muito sobre o amor ao próximo. Em particular, cada uma deixou seu legado. Ruth foi a doação do conhecimento; Irmã Dulce, recentemente canonizada pelo Papa Francisco, seu exemplo de amor e doação ao próximo; e Zilda Arns, que morreu tragicamente no terremoto de 2010 no Haiti, onde estava em missão, a sua devoção pelas crianças, pelos pobres e pela causa humanitária. Já Cora Coralina, goiana como eu e também criada dentro de uma fazenda, foi a simplicidade e a beleza de sua poesia, imortal. Enquanto em Luiza, a amiga que a jornada em prol do empoderamento das mulheres me presenteou, eu destaco a veia para o empreendedorismo e o zelo pela bandeira levantada ao apoiar a equidade de gênero. E Sandra Costa, pela amizade, confiança e cumplicidade, um casamento que deu certo e nos rendeu frutos dos quais temos muito orgulho.

O que todas essas mulheres têm em comum e que é uma das principais características da mulher empreendedora? Uma maior tendência, em comparação com os homens, de saber se colocar no lugar do outro. Isso é fundamental para o exercício de uma liderança mais sensível e atenta às necessidades do colaborador e do cliente. Outro importante diferencial ao empreender é que elas buscam compreender amplamente todos os mecanismos e procedimentos que envolvem o negócio. As mulheres também são mais tolerantes com situações de incertezas do que os homens; conseguem realizar tarefas múltiplas praticamente ao mesmo tempo; e lidam mais facilmente com as intempéries e mudanças, prosperando em situações adversas. O homem é mais suscetível a sucumbir em períodos difíceis ou de crise.

Tento ser fonte de inspiração para milhares de mulheres que sonham em trilhar um caminho semelhante ao meu. Um caminho que não significa apenas sucesso nos negócios, mas, sobretudo, respeito e amor ao próximo, seja ele um familiar, um colaborador ou um simples desconhecido.

GRUPO SABIN

Quando Sandra e eu inauguramos o Laboratório Sabin, em 1984, assim como a maioria das mulheres, ambas pensávamos, acima de tudo, em exercer uma atividade profissional que nos trouxesse satisfação pessoal. Além disso, havia a vontade de fazer a diferença, de fazer certo, com muita garra, coragem e determinação.

Assim, demos início às atividades em um pequeno – mas arrojado – laboratório de análises clínicas no coração de Brasília, com parte dos primeiros equipamentos – um microscópio, uma centrífuga e alguns recipientes de vidro – comprados de segunda mão e parcelados em seis vezes. Hoje, 36 anos depois, a realidade promissora do Sabin contrasta com o início modesto de sua operação. O Sabin possui, dados de fevereiro 2020, 296 unidades de negócios espalhadas por 12 estados, além, claro, do Distrito Federal, e 53 cidades brasileiras. Em 2019, foram atendidos mais de 5 milhões de clientes.

A marca Sabin já nasceu arrojada, pois nós duas tínhamos desde o princípio em nosso DNA o desejo de fazer algo diferente do convencional. O laboratório sempre foi pioneiro em novos exames e novos equipamentos. O Sabin foi o primeiro laboratório da América Latina e adquirir uma esteira de automação laboratorial da Siemens, batizada de LabCell. Talvez essa inquietude, curiosidade ou perspicácia para farejar o que há de mais moderno e inovador, num primeiro momento no Brasil e logo em seguida a nível internacional, fez com que o portfólio da empresa ofertasse outros produtos como exames de imagem; vacinas (são mais de 20 tipos de imunizações); e o Sabin Prime, serviço de *check-up* executivo. Atualmente, são realizados no Sabin mais de 4 mil tipos diferentes de exames laboratoriais e de imagem.

Como parar nunca fez parte dos nossos planos, recentemente adquirimos 30% da Amparo, uma empresa de Atenção Primária à Saúde, sediada em São Paulo, capital, com prospecção de expansão nacional. A Amparo Saúde se diferencia por trazer de volta o conceito de medicina de família com atendimento personalizado e acolhedor.

O SABIN DE SAIAS

A personalidade feminina não é sentida no Sabin apenas porque eu e Sandra, as duas fundadoras, somos mulheres. Lá, somos a maioria; e maioria absoluta. Do total de 5.400 colaboradores da empresa (dados do início de 2020), 77% são do sexo feminino, propositalmente. Se levarmos em conta que no Brasil apenas 13% das empresas têm CEO mulheres e apenas 26% dos cargos de diretoria são ocupados pelo sexo feminino (segundo uma pesquisa recente do Insper com a Talenses), no Sabin, 74% dos cargos de liderança são ocupados por mulheres, inclusive em postos que tradicionalmente são preenchidos por homens.

São inúmeros os exemplos, mas talvez o caso da bioquímica Dra. Lídia Abdalla – que começou no Sabin como *trainee*, no ano de 2000 – seja o mais emblemático. Ela foi escolhida, em 2014, para assumir a presidência executiva da empresa, no momento em que demos um passo enorme nos negócios, como veremos adiante.

Outro exemplo extraordinário é o da biomédica Flávia Lessa, que coordena o setor de logística e transportes desde 2015, uma área considerada 100% masculina até pouco tempo atrás. Flávia mantém em ordem uma frota de 75 veículos e coordena uma equipe formada por 250 pessoas. Entre os colaboradores, estão 60 motoristas e motoboys, todos homens. Essa postura reflete a vanguarda da marca Sabin. Pesquisas apontam que quanto mais diversificado é o time de colaboradores, mais tempo a empresa se mantém no mercado e maior é sua lucratividade.

Esse universo feminino que construímos ao longo de quase quatro décadas nos rendeu, em 2019, o Prêmio Mulheres na Liderança, com destaque em Serviços de Saúde. A premiação elegeu as empresas com as melhores políticas de diversidade de gênero do Brasil e foi promovida pelos jornais *Valor Econômico* e *O Globo* e as revistas *Época Negócios* e *Marie Claire*, com a WILL – *Women in Leadership in Latin America*. Receber um prêmio de mulheres na liderança, num país onde dificilmente elas chegam ao topo da carreira na briga com os homens, é para nós um motivo de muito orgulho.

Desde que começamos, tínhamos um diferencial: além da busca por inovação tecnológica e qualidade dos serviços, o nosso foco era o bom atendimento e a satisfação do cliente, e isso só poderia ser feito se investíssemos nos nossos colaboradores. E foi o que fizemos desde sempre. Tudo no Sabin era motivo de festa e atenção: uma simples surpresa no dia do aniversário, passando pelo carinho nas necessidades básicas de cada um, o respeito, a dignidade e uma lista de benefícios que influenciavam a rotina deles. Chamamos isso de Prêmio Fidelidade.

Em outras palavras, sempre tivemos a cultura de conceder benefícios àqueles colaboradores que topassem caminhar conosco nessa jornada. Isso é muito comum em empresas fora do Brasil, mas aqui, à época, nem tanto. São inúmeros benefícios, desde um salário dobrado para quem completa 5 anos de casa, uma viagem com acompanhante para quem completa 10 anos até um carro para quem faz 20 anos. Em 2020, vamos entregar 18 chaves de carros zero quilômetro.

Existe, também, uma política de incentivar os estudos. No Sabin, há investimento forte em pesquisa para aqueles colaboradores que desempenham algum estudo de caso. Inclusive, não raro uma pesquisa que sai de dentro do Sabin é reconhecida internacionalmente em congressos e simpósios ou publicada em revistas especializadas de grande repercussão da área.

Em 2016, o Sabin destacou-se em pesquisa laboratorial ao desenvolver o primeiro teste no Brasil para identificar dengue, Zika e Chikungunya em um único exame, o PCR Combo. Fruto da pesquisa reconhecida no maior congresso da área no mundo, promovido pela American Association for Clinical Chemistry (AACC), o teste foi desenvolvido para o mercado para apoiar o médico assistente em um diagnóstico mais preciso, no momento em que os pacientes mais necessitavam, em plena epidemia de Zika no Brasil.

Em 2020, diante da pandemia do novo coronavírus, a equipe de pesquisa e desenvolvimento do Grupo Sabin desenvolveu, por meio de metodologia própria, baseado nos protocolos do Center for Diseases Control (CDC) e da Organização Mundial de Saúde (OMS), exame para identificação do novo coronavírus – "SARS CoV-2 coronavírus Cepa 2019". Feito com base no método "PCR em tempo real", considerado padrão ouro para esse diagnóstico, o novo teste possui processo de coleta simples, que é feito por meio de secreção nasal. Fomos inovadores no desenvolvimento do teste, na agilidade e na rapidez em dar respostas às necessidades que se faziam necessárias para o novo momento (como o *drive-thru*) e nos testes sorológicos IgG/IgM para coronavírus.

Durante esse período, ser uma empresa de excelência para se trabalhar passa também por ser uma organização que procura gerar valor para a sociedade.

Portanto, agir com gratidão e sentimento de solidariedade ecoa para dentro e para fora da empresa, e torna nossos colaboradores mais resilientes neste contexto desafiador atual. Temos colaboradores engajados e apaixonados pelo que fazem. Nosso propósito de inspirar pessoas a cuidar de outras é forte e genuíno, fala mais alto independentemente de nossos medos e anseios, e nos faz seguir adiante com empenho, dedicação, trabalho em equipe e amor. Mesmo diante da pandemia sem precedente na história recente mundial, temos orgulho por fazer o que fazemos e por ter a oportunidade de ajudar o próximo em um momento tão delicado. Essa atitude serve como um alento, passa segurança à população e gera um conforto. Isso tudo nos faz feliz.

É preciso registrar, também, que tiramos lições e aprendizados dessa situação tão delicada. O Covid-19 nos fez desacelerar, olhar para dentro e entender como estamos (nos aspectos sociais, emocionais etc.), valorizar as coisas mais simples e a importância dos contatos sociais que deixamos de lado e agora sentimos falta (família, amigos). Reforçou que temos que ter mais cuidado com nossa saúde e nossos hábitos básicos de higiene. Há sempre boas lições a tirarmos e o olhar de gratidão será fundamental nessa construção. Da solidariedade, a situação nos faz preocupar mais com o próximo, desde o nosso familiar que amamos ao vizinho idoso que precisa fazer compras, nos disponibilizarmos a ajudar de alguma forma (mesmo que de forma virtual, trabalho voluntário etc.) também nos fortalece como pessoas e sociedade. A pandemia reforçou nossa preocupação coletiva. Todos precisam estar bem para a gente ficar bem!

O PULO DO GATO: PROCESSO DE EXPANSÃO NACIONAL

Em 2010, o Sabin decidiu apostar em um projeto ousado: levar seu serviço de análises clínicas, reconhecido pela excelência no atendimento, qualidade laboratorial e inovação tecnológica, para outras regiões do Brasil. Isso porque, desde muito cedo, conquistou a preferência e a credibilidade dos clientes no Distrito Federal. Estava na hora de sair do "quadradinho" (como Brasília é conhecida, pelo seu recorte geográfico no mapa). O ano de 2010, aliás, foi o divisor de águas para a marca. Começamos a sofrer assédio de grandes grupos do setor de laboratórios que vinham se consolidando e se expandindo, especialmente do Sudeste. Percebemos que vinha aumentando o número de fundos de investimento e de concorrentes que queriam comprar o Sabin. As propostas chegavam aos montes. Mas o Sabin não estava à venda, e esse flerte foi o pontapé para que começássemos a planejar a nossa expansão. Este foi o pulo do gato do Sabin, com a assessoria da Fundação Dom Cabral, por meio da Parceria para o Crescimento Sustentável (PCS).

Inicialmente, o Sabin expandiu seu atendimento para outras cidades do Distrito Federal e entorno, começando por Barreiras (BA) e Anápolis (GO), que apesar de ser muito perto da capital federal, já estava nos meus planos desde sempre: começar a crescer onde eu havia crescido! Que filho que ama a sua cidade não espera voltar de uma forma tão especial como essa?

O Planejamento Estratégico da Expansão durou 2 anos (2010-2012) e iniciamos o processo com o crescimento orgânico – ampliação da operação em Brasília (DF) e expansão para Manaus (AM) – e inorgânico – aquisições realizadas em Uberaba (MG), Palmas (TO), Salvador (BA) e Belém (PA). A empresa chegou a um nível de maturidade em que decidimos nos dedicar às questões mais estratégicas na organização e nomear pessoas com alto conhecimento do negócio para conduzir o dia a dia. Em 2013, iniciamos a Governança Corporativa e criamos o Conselho de Administração.

Com isso, o Grupo Sabin passou a ser dirigido pela presidente executiva, Dra. Lídia Abdalla, conforme já mencionado. Nessa etapa de sucessão, Sandra e eu, as cofundadoras, passamos a gerir o Conselho de Administração do Grupo Sabin e nossos filhos integram o Conselho de Família. Naquele momento, nosso objetivo de preparar lideranças levando o mesmo espírito, a mesma qualidade para os novos mercados já estava sendo colocado em prática.

Já sob o comando da CEO, o Sabin chegou a São José dos Campos (SP), Campo Grande (MS), Uberlândia (MG), Ribeirão Preto (SP), Londrina (PR), Boa Vista (RR), Campinas (SP), Franca (SP), Florianópolis (SC), Maringá (PR), Osasco (SP), Barueri (SP), São Caetano do Sul (SP), São Bernardo do Campo (SP), Dourados (MS), Maracaju (MS), Itaporã (MS), Unaí (MG) e Mato Grosso. A empresa também ampliou sua atuação nas cidades de Anápolis (GO), Uberaba (MG), Salvador (BA) e em Brasília (DF), onde nascemos e ainda há espaço para expansão.

A Fundação Dom Cabral, parceira nessa jornada, ajudou a traçar o planejamento do Sabin de 2010 a 2020. Como 2020 chegou, a estruturação até 2025 já está pronta e em prática, e uma das metas é estar presente em 70% dos estados brasileiros até essa data. Hoje, orgulhosamente, somos um dos cinco maiores *players* do mercado de medicina diagnóstica do Brasil.

Em todas as etapas, foi traçado o desafio de multiplicar a cultura e as mesmas práticas vencedoras do Sabin em todos os locais em operação. Esse modelo de traçar um bom planejamento estratégico e preparar lideranças trouxe um viés muito positivo, que resultou em reconhecimento e premiações em várias frentes, tanto na pesquisa de clima organizacional quanto no modelo de gestão, na sustentabilidade e nos resultados conquistados, mesmo em períodos de crise.

A FELICIDADE NO TRABALHO

O "sangue" que circula no Sabin é o investimento forte nos colaboradores para que eles continuem trabalhando e crescendo junto com os gestores e com a empresa. Pessoas felizes produzem mais e melhor.

A nossa gestão valoriza e trabalha todos os aspectos importantes que envolvam a vida das pessoas, para que tenham condições de contribuir na realização da missão do Sabin, enquanto caminham em busca de seus próprios desejos e sonhos. Valorizamos pessoas que têm paixão pelo que fazem e compartilham valores como: respeito à vida, inovação e simplicidade. Elas são mais engajadas e entusiasmadas com os nossos propósitos.

Como prova de reconhecimento e valorização do profissional, o Grupo Sabin adota uma política de meritocracia, qualificação profissional, plano de carreira e benefícios diferenciados. As iniciativas melhoram o ambiente de trabalho, o engajamento e a produtividade dos colaboradores e reduzem os índices de absenteísmo (faltas) e *turnover* (rotatividade). Atender às expectativas das pessoas é um grande desafio. Identificar potenciais, desenvolver, desafiar, reconhecer e recompensá-los: esse é o grande segredo do sucesso. Acreditamos que o conhecimento técnico traz o candidato até o processo seletivo, mas, para fazer parte do nosso DNA, o que vale é a conduta do profissional. Isso faz toda a diferença.

PREMIAÇÕES E CERTIFICAÇÕES

Antes de detalhar um pouco as premiações do Grupo Sabin, vou revelar um dado: só em 2019, recebemos 53 prêmios nacionais e internacionais. Era uma meta ser reconhecido não só pelos nossos clientes e colaboradores, por isso fomos atrás de selos que são creditados por institutos sérios e responsáveis, que certificam as empresas em vários segmentos. Sabemos que essas certificações não são apenas troféus para pendurarmos na parede, mas um diferencial que atesta a nossa qualidade e a nossa inovação. Graças a tudo o que já foi dito aqui, nós estamos conseguindo o resultado que sonhávamos inicialmente.

O Sistema Integrado de Gestão do Grupo Sabin conta com programas de acreditação e certificações que chancelam a nossa constante busca pela excelência, entre eles a certificação internacional do College of American Pathologists – CAP, que valida o atendimento ao paciente, a confiança nas práticas laboratoriais e a qualidade dos processos técnicos de acordo com padrões mundiais; ISO 9001:2008, norma técnica que estabelece um modelo de gestão da qualidade para organizações; Programa de Acreditação para Laboratórios Clínicos (PALC), chancelado pela Sociedade Brasileira de Patologia; além da ISO 14001, norma de responsabilidade ambiental, e da ISO 31.000, que atesta a implementação das normas da gestão de riscos.

O Grupo Sabin é certificado também pelo Programa de Acreditação em Diagnóstico por Imagem (Padi) do Colégio Brasileiro de Radiologia e Diagnóstico por Imagem (CBR), que qualifica nacionalmente os serviços da área, avaliando os requisitos de qualidade, segurança e sustentabilidade. As ações fazem parte de um pacote de práticas e medidas adotadas pela empresa, como signatária do Pacto Global da ONU, na disseminação de práticas e políticas de sustentabilidade social, ambiental e econômico-financeira.

Como resultado de todas essas políticas colocadas em prática, o nosso Grupo tem sido muito premiado. Em 2020, o Sabin figurou, pelo 14º ano consecutivo, na lista elaborada pelo Instituto Great Place to Work (GPTW) das dez melhores empresas para se trabalhar no Brasil, e conquistou o 9º lugar entre as melhores empresas para trabalhar na América Latina. De acordo com a pesquisa realizada pelo Instituto GPTW, 95% dos colaboradores da companhia sentem orgulho do que fazem, e 90% se sente encorajado pela empresa a equilibrar suas vidas pessoal e profissional. Para estabelecer esse *ranking*, o Instituto GPTW analisa 7.000 empresas em 61 países.

Como estamos falando de mulheres, o Grupo Sabin está entre as melhores empresas para mulher trabalhar, segundo o GPTW. O Sabin foi classificado como a melhor empresa para mulher trabalhar por dois anos consecutivos, em 2017 e 2018. Isso nos enche de orgulho diariamente, porque sabemos das dificuldades que as mulheres enfrentam no mercado de trabalho.

Além disso, o Grupo Sabin está presente no primeiro Guia Exame de Compliance, levantamento que foi realizado pela revista *Exame*, em parceria com Instituto FSB Pesquisa e a Fundação Dom Cabral. Ao todo, 39 empresas foram reconhecidas no *ranking* por suas boas práticas setoriais.

Pela 15ª vez consecutiva, o Grupo Sabin figura no *ranking* da revista *Você S/A*, em parceria com a Fundação Instituto de Administração (FIA), como uma das companhias brasileiras que mais se destacam em gestão de pessoas e bom clima organizacional. Pessoas felizes trabalham felizes e têm um desempenho muito acima daquelas que não gostam do que fazem ou do local de trabalho. Além disso, pelo sétimo ano consecutivo o Grupo Sabin figura no *ranking* das melhores companhias do Brasil, de acordo com o Anuário Época Negócios 360º. No que tange ao setor de saúde, o GPTW Saúde elegeu o Sabin a melhor empresa para trabalhar na categoria medicina diagnóstica. A pesquisa realizada avaliou 70 empresas em sete categorias: clínicas, farmacêuticas, farmácias e distribuidoras, hospitais, indústrias e serviços, medicina diagnóstica e plano de saúde. Na avaliação, foram analisadas as políticas internas das companhias, a diversidade, a igualdade de gênero, além de avaliações com os colaboradores de cada uma das empresas participantes.

Em junho de 2020, o Grupo Sabin foi eleito a Empresa do Ano pelo Guia Exame de Diversidade. Em 2018, foi criado no Sabin um Comitê de Diversidade e Inclusão para garantir ações de promoção de grupos sociais, muitas vezes já presentes na empresa. Essa premiação reconheceu nossa cultura e práticas na promoção da diversidade, inclusão e equidade nos negócios.

Como o propósito do Sabin é inspirar pessoas a cuidar de outras, os indicadores dessas pesquisas nada mais são do que o reconhecimento e a validação das políticas e práticas implantadas pela empresa. A satisfação do colaborador com uma gestão que investe na formação, no desenvolvimento e no reconhecimento das pessoas resulta em um ambiente propício para o alcance dos objetivos da empresa e de seus colaboradores. Isso contribui para que o Grupo Sabin não só seja reconhecido como um dos melhores lugares para se trabalhar no Brasil, como também seja uma referência em atendimento humanizado e excelência técnico-científica em serviços de saúde. Ao entrar em qualquer unidade do Sabin, o cliente será recebido desde a recepcionista, passando pelo coletor, até o atendente no cafézinho (sim, nós também somos reconhecidos pelo delicioso desjejum que oferecemos) com muita simpatia, presteza, cordialidade e um sorriso estampado no rosto. Outro diferencial é que o Sabin oferece músicos que se apresentam na recepção para relaxar e descontrair o ambiente que, para muitos, é considerado tenso antes da coleta. Um dado que sempre gosto de trazer, que reflete muito a satisfação que nossos colaboradores têm de trabalhar conosco, é que, nos últimos 20 anos, tivemos apenas treze contestações trabalhistas na sede.

QUE LUCRO SOCIAL QUEREMOS DEIXAR?

Quando viramos referência em análises clínicas no Distrito Federal, eu e Sandra concluímos juntas que deveríamos retribuir a comunidade tudo de bom que havíamos conquistado. Foi quando, em 2005, resolvemos fundar o

Instituto Sabin, que virou, naquele momento, o nosso braço social e a ponte mais firme que nos conectava à sociedade na qual vivíamos.

Foi um tiro certeiro. O Instituto atua como o gestor do investimento social do Grupo Sabin, realizando investimentos, construindo parcerias e implementando ações e projetos em todas as cidades onde o Sabin se faz presente. Tem como missão contribuir com a melhoria da qualidade de vida nas comunidades, não só na área de saúde, como se deu no início, mas também na área social, na formação de cidadãos mais preparados para o mercado e para a vida.

O Instituto tem construído histórias fascinantes, como a da Tuanny Moraes Nascimento Silva, de apenas 30 anos, moradora do Gama, uma cidade na região administrativa do Distrito Federal. Inserida no mercado de trabalho, ela se viu obrigada a abandonar o emprego quando sua segunda filha nasceu. "Não valia a pena pagar para alguém cuidar delas com o salário que eu recebia, então resolvi me dedicar à maternidade por um tempo", conta. Tempos depois, e com muita dificuldade de voltar para o mercado, Tuanny soube de um projeto AOPAS, que, em parceria com o Instituto Sabin, promovia curso de corte e costura para mulheres da cidade. Fez o curso e seu primeiro voo foi alto: fazer seu próprio vestido de noiva, para casar com o companheiro de 11 anos de vida e pai de suas filhas. Deu tão certo que Tuanny não para de receber encomendas e está finalizando os preparativos para abrir sua microempresa e seu ateliê ao lado de casa.

São histórias como essa – alavancadas com a ajuda do Instituto Sabin – que me fazem sentir, lá no meu íntimo, que absolutamente tudo o que fizemos até aqui faz muito sentido. É gratificante demais ver que o radar do Instituto Sabin vem captando iniciativas inovadoras, das mais diversas possíveis, e ajudando a construir sonhos de tantas "Tuannys" pelo Brasil afora.

GRUPO MULHERES DO BRASIL

Mergulhada nesse universo feminino que é o Grupo Sabin, como empreendedora e com a repercussão que a empresa ganhou em vários estados do país, fui convidada, em 2013, para participar de um encontro de um grupo de 40 mulheres, liderado pela empresária Luiza Helena Trajano, do Magazine Luiza, no Palácio do Planalto, em Brasília. Desse encontro, surgiu o Grupo Mulheres do Brasil (GMdB). O Grupo é totalmente apartidário e composto por mulheres de diferentes perfis e segmentos da sociedade: empreendedoras, executivas, donas de casa, líderes comunitárias, representantes de ONGs, engenheiras, servidoras públicas, jornalistas, estudantes etc. que têm como um dos principais objetivos o reforço do protagonismo feminino. São mulheres de diferentes classes, origens e profissões que lutam por um país mais justo e com igualdade de oportunidades para homens e mulheres.

O Grupo inteiro é movido pela inquietude, um sentimento que considero extremamente positivo, já que provoca, transforma e resulta quase sempre em ações de mudança. E foi essa característica de inconformismo, comum em dezenas de mulheres, que deu vida, organicamente, ao GMdB. Essas guerreiras que fazem parte do grupo enxergaram que sem a mobilização da sociedade civil dificilmente acontecerão mudanças em benefício do bem comum.

O Grupo Mulheres do Brasil, que, como já disse, começou com 40 mulheres reunidas numa sala, hoje conta com 40.000 mulheres espalhadas por diversos países. Mesmo em tão pouco tempo de existência, é um espaço de compartilhamento de ideias, sugestões e propostas para a sociedade, que já é muito real na vida de diversas mulheres em todo país. O caminho que vislumbramos é elevar o conhecimento das mulheres de como sair das dificuldades por meio do empreendedorismo, ser livre e independente deixando para trás situações de violência doméstica, abuso e tantas outras dificuldades. Entrei de cabeça e de coração nesse projeto e, desde então, tenho viajado o país inteiro para dar mais voz a essa causa. Por causa do coronavírus, tivemos que traçar estratégias usando as ferramentas *on-line*, mas, ao contrário do que se pode pensar, o nosso grupo segue atuando de forma ainda mais intensa para ajudar no combate à pandemia.

Eu confio muito na força das mulheres. E agora, mais do que nunca, a mulher está ocupando seu espaço de protagonista da sua própria história. As vozes femininas estão afinadas nesse propósito de agentes transformadoras de uma realidade que ainda tem muito que caminhar. Eu tenho certeza de que estamos no caminho certo. Por isso, sempre imaginei que, juntas, poderíamos construir um trabalho consistente que pudesse transformar a sociedade civil.

Acredito que o nosso tempo chegou. Estamos vivendo um momento de virada e de muito trabalho pela frente, temos ainda que quebrar antigos padrões e atuar de fato em uma grande transformação cultural e de conceitos. Mulheres são, por natureza, engajadas e comprometidas com o futuro, sejam elas donas de casa, colaboradoras de empresas, profissionais liberais ou altas executivas. Elas querem transformar. Carregam, embutida no seio, uma inquietação que as fazem, desde sempre, inconformadas com as injustiças e acreditam que é possível e necessário vencer adversidades.

O nosso desafio daqui para frente, a meu ver, é acabar com a excessiva fragmentação: temos que unir ONGS, entidades e qualquer organização liderada por mulheres que buscam causas comuns. Precisamos dar voz e facilitar o engajamento das mulheres que amam o Brasil, que desejam resolver problemas estruturais, pois sabem que somente com o envolvimento e a colaboração de todas podemos deixar um legado e transformar este país em um local melhor para nossos filhos e netos.

LIÇÕES E CONSELHOS PARA FUTURAS EMPREENDEDORAS

Acredito que as mulheres têm capacidade, dom, talento e competência para fazer o que quiserem da vida. Sempre digo: "Busque suas prioridades, tenha foco, garra e coragem! Sorria com frequência, seja simpática e demonstre interesse nas pessoas. Nunca desista de seus sonhos. Lute e busque conhecimento para realizá-los. Sua garra deve ser superior ao seu talento. Se valorize. Se tropeçar, sempre levante a cabeça e siga em frente. Não se preocupe com seus erros, eles a ensinarão a ser melhor da próxima vez. Aprenda a comunicar, fale de quatro a sete vezes de formas diferentes. O óbvio deve ser dito sempre e repetidamente. Fale sempre a verdade, assim você nunca irá errar. Busque a sua felicidade. Você é feliz?".

A ideia de sucesso profissional pode ser subjetiva e pessoal. Para algumas pessoas, é conquistar reconhecimento no mercado. Já outras acreditam que seja conforto financeiro ou mais tempo com a família e qualidade de vida. O sucesso vem com muito esforço, ajuda de outras pessoas e por estar preparada e aberta às oportunidades.

As atitudes de pessoas felizes são: tirar seus sonhos da gaveta, traçar objetivos, buscar conhecimento, ter coragem e ser otimista, fazer *networking* e confiar em Deus. Três regrinhas – ter fé e crença de que:

1º – É possível alcançar seus sonhos em qualquer fase de sua vida;

2º – Você é capaz de alcançá-los: tenha coragem, seja otimista, se valorize, busque conhecimento, crie sua rede de relacionamentos;

3º – Você merece alcançá-los.

Os conselhos acima geralmente fizeram parte das centenas de palestras que realizei ao longo dos anos. Eles vêm do coração!

Ainda arrisco oferecer outras dicas práticas, valiosas, para empreender nos dias atuais. Para ter sucesso no mundo dos negócios, é importante conhecer a fundo cada fase. Há desafios relacionados à gestão que são fundamentais e é muito importante conhecê-los bem. Aprender o máximo sobre o negócio que deseja montar é também um bom caminho, já que não existem fórmulas prontas para prosperar. Algumas regrinhas que podem ajudar nesse pontapé inicial:

- Planejar o negócio: fazer uma planilha dos investimentos que devem ser feitos inicialmente;
- Investir no modelo de negócio e executá-lo de forma sustentável.
- Formalizar o negócio: por mais que a burocracia e os impostos assustem o empreendedor, ter a sua empresa com documentação em dia ajuda no crescimento, do contrário é mais difícil prosperar;
- Ter atitude empreendedora: olho nas oportunidades e persistência para superar as adversidades;
- Criar estratégias para atrair e fidelizar os seus clientes;
- Valorizar seus clientes: com um bom atendimento e a satisfação deles, a sua empresa tem mais chances de crescimento;
- Valorizar seus colaboradores: pessoas bem tratadas trabalham mais felizes e dão mais resultados, como vimos o tempo todo nesse capítulo;
- Estudar o mercado: quem são seus clientes em potencial, quem são os concorrentes, quem são seus fornecedores. É pré-requisito para conhecer melhor seu negócio.

Tenho forte na memória um conselho que um dia dei a Patrícia Vergine, nossa coordenadora de unidade que nasceu no Sul do país. Ele voltava de férias sempre choramingando a saudade da terra natal. Um dia eu disse: "Ame Brasília como se fosse Santa Catarina, porque aqui estão a sua nova família e seu trabalho". Tempos depois ela me disse que nunca havia esquecido essas palavras e que aprendera a amar a terra que lhe deu frutos na vida adulta. Essa tática é ainda mais valiosa quando uma pessoa resolve empreender longe de casa, em um local ainda pouco conhecido: amar, respeitar e valorizar o local que te acolhe e onde você espera semear o futuro.

É bom lembrar que as mulheres chegaram para ficar no mundo dos negócios. A Organização das Nações Unidas (ONU) criou um dia específico para celebrar o Dia do Empreendedorismo Feminino, que é 19 de novembro. E cada mulher que põe o dedo no empreendedorismo está ajudando a escrever um capítulo importante na história da economia brasileira. A todas essas mulheres, eu desejo sucesso na jornada.

Se eu pudesse resumir todo esse capítulo em poucas palavras, e olhar nos olhos de cada leitora, eu diria: sonhe, busque a sua felicidade e a sua realização profissional e pessoal. Busque o conhecimento aonde ele estiver; confie nas pessoas melhores que você, descentralize, você não pode fazer tudo sozinho. Fé em Deus, que é o princípio de tudo. Nada acontece por acaso, nada acontece na Terra sem antes ser determinado no céu. Se chegamos aonde estamos é porque Deus tem um lugar de honra dentro do Grupo Sabin.

democracia s.f. (1671 cf. RB) POLÍTICO 1 governo do povo; governo em que o povo exerce a soberania 2 sistema político cujas ações atendem aos interesses populares 3 governo no qual o povo toma as decisões importantes a respeito das políticas públicas, não de forma ocasional ou circunstancial, mas segundo princípios permanentes de legalidade 4 sistema político comprometido com a igualdade ou com a distribuição equitativa de poder entre todos os cidadãos 5 governo que acata a vontade da maioria da população, embora respeitando os direitos e a livre expressão das minorias 6 por extensão: país em que prevalece um governo democrático <ele é cidadão de uma autêntica d.> 7 por extensão: força política comprometida com os ideais democráticos <a d. venceu as eleições naquele país> 8 figura: pensamento que preconiza a soberania popular <a d. ganhou espaço na teoria política> 9 d. direta POLÍTICO forma

Democracia: Uma Construção Contínua

MARIA TEREZA AINA SADEK

Nos anos 70 do século XX, uma preocupação prevalecia nos debates públicos e privados, repercutindo na academia, nos meios políticos e na mídia: como conquistar a democracia e qual o melhor modelo de regime político a ser adotado. O processo de redemocratização e suas alternativas constituíam temas prioritários nas agendas dos diferentes grupos que, em comum, repudiavam ditaduras, limitações às liberdades e violações aos direitos. Em muitos países, tanto na América Latina como no continente europeu, dominados por regimes autoritários e/ou totalitários, enfrentava-se o desafio de elaborar novas constituições que consagrassem o regime democrático e enterrassem o passado. Eram, então, expostos e discutidos diferentes modelos institucionais, distintos tipos de representação, o catálogo de direitos, em síntese, como construir instituições e mecanismos que protegessem a nova realidade de recaídas autoritárias e garantissem a estabilidade política democrática.

Hoje, diferentemente, os temas mais recorrentes têm sido as ameaças à democracia, os riscos de retrocessos, a crise de Estado, a falência da representação política, o desprestígio dos partidos políticos, a ineficiência de governos eleitos, a polarização ideológica, a intransigência, a criminalidade, a corrupção, o descrédito nas instituições, a desmoralização da classe política, o surgimento de lideranças populistas.

Assiste-se à proliferação de textos e discursos cujo tema central é a crise da democracia contemporânea, o enfraquecimento de seus pilares e como o desenrolar desse processo pode provocar sua morte ou degeneração[1]. Essas inquietações refletem mudanças reais que têm ocorrido em muitos países e instigam a elaboração de novas questões e análises, compondo um repertório que perpassa fronteiras nacionais.

As apreensões não são sem fundamento. Bastaria citar a ascensão de líderes como Viktor Orbán, na Hungria; Matteo Salvini, na Itália; Marine Le Pen, na França; Geert Wilders, na Holanda; Jaroslaw Kaczynski, na Polônia; Santiago Abascal, na Espanha; Sebastian Kurz, na Áustria; Evo Morales, na Bolívia, para citar apenas os que alcançaram maior destaque na mídia.

O fenômeno ganha ainda mais cores com a explosão de grandes manifestações populares e de protestos violentos, como os noticiados no Equador, no Chile, na França, no Líbano, no Iraque, na Checoslováquia e em Hong Kong. Somam-se, a tais expressões públicas, a propagação de movimentos "contrários ao sistema", hostis ao que denominam democracia liberal, impulsionando reações marcadas por forte rejeição e intolerância em relação a imigrantes e a minorias, além da exaltação de meios heterodoxos para o combate ao crime. O quadro se completa com o reaparecimento e o foco em temas que se acreditava razoavelmente pacificados – como a liberdade de expressão; a separação entre o Estado e a religião; os limites ao militarismo; o respeito à diversidade cultural, à sexualidade, às minorias; a importância da preservação do meio ambiente; o reconhecimento do papel da ciência – passando a ser tratados de forma facciosa, fanática, antifactual, negacionista, contrária aos direitos humanos, aos princípios republicanos, aos valores democráticos e aos preceitos civilizatórios.

Não resta dúvida de que as causas desses eventos são múltiplas e complexas, mas não haveria como desconhecer o impacto do aumento da desigualdade de renda, que vem ocorrendo em todo o mundo. A distância entre ricos e pobres está aumentando não apenas nos Estados Unidos, mas também no Chile, na Argentina e no Brasil, para mencionar apenas alguns países.

Além de variáveis estritamente econômicas, ligadas à distribuição da renda e aos percalços econômicos, a insatisfação popular reflete sentimento de injustiça social; reações à falta de garantias sociais, a privilégios da classe política; expectativas frustradas de melhorias na qualidade de vida e nas possibilidades de ascensão social; má qualidade dos serviços públicos estatais; percepção de insegurança e de impunidade dos poderosos; repúdio à corrupção e às suas consequências.

---

[1] Entre os livros que ilustram essa preocupação, tornaram-se notáveis: *Como as democracias morrem*, de S. Levitsky e D. Ziblatt, e *Why Nations Fail*, de Acemoglu e Robinson.

A história nos ensina que conquistas democráticas não são definitivas e irreversíveis. Ao contrário. Estudos contemporâneos de ciências sociais reforçam essa advertência, demonstrando as possibilidades, sempre presentes, de recuos, de corrosão de seus pilares.

A INSTITUCIONALIDADE DEMOCRÁTICA

A institucionalidade democrática moderna encontra seus fundamentos históricos sumariados nos debates que antecederam a elaboração da Constituição dos Estados Unidos da América. Tendo por meta o combate ao arbítrio e, consequentemente, mirando o enfraquecimento do poder, os *Founding Fathers* destacaram a importância da separação dos poderes, de *checks and balances*, de pesos e contrapesos, de controles, de freios e filtros para a efetividade de um governo republicano e democrático. Nessa elaboração, o presidente, como chefe do Poder Executivo, pode muito, mas não pode tudo. Há limites à sua vontade. Limites determinados pela Constituição. O mesmo acontece em relação aos demais poderes – Legislativo e Judiciário. Os limites são impostos a cada um dos poderes pelos demais, pela legalidade e também pela opinião pública.

Madison[2], nos *Federalistas n. 51*, baseava seus argumentos no suposto segundo o qual o poder é potencialmente arbitrário. Escreveu: "se os homens fossem anjos, nenhum governo seria necessário. Se os anjos fossem governar os homens, nem controles externos nem controles internos sobre o governo seriam necessários. Na construção de um governo a ser administrado por homens e exercido por homens, a grande dificuldade reside no seguinte: é preciso primeiro capacitar o governo a controlar os governados e, em seguida, obrigá-lo a controlar a si próprio".

Esses princípios – compartilhados pelos que lutaram contra a dominação dos colonizadores ingleses e pelos críticos da forma de governo monárquica – sustentaram a elaboração da Constituição dos Estados Unidos e a construção das instituições republicanas presidencialistas. Proclamada em 1789 serviu de modelo para muitos países que adotaram o presidencialismo e a república. A maioria dos estados latino-americanos, após a independência, optou por essa arquitetura constitucional.

---

[2] James Madison foi presidente dos Estados Unidos entre 1809 e 1817. Durante o período em que se discutia a elaboração da Constituição, foram publicados artigos em defesa do texto proposto. Esses artigos, de autoria de James Madison (1751-1836), de Alexandre Hamilton (1757-1804) e de John Jay (1745-1829) foram compilados em *O Federalista*.

A distância, contudo, entre os preceitos constitucionais e a realidade, e, sobretudo, a dificuldade de estabelecer diferenciações entre distintos aspectos da construção democrática levaram muitos analistas a formular novos conceitos, mais sensíveis à complexidade das instituições, das relações entre o Estado e a sociedade, entre governantes e governados. Esses intentos visam possibilitar avaliações mais atentas à multiplicidade de elementos que compõem a institucionalidade democrática.

Assim, a definição clássica de democracia como "governo do povo, pelo povo e para o povo" tem sido enriquecida a partir de caracterizações mais sofisticadas, passíveis de mensuração, assimilando os eventos que marcaram o século XX. Nesse novo paradigma, a democracia é conceituada a partir de variáveis que excedem significados estritamente normativos e genéricos, ou que apelem para uma lógica maniqueísta, binária, dualista, como um sim e um não.

As análises de Robert Dahl (1971; 1997; 2001) exemplificam e ilustram esse empenho por interpretações, ao mesmo tempo, mais empíricas e mais focadas na multiplicidade de características da institucionalidade democrática. Dahl substituiu o conceito de democracia pelo de "poliarquia", permitindo avaliar quão democráticos são os países. Dois parâmetros foram adotados para a classificação dos regimes políticos: inclusão e competição[3]. Ademais, o autor enumerou as instituições necessárias à poliarquia. São elas: governantes eleitos, oriundos de eleições frequentes, livres e justas; sufrágio inclusivo; direito de concorrer a cargos eletivos; liberdade de expressão; informação alternativa; autonomia associativa. A partir dessas características, é possível avaliar o maior ou menor grau de democracia de um determinado país, em um específico momento e ao longo do tempo.

Sintetizando e reconhecendo a multiplicidade de aspectos da construção democrática, pode-se afirmar que se trata de uma forma de organização política baseada em um conjunto de variáveis: pluralismo; governo da maioria, com respeito aos direitos da minoria; limites aos poderes do governo; alternância de poder; respeito aos direitos fundamentais; igualdade de direitos; efetividade das normas legais; eleições livres e regulares; controles e transparência.

---

[3] A partir dessas variáveis, foram classificados quatro tipos de regimes políticos: 1) hegemonias fechadas: baixa participação social e baixa competição eleitoral; 2) hegemonias inclusivas: alta participação nas eleições e pouca disputa política; 3) oligarquias competitivas: baixa participação nas eleições e alta disputa política; 4) poliarquias: ampla inclusão e participação e alta competição eleitoral.

Nesse sentido, a democracia pressupõe um governo responsivo em relação a seus cidadãos, admite graus, aprimoramento, incorporação de novos valores e direitos. Consequentemente, trata-se de um regime político que sempre pode ser aperfeiçoado a partir de ganhos em seus componentes ou, em direção contrária, sofrer pioras, amputações, retrocessos. Não é, pois, uma situação dada ou uma conquista definitiva e permanente.

Ademais, a existência de parâmetros e controles constitucionais não significam que, na prática, governantes e governados se comportem segundo essas regras. A história está repleta de exemplos de governos e de lideranças que romperam com os princípios constitucionais e buscaram concentrar o poder; exerceram o mando de forma arbitrária; almejaram seus próprios interesses; consideraram-se acima da lei; acobertaram malfeitos; buscaram o apoio direto das massas, enfraquecendo instituições representativas e o Poder Judiciário; ocuparam a máquina pública com partidários, desconsiderando exigências de mérito; transformaram adversários em inimigos; esmagaram a minoria; privilegiaram, na distribuição de verbas, apaniguados; controlaram as informações e a mídia, enfim, violaram preceitos constitucionais, eliminando e/ou restringindo direitos e liberdades.

Essas experiências demonstram que constituições e instituições democráticas não garantem, por si sós, a estabilidade política, assim como não asseguram a ausência de arbítrio, nem afiançam a fruição das liberdades e dos direitos. As possibilidades reais de situações de retrocesso sinalizam que a continuidade e o aprimoramento democráticos dependem fundamentalmente da efetividade dos controles constitucionais, do contínuo fortalecimento das instituições representativas, da autonomia do Poder Judiciário, do respeito aos direitos individuais e supraindividuais, da liberdade da mídia, de vigilância por parte da cidadania.

Thomas Jeferson (1743-1826), o principal autor da declaração de independência dos Estado Unidos e um dos *Founding Fathers*, sintetizou: "o preço da liberdade é a eterna vigilância". Advertência igualmente zelosa foi proferida entre nós pela Ministra Cármen Lúcia, em 2018: "a democracia é uma planta muito tenra, a gente tem que cuidar todo dia".

Não se advoga que a democracia seja um regime político perfeito. O que, sim, se impõe enfatizar é que se trata do único regime político, entre os conhecidos, que admite o controle do arbítrio, que se alimenta de liberdades e de direitos, que não aniquila a minoria, que preza a transparência e a prestação de contas e que tem na cidadania seu mais importante pilar de sustentação. Churchill, com certa dose de ironia e preocupado com a expansão do comunismo, afirmou, em 1947: "a democracia é a pior forma de governo, excluídas todas as outras".

DEMOCRACIA NA CONTEMPORANEIDADE

Dificilmente se encontrará um líder que, no discurso, se proclame não democrático ou contrário ao Estado de Direito, desprezando, de forma acintosa, os direitos e as liberdades civis, políticas e sociais. A retórica, entretanto, nem sempre corresponde à realidade e, muitas vezes, o fosso entre a fala e o desempenho chega a ser abismal.

Com efeito, são inúmeros os exemplos em que se verifica uma considerável distância entre a oratória – demagógica – e os fatos reais. Testemunham tal incongruência notícias de graves desrespeitos à ordem constitucional; de abusos de poder; de interferências no processo de escolha de chefes do Executivo e de parlamentares; de tentativas de perpetuação no poder; de defesa de interesses mesquinhos; de manipulação de resultados eleitorais; de enfraquecimento das instituições; de cerceamento das atribuições do Poder Judiciário; de controle da liberdade de expressão e de informação; de censura à imprensa e à mídia, em geral; de violência e perseguição de adversários; de imposição de regras e de casuísmos objetivando o fortalecimento do poder.

Um indicador, ainda que incompleto, da situação da democracia no mundo é elaborado anualmente pela *Economist Intelligence Unit*, um departamento da publicação inglesa de notícias e assuntos internacionais da *The Economist*. A organização reconhece que não existe uma definição de democracia que seja consensual. Assim, o documento parte de uma concepção segundo a qual a "democracia pode ser vista como um conjunto de práticas e princípios que institucionalizam e, portanto, protegem a liberdade, o que pressupõe igualdade perante a lei, respeito ao devido processo legal e pluralismo político".

O relatório, publicado desde 2006, apresenta um índice de democracia construído a partir de cinco variáveis: processo eleitoral e pluralismo; funcionamento do governo; participação política; cultura política e liberdades civis. Para cada um desses aspectos é conferida uma nota, elaborada uma média, e cada país é classificado em um dos quatro tipos de regime: democracia plena; democracia com falhas/deficiências; regime híbrido; regime autoritário. O índice fornece uma visão geral do regime político praticado em 165 Estados independentes e dois territórios.

A tabela a seguir, extraída da edição publicada em 2020, mostra o número de países em cada uma das quatro categorias:

Índice de democracia por tipo de regime

	N. DE PAÍSES	% DE PAÍSES	% DA POPULAÇÃO MUNDIAL
Democracia plena	22	13,2	5,7
Democracia falha	54	32,3	42,7
Regime híbrido	37	22,2	16,0
Regime autoritário	54	32,3	35,6

Fonte: *The Economist Intelligence Unit*, 2020.

As classificações permitem constatar que quase metade (48,4%) da população mundial vive em algum tipo de democracia, embora apenas 5,7% reside em um país classificado como "democracia plena". Entre esses países, ocupam os primeiros lugares: Noruega, Islândia, Suécia, Nova Zelândia, Irlanda, Dinamarca, Canadá, Austrália, Suíça, Holanda, Luxemburgo, Alemanha e Reino Unido. Os únicos países da América Latina incluídos nessa categoria, composta por 22 países, foram o Uruguai, na posição de número 15, e o Chile, na 21ª[4].

Em contraste, mais de um terço da população mundial vive sob regime autoritário, com uma grande parcela na China. Estão nesse bloco: Jordânia (114ª posição), Kuait (114ª), Mauritânia (116ª), Palestina (117ª), Iraque (118ª) e Angola (119ª). Ocupam os últimos lugares no *ranking*, isto é, apresentam as piores notas de desempenho no processo eleitoral e pluralismo, no funcionamento do governo, na participação política, na cultura política e nas liberdades civis: Azerbaijão (146ª), Sudão (147ª), Guiné-Bissau (148ª), Barein (149ª), Belarus (150ª) e Irã (151ª).

Anualmente, são mostrados os países que ganharam pontos nos indicadores de qualidade da democracia e aqueles que perderam posições. O levantamento com os dados de 2019, que foi publicado em 2020, aponta que se verificou um declínio das garantias democráticas em escala global. Essa diminuição na pontuação média global foi impulsionada por uma forte regressão na América Latina e na África subsaariana; menor na região do Oriente Médio e no Norte da África e estagnação nas quatro demais regiões. A América Latina apresentou o pior desempenho, com uma queda de 0,11 pontos na comparação com o ano anterior, de 2018.

---

[4] O relatório salienta que ocorreu uma diminuição no porcentual de países nessa categoria. Em 2015, eram 8,9%. O declínio se deve ao fato do EUA ter sido rebaixado para "democracia falha", em 2016.

Em 2019, 68 países sofreram um declínio na pontuação total em comparação com 2018. Por outro lado, constatou-se melhorias em 65. Em 34 países, ocorreu estagnação, recebendo, consequentemente, pontuação idêntica à obtida no ano anterior. O maior salto positivo se deu na Tailândia, enquanto o maior declínio foi observado na China. Três países alcançaram a qualificação "democracias plenas": Chile, França e Portugal. Em contraste, Malta perdeu pontos, deixando de ser classificada como "democracia plena", passando para "democracia falha". Iraque e Palestina também foram rebaixados, enquadrados como "regimes autoritários", e não mais como no ano anterior quando incluídos como "regimes híbridos".

A América Latina, segundo o relatório, apesar da queda registrada no último ano, é a região mais democrática entre as que abrigam os mercados emergentes. Sua pontuação geral caiu de forma substancial em 2019, obtendo 6,13. No ano anterior, havia alcançado 6,24 pontos. Trata-se do quarto ano consecutivo em que se verifica decréscimo na média geral latino-americana. Tal enfraquecimento se deveu, sobretudo, à crise pós-eleitoral na Bolívia e, em menor medida, à reversão democrática ocorrida na Guatemala e no Haiti. Além disso, foi registrado o uso crescente de práticas autoritárias na Venezuela, na Nicarágua e na Bolívia, prejudicando o grau de democracia da região.

O Brasil foi classificado na categoria "democracias falhas", ocupando a 52ª posição, entre os 165 países pesquisados. Na comparação com países latino-americanos, três obtiveram notas mais favoráveis: Colômbia (45ª); Panamá (46ª) e Argentina (48ª). Em posição inferior ao Brasil, isto é, com médias mais baixas, estão: Peru (58ª), República Dominicana (60ª), Equador (67ª), Paraguai (70ª) e México (73ª).

Na lista de países classificados como de "regime híbrido", estão: Honduras (89ª), Guatemala (93ª) e Bolívia (104ª). Na qualificação "regime autoritário" constam: Nicarágua (122ª), Venezuela (140ª) e Cuba (143ª). Nesses três países, a liberdade política e de expressão é significativamente reduzida ou praticamente inexistente; as instituições democráticas são aparentes; as eleições são irregulares; o Judiciário não é independente; é alto o grau de corrupção; o governo intimida a oposição e a imprensa.

Na análise feita sobre o desempenho do Brasil, o relatório registra uma queda na média obtida em 2019 de 6,86, em relação à do ano anterior, 2018, que atingia 6,97 (a escala vai de 0 a 10). Classificado entre as "democracias falhas", o país recebeu notas positivas nos quesitos: eleições livres e procedimentos e resultados confiáveis; liberdades civis razoavelmente respeitadas. Os problemas foram verificados no item relativo à governança e nos baixos índices de participação política, resultando em uma "cultura política subdesenvolvida". Isto é, segundo o levantamento, não se constatou um convívio civilizado entre grupos políticos antagônicos e a aceitação da derrota eleitoral como parte do jogo político democrático. Quanto ao funcionamento do governo, a nota conferida foi 5,36. A nota mais alta foi obtida no item processo eleitoral e pluralismo, alcançando 9,58. No que se refere às liberdades civis, o país atingiu 8,24.

O mesmo tipo de análise é elaborado pelo Instituto de Variações da Democracia (V-Dem), entidade da Universidade de Gotemburgo, na Suécia. A instituição é responsável por um dos principais *rankings* que avalia a situação da democracia no mundo. O levantamento publicado em 2020 – *Democracy Report* – apontou que, atualmente, 92 países estão sob regime autoritário, em contraste com 87 democráticos. Desde 2001, pela primeira vez, na série de publicações, há mais Estados autoritários do que democráticos. Em 2019, os cinco países mais democráticos eram: Dinamarca, Estônia, Suécia, Suíça e Noruega. No extremo oposto, os países mais autoritários eram: Eritreia, Coreia do Norte, Arábia Saudita, Iêmen e Síria.

De acordo com o levantamento, o Brasil é o quinto país[5] que mais caiu no *ranking* na última década. Os principais sinais apontados foram: o crescimento na polarização e no discurso de ódio e os ataques a jornalistas.

Um ângulo distinto de análise diz respeito à percepção. Nesse tipo de estudo, o foco está em examinar como os cidadãos avaliam a democracia, qual o grau de satisfação com esse regime político. Trata-se de apreender, por meio de algumas questões, o grau de apoio e/ou de legitimidade de instituições e governos. É sabido que pesquisas dessa natureza sofrem efeitos de acontecimentos, de situações conjunturais e que, portanto, devem ser apreciadas levando-se em consideração eventos, graus de informação, nível de renda, gênero, idade, escolaridade etc. A apreciação subjetiva, ainda que sujeita a variações e a inúmeras interferências, é um item extremamente importante na aferição do grau de legitimidade conferido a governos e instituições.

Pesquisa da Universidade de Cambridge – *Global Satisfaction with Democracy* –, publicada no final de janeiro de 2020, mostra que mais da metade da população do mundo manifesta insatisfação com a democracia. Esse índice é o mais alto registrado em 25 anos. De acordo com o relatório, 58% dos entrevistados em 154 países estão descontentes com o regime democrático. Os principais motivos apontados são os sucessivos escândalos de corrupção e a prática de nepotismo por parte de governantes.

---

[5] Os demais países são: Polônia, Hungria, Índia, Sérvia e Turquia.

Segundo o relatório, o crescimento do desencanto com a democracia na última década tem relação com a crise econômica de 2008, com a questão dos refugiados, com a polarização política e com a falta de respostas dos governos para problemas econômicos e sociais.

Na América Latina, aparecem com destaque, como os principais motivos para a avaliação negativa, a incapacidade dos governos de combater a criminalidade e de encontrar soluções para a crise econômica. A preferência pela democracia em comparação com outros regimes caiu em 2019 para menos da metade do que se registrava até 2018.

No Brasil, de acordo com o levantamento, somente 20% aprovam o regime democrático.

Resultados relativamente semelhantes foram registrados em pesquisa apresentada no Instituto Fernando Henrique Cardoso (IFHC), em dezembro de 2019, por um de seus autores, o francês Dominique Reynié, da Fundação para a Inovação Política.

Os dados da enquete, realizada em 42 países, levaram seus responsáveis a concluir que o mundo assiste a uma "desconsolidação democrática". As respostas obtidas mostram que quase metade (49%) dos 30 mil entrevistados considera que a democracia funciona mal em nível nacional; 51% da média mundial acredita que a "democracia funciona muito bem ou bem" em seu respectivo país. O Brasil está abaixo dessa média, com um percentual de apenas 23%. Nesse quesito, o país só estaria melhor do que a Croácia.

O levantamento revela, ainda, que a maior parte dos entrevistados defende "mais ordem", ainda que com "menos liberdade". A polícia e o Exército são populares, em contraste com o governo, com o Parlamento, com os partidos políticos e com os sindicatos. Contudo, a maioria rejeita governos militares e considera a democracia o melhor sistema político.

Segundo Reynié, pela primeira vez o mundo democrático é confrontado com o fato de que países que hoje mais produzem riqueza não são democráticos (China). Em entrevista ao jornal *Folha de S.Paulo*[6] o pesquisador afirma que "há uma normalização do populismo, com figuras fortes na Itália, na Áustria, na Alemanha, sobretudo a leste. Na França, coisas que nem a ultradireita dizia há alguns anos, hoje são ditas pelo partido Socialista. Todos deram passos à direita. A social-democracia vive uma crise histórica, a direita liberal, idem".

Essas pesquisas, mostrando déficits no apreço ao regime democrático, devem, entretanto, ser analisadas com o devido cuidado. De um lado,

---

[6] Edição de 15.12.2019, p. A20.

revelam uma realidade preocupante e, em consequência, um problema a ser enfrentado por todos os que conhecem e repudiam os malefícios de regimes autoritários e totalitários. De outro, inúmeros aspectos exigem ponderação. Entre eles, a interferência na percepção e na avaliação do regime democrático de fatores como a situação econômica, o desemprego, o grau de escolaridade dos respondentes, o grau de informação, a crise migratória, a insatisfação com serviços públicos.

BRASIL: CONSTITUIÇÃO DE 1988 E DEMOCRACIA

A Constituição de 1988, com pouco mais de três décadas, tem um forte simbolismo na história do país. Sua longevidade é a maior entre todas as seis constituições brasileiras republicanas[7]; nenhuma consagrou tão extenso rol de direitos e assegurou instrumentos para a efetivação desses direitos, propiciando vigorosas garantias para o cidadão, daí ter sido identificada como "A Constituição Cidadã"[8], a Constituição da democracia.

A despeito dos mais de 30 anos e da significação simbólica, poucos se arriscariam a afirmar que a democracia brasileira está definitivamente consolidada e que, portanto, estaria imune a riscos ou livre de processos e atuações que possam levar à sua degeneração, à redução de sua qualidade, à sua desfiguração.

Desde a sua proclamação, muitas têm sido as ameaças, por vezes na forma de crises políticas e conflitos entre instituições, outras oriundas de contingências externas e principalmente as provenientes da situação socioeconômica, marcada por extremas desigualdades e exclusões.

As possibilidades de enfraquecimento ou mesmo de sérios retrocessos, entretanto, não se confundem com a ausência total de defesas. De fato, as instituições democráticas têm sido capazes de providenciar respostas às inúmeras crises que afetaram o país nas últimas décadas. Mesmo reconhecendo suas limitações, elas têm demonstrado capacidade de conviver com divergências, de processar as disputas e, muito importante, de produzir decisões. Bastaria lembrar, entre as situações com alto potencial de gerar grave instabilidade política, as que redundaram nos *impeachments* de dois presidentes eleitos, em 1992 e em 2016.

---

[7] Desde a independência, o Brasil teve as seguintes Constituições: 1824, 1891, 1934, 1937, 1946, 1967 e 1988.

[8] A Constituição Federal de 1988 foi elaborada no processo de redemocratização do país e ao ser proclamada, o presidente da Câmara dos Deputados, deputado federal Ulysses Guimarães, qualificou a constituição democrática como "A Constituição Cidadã".

Impeachments – procedimentos previstos constitucionalmente – provocam impactos que não se resumem ao impedimento ou à destituição de governantes que ascenderam ao poder pelo voto popular. Suas consequências atingem os demais poderes, as relações político-partidárias, possuindo alta probabilidade de acirrar os ânimos na sociedade e de ocasionar efeitos a curto, a médio e a longo prazo.

Além de fatos estritamente políticos, nos últimos anos, o desempenho da economia tem sido pouco favorável à criação e à estabilização de condições materiais que estimulem a redução das iniquidades e a convivência democrática. A crise fiscal e financeira do Estado, os baixos índices na taxa de investimento, em resumo, as pioras nas condições macroeconômicas exercem influência sobre o quadro político-partidário, sobre as relações sociais e, sobretudo, sobre as percepções da população em relação ao poder público, aos políticos profissionais, à democracia. Desde 2014, a economia do país tem apresentado déficits nas contas públicas, causando aumento da dívida e, em consequência, pioras na taxa de crescimento da economia, com queda significativa do PIB. A recessão é marcada pelo menor crescimento do consumo das famílias e dos investimentos públicos e privados, com reflexos na vida dos cidadãos, no índice de desemprego, provocando impactos relevantes na avaliação dos cidadãos sobre a política, os políticos, o governo, as instituições e o regime democrático.

Não se pode, igualmente, esquecer de que, a partir do início dos anos 2000, casos de corrupção foram desvendados, ocupando com primazia o noticiário e a atenção do público. Lei Anticorrupção, Lei das Organizações Criminosas, operações lideradas pela Polícia Federal, a atuação do Ministério Público, do Poder Judiciário, da Receita Federal, a prisão de poderosos, prisões preventivas, garantias individuais, delação premiada, recuperação de ativos transformaram-se em temas presentes no cotidiano, não se limitando aos especialistas ou aos operadores do Direito.

Muitos foram os reflexos dessas operações na sociedade, alguns vistos como positivos e outros, como negativos. Distintos supostos têm orientado análises diametralmente opostas. Esse confronto de interpretações contribui para fomentar polarizações na opinião pública, na maior parte das vezes separando os diferentes grupos, estimulando um embate no qual os atores não se percebem como oponentes ou adversários, mas como inimigos.

Democracia implica pluralismo, tolerância, convivência de adversários e oponentes. A concepção de inimigos, por sua vez, é associada à negação da política, à supressão do diálogo, à intransigência, isto é, constitui um obstáculo à coexistência harmoniosa.

Todos esses aspectos – políticos, econômicos, sociais, culturais, ideológicos – têm peso no processo de consolidação da democracia. Elementos desfavoráveis disparam um sinal de alerta, que não pode ser ignorado. Seu enfrentamento exige lideranças comprometidas com o ideário democrático, coordenação de esforços, instituições fortes, independência e harmonia entre os poderes, plena liberdade de expressão e uma cidadania vigilante.

NOTAS FINAIS

No momento atual, é forte a tentação de cair no desalento e abraçar análises pessimistas. O antídoto ao pessimismo não é, certamente, um otimismo ingênuo. O senso de realidade exige preocupação e busca de estratégias de combate às ameaças à democracia, especialmente face às dramáticas mudanças e ao grau de imprevisibilidade provocados pela pandemia do coronavírus (Covid-19) e à proliferação de *fake news*.

É imprescindível reconhecer que a resiliência ou a flexibilidade das instituições não representam qualidades imutáveis. Ameaças constantes sempre têm a possibilidade de debilitar a democracia, diminuindo e desgastando a força de seus pilares. A confiança nas instituições é uma dessas bases. Se os cidadãos não acreditam que a lei vale igualmente para todos e se julgam que a política se identifica com a corrupção, com interesses contrários ao bem comum, forma-se um cenário caracterizado pela frustração com o regime democrático, com potencial de levar a soluções caracterizadas pela arbitrariedade.

A construção democrática, como todas as construções institucionais, apresenta vulnerabilidades, que precisam ser identificadas e enfrentadas. Distinguir apelos autoritários e agendas obscurantistas, aparentemente sedutores, por parte de lideranças que desmerecem, desqualificam, desrespeitam e atacam as instituições é essencial para preservar o regime democrático. Da mesma forma, devem ser revelados e contestados o populismo, o patrimonialismo, o personalismo, o messianismo, políticos anti-*establishment*, o ressentimento em relação a estrangeiros e a minorias.

Cumpre repetir e salientar que, hoje, diferentemente do passado, quando as democracias ruíam a partir de intervenções militares, de tanques nas ruas, as principais ameaças vêm de líderes eleitos. Nesse sentido, as ameaças são mais sutis. Daí a necessidade de vigilância constante, de resistência a toda e qualquer investida contra os alicerces da construção democrática.

Claro que não há receitas prontas. No entanto, a experiência histórica ensina que o compromisso com a democracia exige o respeito à Constituição, às liberdades, ao pluralismo, aos direitos, às minorias. Não custa sublinhar que o regime democrático foi criado para equacionar os conflitos existentes em todas as sociedades – econômicos, ideológicos, religiosos, raciais, entre outros – a partir do controle da violência, da aceitação da legitimidade dos adversários, do respeito às regras do jogo, em especial, as que regulam o processo de escolha dos governantes, pautando eleições periódicas, limpas e livres.

Para terminar, vale recorrer a dois personagens que marcam a história da humanidade:

Albert Einstein (1879-1955, físico e matemático) afirmou: "meu ideal político é a democracia, para que todo homem seja respeitado como indivíduo e nenhum venerado".

Mario Vargas Llosa (1936, literário peruano), em entrevista ao jornal *O Estado de S. Paulo*[9], sustentou: "É muito melhor ter democracias imperfeitas, até corrompidas, que ditaduras que não são eficientes por fomentar a delinquência, o roubo, a manipulação da realidade. Ao menos, não temos na América Latina atual ditaduras militares – temos ditaduras ideológicas, presentes em Cuba, Venezuela, Nicarágua. Temos democracias imperfeitas, mas que podem ser corrigidas por meio de denúncias de roubos e das políticas mafiosas dos governos".

REFERÊNCIAS

ACEMOGLU, Daron; ROBINSON, James A. Why nations fail – The origins of power, prosperity, and poverty. New York, Crown Business, 2012.

ARROW, Kenneth. *Social choice and individual values*. New Haven: Yale University Press, 1951.

DAHL, Robert A. *Polyarchy* – Participation and opposition. New Haven/London: Yale University Press, 1971.

DAHL, Robert A. *Democracy and its critics*. New Haven/London: Yale University Press, 1989.

DAHL, Robert A. *Um prefácio à teoria democrática*. Rio de Janeiro: Jorge Zahar Editor, 1989.

DAHL, Robert A. *Poliarquia:* participação e oposição. São Paulo: Editora Universidade de São Paulo, 1997.

DAHL, Robert A. *Sobre democracia*. Brasília: Editora Universidade de Brasília, 2009.

---

[9] Edição de 22.12.2019.

DIAMOND, Larry; MORLINO, Leonardo. The Quality of Democracy. An Overview. *Journal of Democracy*, Washington, v. 15, n. 4, p. 14-25, oct. 2004.

DIAMOND, Larry; MORLINO, Leonardo (eds.). *Assessing the quality of democracy*. Baltimore: John Hopkins University Press, 2005.

DIAMOND, Larry; Mark PLATTNER, eds. *Democracy in decline?* Baltimore: John Hopkins University Press, 2016.

Dossiê Qualidade da Democracia. *Revista Debates*, Porto Alegre, v. 7, n. 1, p. 115-138, jan.-abr. 2013.

HELD, David (ed.). *Models of Democracy*. Stanford: Stanford University Press, 1987.

LAMOUNIER, Bolivar. *Rui Barbosa e a construção institucional da democracia brasileira*. Rio de Janeiro: Nova Fronteira; Fundação Casa de Rui Barbosa,1999.

LAMOUNIER, Bolivar. *Liberais e antiliberais:* a luta ideológica do nosso tempo. São Paulo: Companhia das Letras, 2016.

LIJPJART, Arend. *Democracies: patterns of majoritarian and consensus government in twenty-one countries*. New Haven: Yale University, 1984.

LINZ, Juan. The future of na authoritarian situation or the institutionalization of na authoritarian regime: the case of Brazil. In: STERPAN, Alfred (org.). *Authoritarian Brazil*. New Haven: Yale University Press, 1973.

LINZ, Juan; STEPAN, Alfred (orgs.). *The Breakdown of Democratic Regimes*. Baltimore: The Johns Hopkins University Press, 1978.

LIPSET, Seymour Martin. Some social requisites of Democracy: economic development and political legitimacy. *American Political Science Review*, Denton, v. 53, n. 1, p. 69-105, mar. 1959.

LIPSET, Seymour Martin; ROKKAN, Stein (Hrsg.). *Party Systems and Voter Alignments*. Toronto: The Free Press, 1967.

O'DONNELL, Guillermo; VARGAS CULLELL, Jorge; IAZZETTA, Osvaldo (eds.). *The quality of Democracy*. South Bend: University of Notre Dame Press, 2004.

PRZEWORSKI, Adam. Democracy as a contingent outcome of conflicts. In: ELSTER, Jon; SLAGSTAD, Rume (eds.). *Constitutionalism and Democracy*. Cambridge: Cambridge University Press, 1988. p. 59-80.

PRZEWORSKI, Adam et. al. What makes Democracies Endure. *Journal of Democracy*, Washington, v. 7, n. 1, p. 39-56, jan. 1996.

REISINGER, William M. Choices Facing the Builders of a Liberal Democracy. In: GREY, Robert. *Democratic Theory and Post-Communist Change*. New Jersey: Prentice Hall, 1997. p. 24-51.

SARTORI, Giovanni. Concept Misformation in Comparative Politics. *American Political Science Review*, Denton, v. 64, n. 4, p. 1.033-1.053, dec. 1970.

SARTORI, Giovanni. *A Teoria da Democracia Revisitada*: o debate contemporâneo. São Paulo: Ática, 1994. v. 1.

SARTORI, Giovanni. *Qué es la Democracia?* Madrid: Taurus, 2007.

SAWARD, Michael. Democratic Theory and Indices of Democratization. In: BEETHAM, David (ed.). *Defining and Measuring Democracy*. London: SAGE, 1994. p. 6-24.

SCHMITTER, Philippe C. The Ambiguous Virtues of Accountability. In: DIAMOND, Larry; MORLINO, Leonardo (eds.). *Assessing the Quality of Democracy*. Baltimore: John Hopkins University Press, 2005. p. 18-31.

Mulheres, Diplomacia e Democracia: de Bertha Lutz aos Dias de Hoje

Maria Nazareth Farani Azevêdo[1]

Em 2019, podia-se notar algo diferente nas ruas de Genebra: numerosas das tradicionais placas azul-marinho que as identificam estavam acompanhadas de "concorrentes" lilases. São as placas da campanha *100Elles*, que chamam atenção à invisibilidade das mulheres nos espaços públicos locais: são apenas 7% dos endereços do cantão que recebem nomes de pessoas.[2] Em frente ao Alto Comissariado das Nações Unidas para os Refugiados, numa das principais avenidas de acesso ao Palácio das Nações, a homenagem-protesto recorda uma brasileira: "Bertha Lutz: 1894-1976, Vice-Presidente da Comissão Interamericana de Mulheres".

Por que uma brasileira está sendo reivindicada pelo movimento das mulheres na Suíça? A resposta encontra-se na Carta das Nações Unidas, especialmente seu preâmbulo. Nele, os povos das Nações Unidas, entre outras considerações, reafirmam "a fé nos direitos fundamentais do homem, na dignidade e no valor do ser humano, **na igualdade de direito dos homens e das mulheres**, assim como das nações grandes e pequenas".

A consagração da igualdade jurídica entre homens e mulheres na Carta de São Francisco, em 1945, quando as mulheres não tinham sequer direito

---

[1] As opiniões manifestadas no presente artigo são de cunho exclusivamente pessoal e não refletem, necessariamente, aquelas do Ministério das Relações Exteriores.
[2] Cf. L'ESCOUADE. *100elles*. Disponível em: https://100elles.ch/. Acesso em: 31 mar. 2020.

de voto em diversos países, deveu-se, em grande medida, aos esforços de Lutz e de outras delegadas latino-americanas. Com base no trabalho pioneiro delas, as Nações Unidas desenvolveram robusto arcabouço jurídico e institucional para auxiliar os estados a promover a igualdade de gênero, na lei e na prática.

O presente artigo visa apresentar balanço das atividades das Nações Unidas em defesa dos direitos das mulheres desde sua criação, bem como as contribuições brasileiras. Trata-se de exercício especialmente oportuno neste ano de 2020, quando se comemoram os 75 anos da ONU e os 25 anos da Declaração e Plataforma de Ação de Pequim, principal documento político a balizar a atuação da Organização e dos Estados-membros em prol dos direitos humanos das mulheres.

Será conferida especial ênfase aos direitos e à participação das mulheres na política, em atenção a seu papel como agentes de mudança e construtoras da democracia no plano doméstico e internacional. Esse foco nos direitos políticos de forma alguma desconhece a variada gama de desafios que as mulheres enfrentam para o exercício pleno de seus demais direitos, como a persistência de múltiplas formas de violência contra as mulheres, de desigualdades de remuneração etc. Pelo contrário, não há dúvida de que dificilmente as mulheres poderão exercer plenamente seu papel de agentes políticos em uma democracia caso seus outros direitos lhes sejam denegados ou violados. Por sua vez, o empoderamento civil, econômico, social e cultural delas não estará completo caso não lhes seja garantido o direito de votar, ser votada e participar de assuntos públicos.

BERTHA LUTZ E A CARTA DE SÃO FRANCISCO

No período entreguerras, a Liga das Nações e a Organização Internacional do Trabalho já haviam reconhecido certos direitos às mulheres, mas, somente a partir da Carta das Nações Unidas, a igualdade de direitos entre homens e mulheres e a não discriminação em razão do sexo foram inscritas nos princípios fundamentais de organização da sociedade internacional.[3]

---

[3] O Pacto da Liga das Nações estabelecia que todas as suas funções, inclusive a Secretaria, eram "igualmente acessíveis a homens como a mulheres" (artigo 7º) e conferia àquela organização atribuição para fiscalizar os tratados de combate ao tráfico de mulheres e crianças (artigo 23). Na OIT, a Convenção nº 3 (1919) continha dispositivos de proteção à maternidade e as Convenções nº4 (1919) e nº 41 (1934) restringiam o trabalho noturno das mulheres.

A brasileira Bertha Maria Julia Lutz contribuiu significativamente para a linguagem igualitária da Carta. Filha do cientista Adolpho Lutz e da enfermeira Amy Fowler, nasceu em São Paulo em 1894. Cursou Ciências Naturais na Sorbonne, quando teve contato com o movimento sufragista europeu. Retornando ao Brasil, em 1918, passou a militar pela melhoria das condições de vida da mulher no país. Fundou, em 1919, a Liga para a Emancipação Intelectual da Mulher. No mesmo ano, prestou concurso para o Museu Nacional e se tornou a segunda funcionária pública federal concursada do País.[4] Em 1922, com a associação da Liga com outras organizações, criou a Federação Brasileira para o Progresso Feminino (FBPF). Para Lutz, tal progresso requeria garantir à mulher direitos iguais, especialmente ao voto, à educação e ao trabalho, "para tornar-se capaz de cumprir os deveres políticos que o futuro não pode deixar de repartir com ela".[5]

Bertha Lutz participou de diversas reuniões internacionais sobre a mulher nos anos 1920 e 1930, tornando-se intermediária entre os movimentos feministas nacional e internacional.[6] Após a Revolução de 1930, intensificou ainda mais a defesa do voto feminino no Brasil, afinal conquistado pelo Código Eleitoral de 1932. Integrou a Comissão de Redação do Anteprojeto de Constituição, na qual apresentou numerosas propostas para constitucionalizar e ampliar o direito ao voto das mulheres, bem como lhes garantir direitos à isonomia salarial e ao descanso pós-parto. Candidatou-se à Constituinte de 1933 e obteve a primeira suplência de seu partido.[7] Candidata mais uma vez nas eleições suplementares de 1934, novamente obteve a primeira suplência. Com o falecimento do Deputado Cândido Pessoa, tornou-se, em julho de 1936,

---

[4] A primeira funcionária pública federal concursada do Brasil foi Maria José de Castro Rebello Mendes, aprovada em primeiro lugar em concurso para o Ministério das Relações Exteriores em 1917. Como Mendes, Lutz só logrou ser admitida no concurso após parecer assegurar que nada na Constituição de 1891 obstava a inscrição mulheres. Cf. NUNES, Dimalice. *Bertha Lutz:* a sufragista brasileira. Disponível em: https://aventurasnahistoria.uol.com.br/noticias/reportagem/historia-biografia-politica-bertha-lutz.phtml. Acesso em: 31 mar. 2020.

[5] AFONSO, Izabel Cristina de Sena Sales. *Relações Internacionais e Feminismo:* a atuação de Bertha Lutz e as redes transnacionais de promoção à igualdade de gênero. 2018. Relatório final (Programa de Iniciação Científica), UNICEUB – Centro Universitário de Brasília, Brasília, 2018. p. 8. LUTZ, Bertha. Cartas de Mulher. *Revista da Semana.* Rio de Janeiro, 28 dez. 1918. Disponível em: http://lhs.unb.br/bertha/?p=1053. Acesso em: 31 mar. 2020.

[6] AFONSO, Izabel Cristina de Sena Sales. *Op. cit.* p. 10.

[7] Bertha Lutz candidatou-se a uma vaga em representação do Distrito Federal (Rio de Janeiro) pelo Partido Autonomista e obteve 16.423 votos. A primeira mulher eleita Deputada Federal no Brasil foi Carlota Pereira de Queiroz, figura de destaque da Revolução Constitucionalista de 1932, que recebeu mais de 176 mil votos no estado de São Paulo. Cf. MARQUES, Teresa Cristina de Novaes. *Bertha Lutz.* Brasília: Edições Câmara, 2016. p. 58-60.

a segunda mulher Deputada Federal do Brasil.[8] Na Câmara, concentrou-se em temas relativos à educação, à ciência e, naturalmente, aos direitos das mulheres: propôs a criação de um Departamento Nacional da Mulher e elaborou projeto de Estatuto da Mulher, com mais de 150 artigos que visavam à igualdade de direitos políticos, econômicos, civis e de Direito Penal.[9]

Interrompido seu mandato por força do Estado Novo, Bertha Lutz continuou a atuar em prol dos direitos das mulheres pela FBPF. Adotou atitude pragmática de manter proximidade ao governo Vargas para buscar ampliar a garantia de direitos das mulheres apesar das circunstâncias políticas. Continuou a integrar, assim, delegações do Brasil em reuniões internacionais de interesses das mulheres. Ao aproximar-se o desenlace da Segunda Guerra, em articulação com vários grupos feministas, fez campanha para que todos os países incluíssem mulheres em suas delegações à Conferência das Nações Unidas para a Organização Internacional (São Francisco, 1945).[10]

Apesar da campanha internacional, entre os 850 delegados da conferência de São Francisco, apenas seis eram mulheres; e somente quatro delas participaram até o final da reunião e assinaram a Carta da ONU. Além do número reduzido, a atuação das delegadas na conferência tornava-se mais complexa pelo fato de as mulheres só terem direito de voto em 30 dos 50 países ali representados.[11]

Uma das quatro delegadas que negociou e assinou a Carta foi Bertha Lutz,[12] que representou o Brasil nos comitês negociadores sobre "Participação, Emendas e Secretariado" e "Cooperação Econômica e Social".[13] Desde o

---

[8] Bertha Lutz recebeu 39.008 votos. Cf. MARQUES, Teresa Cristina de Novaes. *Op. cit.* p. 96.
[9] MARQUES, Teresa Cristina de Novaes. *Op. cit.* p. 112-141.
[10] UNIVERSIDADE DE BRASÍLIA. Museu Bertha Lutz. *Bertha Lutz e a Conferência Internacional do Trabalho, 1944*. Disponível em: http://lhs.unb.br/bertha/?p=898. Acesso em: 31 mar. 2020.
[11] UNIVERSITY OF LONDON. SCHOOL OF ORIENTAL AND AFRICAN STUDIES. *Women and the UN Charter*. Disponível em: https://www.soas.ac.uk/cisd/research/women-in-diplomacy/women-in-the-un-charter/. Acesso em: 31 mar. 2020.
[12] As outras mulheres delegadas eram Cora Casselman (Canadá, Parlamentar), Isabel Vidal (Uruguai, Senadora), Minerva Bernardino (República Dominicana, Presidente da Comissão Interamericana de Mulheres), Virginia Gildersleeve (Estados Unidos, Reitora) e Wu Yi-Fang (China). Outros países credenciaram mulheres como delegadas alternas (Reino Unido) ou assessoras de suas delegações (Austrália, México, Noruega e Venezuela). Cf. LUTZ, Bertha. *Mulheres na Conferência de São Francisco*. Disponível em: http://lhs.unb.br/bertha/wp-content/uploads/2013/02/San-Francisco-Conference-Report.pdf. Acesso em: 31 mar. 2020. p.1.
[13] BRASIL. Ministério das Relações Exteriores. Relatório da Delegação do Brasil à Conferência das Nações Unidas para a Organização Internacional. In: TARRISSE DA FONTOURA, Paulo Roberto; MORAES, Maria Luisa Escorel de; UZIEL, Eduardo (Orgs). *O Brasil e as Nações Unidas 70 anos*. Brasília: FUNAG, 2015. p. 54-55.

início, procurou articular-se com as demais delegadas, alternas e assessoras, bem como com organizações do movimento de mulheres que acompanhavam a Conferência, para promover linguagem igualitária no texto da Carta. Para esse propósito, foi fundamental o concurso das demais representantes latino-americanas presentes na Conferência, como Minerva Bernardino e Isabel Vidal, e da assessora da delegação australiana, Jessie Street.[14]

O trabalho das delegadas latino-americanas em São Francisco contava com respaldo regional. Meses antes daquela conferência, a Conferência Interamericana sobre Problemas da Guerra e da Paz, na Cidade do México, aprovara resolução que recomendava a inclusão na futura Carta da ONU de proibição de toda a discriminação baseada em sexo, bem como a participação de mulheres nas delegações a conferências internacionais, inclusive a das Nações Unidas.[15] No Brasil, a FBPF havia organizado mesa redonda com o Itamaraty com o mesmo propósito.[16]

O protagonismo de Bertha Lutz e demais mulheres latino-americanas em São Francisco foi essencial para assegurar que as mulheres fossem explicitamente mencionadas na Carta das Nações Unidas, sobretudo porque não contaram com respaldo das mulheres representantes das Grandes Potências. De forma bastante diversa das narrativas que atribuem ao Ocidente desenvolvido a "liderança" ou a "imposição" (a depender do viés político) das normas internacionais de direitos humanos, a consagração da igualdade de homens e mulheres na Carta foi contribuição da América Latina. Ocorreu, aliás, apesar da resistência das representantes dos Estados Unidos e do Reino Unido.

Tal fato foi descrito tanto no relatório oficial da delegação brasileira[17] como, em maior riqueza de detalhes, nos registros pessoais de Bertha Lutz.[18] Foi igualmente resgatado internacionalmente nos últimos anos pelas pesquisadoras da Elise Luhr Dietrichson e Fatima Sator,[19] da Universidade de Londres. As pesquisadoras tiveram acesso também a textos da delegada dos EUA e suas colegas britânicas, nos quais os esforços de Lutz e suas

---

[14] LUTZ, Bertha. *Op. cit.* p. 1.
[15] BARROSO, Carmen. As mulheres e as Nações Unidas: as linhagens do plano mundial de população. *Tempo Social:* Revista de Sociologia da USP, 1 (1), São Paulo, 1º. sem. 1989. p. 184, nota 1.
[16] BRASIL. Ministério das Relações Exteriores. *Op. cit.* p. 93.
[17] BRASIL. Ministério das Relações Exteriores. *Op. cit.* p. 93-94.
[18] LUTZ, Bertha. *Op. cit.* p. 1-3.
[19] Cf. LUHR DIETRICHSON, Elise; SATOR, Fatima. Les oubliées de San Francisco. *Manière de Voir.* nº 150, Paris, dez. 2016 – jan. 2017. Disponível em: https://www.monde-diplomatique.fr/mav/150/LUHR_DIETRICHSON/56861. Acesso em: 31 mar. 2020.

companheiras são descritos em termos de pouca sororidade, não só para com as negociadoras da América Latina, como também perante da situação das mulheres no mundo da época. A certa altura das negociações, a delegada do EUA chegou mesmo a eliminar a menção no preâmbulo à igualdade entre homens e mulheres, depois resgatada.[20]

As propostas articuladas por Bertha Lutz, Minerva Bernardino e suas aliadas em outras delegações e na sociedade civil foram exitosas em angariar o apoio dos mais de 95% delegados homens e dos respectivos governos. Alguns delegados também contribuíram ativamente para a linguagem igualitária da Carta, como o marechal Jan Smuts, chefe da delegação da África do Sul.

O resultado desses esforços encontra-se plasmado no Preâmbulo e nos artigos 1º, 8º, 13, 55 e 76 da Carta de São Francisco. No Preâmbulo, como visto, os povos das Nações Unidas reafirmam, logo nas primeiras linhas da Carta, sua fé "na igualdade de direito dos homens e das mulheres". O artigo 1º, parágrafo 3, estabelece entre os propósitos das Nações Unidas "promover e estimular o respeito aos direitos humanos e às liberdades fundamentais para todos, sem distinção de raça, sexo, língua ou religião". Essa fórmula proibitiva da discriminação com base em sexo é reiterada no artigo 13, parágrafo 1º, *b*; no artigo 55, *c*; e no artigo 76, *c*, que tratam de temas de direitos humanos no quadro das competências de diferentes órgãos da ONU.

O artigo 8º da Carta, por sua vez, determina que "as Nações Unidas não farão restrições quanto à elegibilidade de homens e mulheres destinados a participar em qualquer caráter e em condições de igualdade em seus órgãos principais e subsidiários". Embora Lutz preferisse a redação original proposta por seu grupo de delegadas ("a representação e a participação na Organização serão abertas a homens e mulheres em igualdade de condições"), o principal interesse no caso foi, em alguma medida, atendido. Buscava-se linguagem pela qual a norma da não discriminação entre homens e mulheres valesse tanto para a ocupação de cargos na Secretaria, inclusive eletivos, como também para representação nas delegações dos Estados-partes.[21]

---

[20] Bertha Lutz relata que a delegada dos EUA, Virginia Gildersleeve, ela mesma também feminista, dissera-lhe que reivindicar questões para as mulheres nas negociações da Carta seria "uma coisa muito vulgar". Além disso, Virginia Gildersleeve descreveria Lutz e suas companheiras como representantes de um "feminismo espalhafatoso", que talvez fizesse sentido em "países atrasados". Cf. LUHR DIETRICHSON, Elise; SATOR, Fatima. *Op cit. loc. cit*. LUTZ, Bertha. *Op. cit. loc. cit*. UNIVERSITY OF LONDON. SCHOOL OF ORIENTAL AND AFRICAN STUDIES. *Op cit. loc. cit*.

[21] LUTZ, Bertha. *Op. cit*. p. 2.

O relatório da delegação do Brasil, ao tratar do artigo 8º, apresenta a seguinte avaliação, que resume bem a atuação de Bertha Lutz e suas aliadas em inscrever, há 75 anos, as bases da igualdade de gênero no documento fundamental das Nações Unidas:

> [R]epresenta o fruto de muito esforço por parte da Delegada brasileira, da uruguaia, de outras representantes latino-americanas e da australiana e de muito boa vontade da maioria das Delegações. O intuito da Delegada brasileira foi não só garantir o direito de participação à mulher, mas principalmente trazer a colaboração do sexo feminino à obra essencialmente construtora da manutenção da paz.[22]

A Comissão sobre a Situação da Mulher (CSW), a Declaração Universal dos Direitos Humanos e os primeiros instrumentos das Nações Unidas sobre direitos da mulher

Uma das propostas de Bertha Lutz que não foi possível incorporar no texto final da Carta da ONU foi a criação de uma "comissão feminina para estudar o estatuto da mulher", que visava traduzir em resultados práticos os dispositivos sobre a igualdade entre homens e mulheres. Inspirava-se na experiência exitosa da Comissão Interamericana de Mulheres, criada em 1928, e nas lições aprendidas do Comitê de Peritos sobre o Estatuto Jurídico da Mulher, instituído pela Liga das Nações em 1937, no qual as mulheres eram minoria no debate de temas que lhes diziam respeito.[23]

A proposta brasileira enfrentou maior resistência tanto por haver sido apresentada em fase adiantada das negociações, como porque algumas delegações entendiam que as questões relativas às mulheres deveriam ser examinadas no âmbito da comissão sobre a proteção dos direitos humanos então prevista (artigo 68 da Carta). Essa divergência era compartilhada pelas delegadas e representantes europeias, que receavam que uma comissão específica sobre as mulheres pudesse "segregá-las" naquele foro e dificultar participação ativa em outros espaços da ONU.[24]

A proposta de Lutz e suas aliadas latino-americanas logo tornou-se realidade nos primeiros anos de funcionamento das Nações Unidas. Em fevereiro de 1946, na mesma resolução que criou a Comissão de Direitos Humanos (CDH), a Resolução E/RES/5(I), o Conselho Econômico e Social

---

[22] BRASIL. Ministério das Relações Exteriores. *Op. cit.* p. 94.
[23] BARROSO, Carmen. *Op. cit.* p. 185, nota 2. BRASIL. Ministério das Relações Exteriores. *Op. cit.* p. 100.
[24] UNIVERSITY OF LONDON. SCHOOL OF ORIENTAL AND AFRICAN STUDIES. *Op cit. loc. cit.*

(ECOSOC) criou uma Subcomissão sobre a Situação da Mulher, encarregada de apresentar propostas, recomendações e relatórios sobre a situação da mulher à CDH.[25]

Uma das primeiras recomendações da então subcomissão foi precisamente elevar seu *status* ao de uma comissão plena, que reportasse diretamente ao ECOSOC. Propôs também a criação, no Secretariado, de um Escritório para Temas da Mulher.[26] Embora novamente a proposta enfrentasse oposição, desta feita seu desfecho foi diverso. Apenas quatro meses após haver criado a subcomissão, o ECOSOC, pela Resolução E/RES/2(II), de 21 de junho de 1946, transformou-a na Comissão sobre a Situação da Mulher (*Commission on the Status of Women* – CSW, na sigla em inglês), com atribuições para preparar recomendações e relatórios diretamente ao ECOSOC "sobre a promoção dos direitos das mulheres nos campos político, econômico, social e educacional", bem como sobre problemas de direitos das mulheres que exijam atenção imediata. Meses depois, criou-se no Secretariado a Seção sobre a Situação da Mulher, parte da Divisão de Direitos Humanos.[27]

A independência da CSW em relação à CDH não significou afastamento completo de seus respectivos trabalhos. A CSW buscou manter-se envolvida nas negociações que prosseguiam na Comissão de Direitos Humanos a respeito da futura Declaração Universal de Direitos Humanos (DUDH). A participação de integrantes da CSW foi essencial para assegurar a devida consideração aos direitos das mulheres na DUDH. Integrantes da Comissão de Direitos Humanos, inclusive sua Presidente, Eleanor Roosevelt, favoreciam, poucos anos depois da adoção da Carta, o uso da expressão "homens" para se referir genericamente aos titulares dos direitos humanos na Declaração Universal, à maneira das declarações de direitos do século XVIII. Novamente graças em larga medida à tenacidade negociadora de mulheres do Sul, como Minerva Bernardino e Hansa Mehta, da Índia, além da Presidente da CSW, Bodil Begtrup (Dinamarca), o texto da Declaração Universal evitou retrocessos em relação à Carta e promoveu avanços adicionais em prol dos direitos das mulheres.[28]

---

[25] NICODEMOS, Marcela M. *As Nações Unidas e a Promoção do Direito da Mulher:* Retórica ou Realidade? (Tese). XLVIII Curso de Altos Estudos – Instituto Rio Branco, Brasília, 2005. p. 7.
[26] NICODEMOS, Marcela M. *Op. cit. loc. cit.*
[27] JAIN, Devaki. *Women, Development and the UN:* a Sixty-Year Quest for Equality and Justice. Indiana University Press: Bloomington, 2005. p. 17-18. MAFTEI, Jana. Aspects of UN Activities on the International Protection of Women's Rights. *European Integration* – Realities and Perspectives. Proceedings. vol. 10, n°. 1, 2015. p. 221.
[28] ARAT, Zehra F. Kabasakal. Women's Rights as Human Rights. In: UNITED NATIONS. *UN Chronicle*. Disponível em: https://www.un.org/en/chronicle/article/womens-rights-human-rights.

A Declaração Universal dos Direitos Humanos reitera em seu preâmbulo a linguagem da Carta sobre a igualdade de direitos entre homens e mulheres. Emprega, ademais, numerosas expressões inclusivas, como "seres humanos", "membros da família humana", "todo ser humano" e "ninguém" ao longo de seu texto. Tais expressões afastam interpretações que poderiam resultar em exclusão das mulheres de vários dos direitos fundamentais proclamados na Declaração, como os direitos políticos, ao trabalho, à nacionalidade etc. Além disso, a proibição de distinção de qualquer espécie, inclusive com base em sexo, é expressamente reiterada no artigo II, parágrafo 1º, da DUDH. Seu artigo XVI previu direitos iguais para todos os homens e mulheres de maior idade em relação ao casamento, sua duração e sua dissolução, e o artigo XXV, parágrafo 2º, determinou que a maternidade e a infância têm direito a cuidados e assistência especiais.

Por mais que a Declaração Universal dos Direitos Humanos estivesse revestida de significado político fundamental para as Nações Unidas, uma das prioridades iniciais da CSW foi o estabelecimento de normas internacionais juridicamente obrigatórias, que reforçassem e elaborassem o disposto na Carta e na DUDH sobre a igualdade e não discriminação das mulheres.

Desde sua reunião inaugural, a ainda Subcomissão já identificara a importância prática de priorizar os direitos políticos das mulheres, "porque pouco progresso seria possível sem eles", sem prejuízo de perseguir simultaneamente melhoras nos campos civil, educacional, social e econômico. O colegiado solicitou ao ECOSOC exortar todos os estados que ainda não o haviam feito a, de acordo com os princípios da Carta, conceder o sufrágio às mulheres, entendido como o direito de votar, ser votada e ter funções públicas em igualdade de condições com os homens.[29]

A proposta da CSW resultou na Resolução 56 (I) da Assembleia Geral das Nações Unidas (AGNU), de 11 de dezembro de 1946, sobre direitos políticos das mulheres. Apesar disso, em um de seus primeiros estudos globais sobre a situação da mulher, publicado um ano depois, a CSW identificou que 25 dos 74 Estados que responderam não garantiam direitos políticos plenos às mulheres,[30] situação que não mudou muito nos anos seguintes. A Comissão passou a concentrar-se na elaboração de um projeto de tratado sobre direitos políticos das mulheres que pudesse tornar os dispositivos da Carta, da DUDH e da resolução 56 (I) uma realidade.

Acesso em: 31 mar. 2020. JAIN, Devaki. *Op. cit*. p. 19-20. NICODEMOS, Marcela M. *Op. cit*. p. 10-11.

[29] JAIN, Devaki. *Op. cit*. p. 23.
[30] BOUTROS-GHALI, Boutros. Introduction. *The United Nations and the Advancement of Women, 1945-1996*. United Nations Department of Public Information: New York, 1996. p. 17.

Em 20 de dezembro de 1952, com base no texto preparado pela CSW, a Assembleia Geral das Nações Unidas adotou a Convenção sobre os Direitos Políticos das Mulheres, o primeiro tratado internacional destinado especificamente a reconhecer e proteger direitos das mulheres em todo o mundo. No caso, a convenção salvaguardava os direitos das mulheres de votar e de ser votadas em quaisquer eleições e de ocupar quaisquer ofícios ou exercer quaisquer funções públicas em igualdade de condições com os homens, sem discriminação.[31]

A Convenção sobre os Direitos Políticos das Mulheres foi aberta à assinatura em 21 de março de 1953 e entrou em vigor no ano seguinte. O Brasil, onde o voto feminino fora estabelecido desde 1932, assinou a convenção em maio de 1953, mas só a ratificou em 13 de agosto de 1963, mais de 10 anos depois. Seu texto foi promulgado pelo Decreto nº 52.476, de 12 de setembro daquele ano.

Após os direitos políticos, a CSW passou a concentrar-se na discriminação das mulheres no contexto do casamento. Seus trabalhos levaram à adoção pela AGNU da Convenção sobre a Nacionalidade da Mulher Casada (1957) e da Convenção sobre Consentimento, a Idade Mínima e Registro de Casamento (1962), seguida, em 1965, de Recomendação sobre o mesmo tema.

Em paralelo aos desdobramentos na CSW, a Comissão de Direitos Humanos finalmente pôde, em 1966, concluir o trabalho de negociação dos Pactos Internacionais sobre Direitos Civis e Políticos (PIDCP) e sobre Direitos Econômicos, Sociais e Culturais (PIDESC). Pelos artigos 2º, parágrafo 2, e 3º de ambos os Pactos, de redação análoga, os Estados-partes comprometem-se a garantir que os direitos enunciados no respectivo Pacto serão exercidos sem discriminação alguma, inclusive por motivo de sexo, bem como a assegurar a homens e mulheres igualdade no gozo de todos os direitos respectivamente enunciados. Os Pactos contêm ainda normas que proíbem a discriminação de sexo no reconhecimento de diversos direitos específicos, além de normas expressas de proteção às mulheres, como a que proíbe a imposição da pena de morte às mulheres grávidas (artigo 6º.5 do PIDCP) e a que prevê o direito das mulheres a condições de trabalho "não inferiores às dos homens" e à remuneração igual por trabalho igual (artigo 7º, *a)*, *ii*) do PIDESC).

Os Pactos Internacionais de 1966 também aperfeiçoaram os mecanismos de supervisão. O PIDCP criou um órgão de supervisão de tratado, o Comitê de Direitos Humanos, composto por peritos independentes eleitos pelos Estados-partes, os quais foram obrigados a apresentar ao referido órgão relatórios periódicos de cumprimento do Pacto. O PIDESC atribuiu

---

[31] MAFTEI, Jana. *Op. cit.*, p. 218.

funções similares ao Conselho Econômico e Social das Nações Unidas, órgão intergovernamental da ONU. O ECOSOC, porém, criou em 1985 um Comitê específico para esse propósito, igualmente composto de peritos independentes, o Comitê de Direitos Econômicos, Sociais e Culturais.

Por ocasião da adoção dos Pactos Internacionais de direitos humanos, em 1966, o Brasil, por determinação do governo federal, optou por não participar como membro da Comissão de Direitos Humanos das Nações Unidas e adotou perfil discreto nas negociações conduzidas sob sua égide. O Brasil não assinou os Pactos após sua adoção pela Assembleia Geral e só veio a aderir a ambos instrumentos em 1992, após a redemocratização.

A despeito desses instrumentos, era crescente a percepção na Comissão sobre a Situação da Mulher e na Assembleia Geral da persistência de múltiplas formas de discriminação contra as mulheres, inclusive as que já haviam sido proibidas nas normas convencionais.[32] Em dezembro de 1963, a AGNU encarregou a CSW de preparar projeto de declaração sobre a eliminação da discriminação contra as mulheres[33]. Após processo negociador que se estendeu por quase quatro anos, a AGNU adotou, em 7 de novembro de 1967, a Resolução 2263 (XXII), que proclama a Declaração sobre Eliminação da Discriminação contra as Mulheres (DEDAW, na sigla em inglês).[34]

A DEDAW manifesta, em seu preâmbulo, preocupação com o fato de que, apesar da Carta, da DUDH, dos Pactos Internacionais e de outros instrumentos de direitos humanos, e apesar dos progressos em matéria de igualdade de direitos, continuava a haver "discriminação considerável contra as mulheres". Considera que tal discriminação é incompatível com a dignidade humana e o bem-estar da família e da sociedade; impede a participação igualitária das mulheres na vida política, social, econômica e cultural de seus países; e constitui obstáculo ao pleno desenvolvimento de seu potencial. Salienta que o desenvolvimento pleno de um país, o bem-estar do mundo e a causa da paz exigem "a máxima participação das mulheres, assim como os homens, em todos os campos". Na parte operativa, considera a discriminação contra as mulheres fundamentalmente injusta e uma ofensa à dignidade humana. Contempla a adoção de medidas para a abolição de leis, costumes, práticas e preconceitos discriminatórios, bem como igualdade em matéria de direitos políticos; no casamento; na educação em todos os níveis; na vida econômica e social, em particular no trabalho. Por carecer de força vinculante e de mecanismos obrigatórios de

---

[32] BOUTROS-GHALI, Boutros. *Op. cit.* p. 29-30.
[33] O mandato foi definido pela Resolução 1921 (XVIII) da Assembleia Geral.
[34] MAFTEI, Jana. *Op. cit., loc. cit.*

seguimento, a Declaração surtiria efeitos modestos e logo se reforçariam as vozes e prol de um tratado sobe o tema.³⁵

Em 1968, no contexto das comemorações dos 20 anos da Declaração Universal dos Direitos Humanos, as Nações Unidas promoveram a Conferência Internacional sobre Direitos Humanos, realizada de 22 abril a 18 de maio, em Teerã. Embora a Conferência de Teerã tenha trazido alguns avanços, como a afirmação da indivisibilidade e interdependência entre os direitos civis, políticos, econômicos, sociais e culturais, foram modestas as inovações em relação aos direitos das mulheres. A Proclamação de Teerã reafirmou, em seu artigo 1º, o princípio da não discriminação de qualquer tipo, inclusive sexo. Em seu artigo 15, reiterou que a discriminação contra as mulheres contraria a Carta das Nações Unidas e a Declaração Universal e deve ser eliminada, bem como que a implementação plena da DEDAW "é uma necessidade para o progresso da humanidade".

A Conferência de Teerã adotou ainda resolução específica (Resolução IX) sobre "medidas para promover os direitos das mulheres no mundo moderno", que encorajava a ratificação universal e a implementação plena das convenções até então adotadas sobre direitos das mulheres e a promoção da adoção de programas de assistência técnica de longo prazo para o avanço das mulheres, especialmente no contexto de ações da ONU e dos estados em prol do desenvolvimento.

Sobre a participação política das mulheres, a Resolução IX de Teerã não se limita à proclamação formal da igualdade de direitos: recomenda aos Estados-membros "dar oportunidades e promover o acesso das mulheres a cargos públicos e outros postos de responsabilidade em todos os níveis, inclusive o exercício de todas as funções públicas". Os Estados foram, assim, instados a ir além da obrigação de não discriminar as mulheres em seus direitos, para promoverem ativamente o acesso das mulheres à política e à vida pública, de modo a tornar fatos tais direitos.

AS PRIMEIRAS CONFERÊNCIAS DA ONU SOBRE A MULHER (1975-1985) E A CONVENÇÃO PARA A ELIMINAÇÃO DE TODAS AS FORMAS DE DISCRIMINAÇÃO CONTRA AS MULHERES (CEDAW)

A Conferência de Teerã foi uma das primeiras marcadas pelo contexto de significativas transformações nas Nações Unidas a partir do processo de descolonização e da intensificação da Guerra Fria. O número de

---

35   BOUTROS-GHALI, Boutros. *Op. cit.* p. 30.

Estados-membros da ONU havia mais que dobrado em relação a 1945 e a quase totalidade dos novos membros era constituída por países em desenvolvimento, ex-colônias na África e na Ásia. Além de firmarem identidade própria e buscarem fortalecer as Nações Unidas como plataforma para o desenvolvimento, tais países foram envolvidos na disputa de influência entre os blocos capitalista e socialista, juntamente com a América Latina. As clivagens Leste-Oeste e Norte-Sul, a luta contra o colonialismo e o *apartheid*, o conflito no Oriente Médio, entre outros temas, acabaram por perpassar todos os grandes debates da Organização. Tiveram grande presença, assim, nas três conferências da ONU sobre a mulher, entre 1975 e 1985.

Em 1972, no marco das comemorações de seus 25 anos, a Comissão sobre a Situação da Mulher apresentou proposta, com firme apoio dos movimentos de mulheres, para que o ano de 1975, 30º aniversário da ONU, fosse declarado Ano Internacional da Mulher. Visava-se conscientizar a comunidade internacional para a necessidade de enfrentar a persistente discriminação contra as mulheres e de reconhecer sua contribuição como agentes do desenvolvimento. Ao endossar a recomendação, a Assembleia Geral acrescentou uma terceira vertente, a da crescente contribuição das mulheres para o fortalecimento da paz mundial. Pela Resolução 3010 (XXVII) da AGNU, de 1972, 1975 foi oficialmente declarado o Ano Internacional da Mulher. Posteriormente, a Assembleia Geral endossou recomendação da CSW de convocar uma conferência internacional sobre o Ano.

A Conferência Mundial sobre o Ano Internacional da Mulher ocorreu na Cidade do México, de 19 de junho a 2 de julho de 1975. Participaram da reunião oficial 2 mil delegados (73% mulheres) de 133 Estados, dos quais 113 tiveram mulheres como chefes de delegação. Seis mil representantes da sociedade civil reuniram-se, em foro paralelo, a Tribuna do Ano Internacional da Mulher.[36]

O desenrolar da Conferência foi fortemente marcado pelas tensões geopolíticas e econômicas da época, o que fez vários de seus documentos serem submetidos a voto. Além da Declaração do México sobre a Igualdade das Mulheres e sua Contribuição ao Desenvolvimento e à Paz, foram aprovados o Plano Mundial de Ação para a Implementação dos Objetivos do Ano Internacional da Mulher, planos regionais de seguimento e 35 resoluções sobre temas específicos.[37]

A despeito das polarizações verificadas nas negociações, a conferência do México não deixou de produzir resultados relevantes, que informaram

---

[36] BOUTROS-GHALI, Boutros. *Op. cit.* p. 34.
[37] BOUTROS-GHALI, Boutros. *Op. cit.* p. 34-35.

a atuação da ONU e dos Estados-membros nos anos seguintes e contribuíram para fortalecer o arcabouço normativo e institucional da Organização em prol dos direitos da mulher. Entre as recomendações da conferência, destacaram-se:

a) a adoção pelas Nações Unidas de uma convenção obrigatória sobre a eliminação da discriminação contra as mulheres, com procedimentos efetivos para assegurar sua implementação, que viria a tornar-se a Convenção das Nações Unidas para a Eliminação de todas as Formas de Discriminação contra a Mulher (CEDAW, na sigla em inglês);

b) a criação pela ONU de um Instituto de Pesquisa e Treinamento para o Avanço das Mulheres (INSTRAW, na sigla em inglês, que seria constituído em 1979);

c) a declaração do decênio 1976-1985 como a Década das Nações Unidas para a Mulher, a fim de promover a implementação dos compromissos contidos na Declaração e no Plano Mundial de Ação, bem como a realização de uma segunda conferência mundial, em 1980, para uma avaliação de meio período (endossadas pela AGNU em 1975); e

d) o estabelecimento de um Fundo Voluntário para a Década, para prestar assistência técnica e financeira a programas voltados à implementação das ações propugnadas pela conferência, constituído em 1976, que originaria o Fundo de Desenvolvimento das Nações Unidas para as Mulheres (UNIFEM, na sigla em francês).[38]

Especificamente no que tange à participação das mulheres nos processos decisórios, os princípios promulgados na Declaração do México trouxeram diversas referências ao imperativo de plena integração das mulheres na vida política dos Estados. O Princípio 9 instou à disponibilização de recursos para que as mulheres possam participar na vida política de seus países e da comunidade internacional "uma vez que sua participação ativa nos assuntos nacionais e mundiais em nível decisório e outros no campo político constitui pré-requisito para o pleno exercício de direitos iguais pelas mulheres, bem como para seu desenvolvimento e o do bem-estar nacional". O Princípio 15 considerou a máxima participação das mulheres em todos os campos como requisito do desenvolvimento pleno e integral de qualquer país. O Princípio 25 reconheceu o papel vital das mulheres na promoção da paz e frisou que elas devem "participar igualmente com os homens nos processos de decisão que contribuem para promover a paz em todos os níveis".

Os parágrafos sobre participação política das mulheres do Plano Mundial de Ação preconizavam, entre outras medidas, que todos os Estados que

---

[38] BOUTROS-GHALI, Boutros. *Op. cit.* p. 36. NICODEMOS, Marcela M. *Op. cit.* p. 19.

ainda não o tivessem feito assegurassem a igualdade de direitos políticos para as mulheres até 1978; que os governos definissem metas, estratégias e cronogramas para aumentar a participação política das mulheres em todos os níveis; e que fossem efetuadas atividades especiais de recrutamento, nomeação e promoção de mulheres, especialmente para preencher posições importantes, até obter representação equitativa.

Em 1975, o Brasil assumiu perfil discreto e cauteloso nas discussões do México, privilegiando a atuação coordenada no âmbito do G-77 e a potencialização da conferência como instrumento de promoção do desenvolvimento.[39]

A delegação brasileira foi chefiada pelo Embaixador Lauro Escorel e contou com a participação de Bertha Lutz como convidada especial da delegação. A presença de Bertha foi objeto de diversas homenagens durante a conferência, além de contribuir para a interlocução da delegação com diversos grupos feministas correntes que compareceram à reunião. Lutz lamentou que algumas delegações, em vez de priorizarem o avanço da mulher, preocupavam-se apenas em "agredir rivais ou inimigos e humilhar países de regimes opostos". Essa avaliação não excluía sua convicção da importância da contribuição da mulher ao desenvolvimento, a qual dependeria da igualdade de participação nos processos de decisão política. "A mulher vem trabalhando pelo desenvolvimento desde a pré-história. A sua contribuição atual ao progresso é limitada, não por sua inércia, mas pelas parcas possibilidades de acesso aos postos de mando", afirmou.[40]

A participação de Bertha Lutz na conferência do México foi um dos últimos marcos de mais de 55 anos de trajetória de defesa dos direitos das mulheres. Faleceu cerca de 14 meses depois, em 16 de setembro de 1976, aos 82 anos de idade.

Sem prejuízo da coordenação no âmbito do G-77, a delegação do Brasil não deixou de assumir postura mais propositiva em alguns dos temas discutidos na conferência. O Brasil foi um dos copatrocinadores do texto final da Declaração do México e esteve entre os propositores de três das resoluções adotadas pela conferência: a) a Resolução 24, sobre educação e

---

[39] FERRO, Maria Fernandez de Moura. *Política Externa e Temas Sociais:* Uma análise da trajetória da posição do Brasil nas Conferências Mundiais da ONU Sobre a Mulher (Monografia). Relações Internacionais – Universidade Federal de Santa Catarina, Florianópolis, 2016. p. 44.

[40] LUTZ, Bertha. *Relatório de Bertha Lutz ao Ministério das Relações Exteriores sobre sua participação na Conferência do México, 1975.* Disponível em: http://lhs.unb.br/bertha/wp-content/uploads/2013/03/Relat%c3%83%c2%b3rio-Conferencia-Mexico-1975.pdf. Acesso em: 31 mar. 2020.

treinamento, que advogava pelo acesso igualitário das mulheres à educação em todos os níveis, bem como pela eliminação de estereótipos e preconceitos nos currículos; b) a Resolução 25, sobre igualdade entre homens e mulheres e eliminação da discriminação contra as mulheres, que recomendava que fosse acelerada a elaboração da convenção sobre o tema; e c) a Resolução 27, sobre medidas para a integração das mulheres no desenvolvimento, que visava à integração das mulheres em todos os programas de desenvolvimento do sistema ONU e dos Estados-membros.[41]

A Convenção das Nações Unidas para a Eliminação de todas as Formas de Discriminação contra a Mulher constituiu um dos mais significativos e duradouros resultados da Conferência do México. Após o significativo impulso recebido no México, avançaram-se as negociações nas Nações Unidas e o texto da CEDAW foi adotado pela AGNU em 18 de dezembro de 1979.

Os principais avanços da CEDAW incluíram definir, pela primeira vez, a discriminação contra as mulheres; abranger todas as formas de discriminação contra a mulher em um mesmo instrumento de caráter vinculante; e estabelecer órgão independente de supervisão de sua implementação, o Comitê para a Eliminação da Discriminação contra a Mulher.[42]

A CEDAW define, em seu artigo 1º, discriminação contra a mulher como "toda a distinção, exclusão ou restrição baseada no sexo e que tenha por objeto ou resultado prejudicar ou anular o reconhecimento, gozo ou exercício pela mulher, independentemente de seu estado civil, com base na igualdade do homem e da mulher, dos direitos humanos e liberdades fundamentais nos campos político, econômico, social, cultural e civil ou em qualquer outro campo".

Conforme a Convenção, os Estados-partes condenam a discriminação contra a mulher em todas as suas formas e se obrigam a uma série de medidas, legislativas ou de outra natureza, para combatê-la em todas as esferas e para assegurar o pleno desenvolvimento e o progresso da mulher, a fim de que possa usufruir seus direitos humanos em igualdade de condições com o homem. A Convenção determina, por exemplo, a adoção de medidas para enfrentar preconceitos socioculturais sobre inferioridade da mulher ou sobre funções estereotipadas de homens e mulheres.

Merece menção especial o artigo 4º, parágrafo 1º, da CEDAW, que prevê a possibilidade da adoção de "medidas especiais de caráter temporário destinadas a acelerar a igualdade de fato entre o homem e a mulher", as quais

---

[41] FERRO, Maria Fernandez de Moura. *Op. cit.*, p. 53-54.
[42] MAFTEI, Jana. *Op. cit.*, p. 219.

não serão consideradas discriminatórias e cessarão quando a igualdade de oportunidade e tratamento houver sido alcançada. Em sua Recomendação Geral nº 25, em que interpretou o referido dispositivo, o Comitê CEDAW esclarece que tais medidas abrangem ampla variedade de instrumentos, políticas ou práticas, tais como programas de divulgação ou apoio; alocação de recursos; tratamento preferencial; processos direcionados de recrutamento, contratação ou promoção; metas numéricas baseadas em cronogramas; ou sistemas de quotas. Acrescenta que a escolha de cada medida depende do contexto e do objetivo buscado.[43]

Ao tratar da eliminação da discriminação contra a mulher na vida política e pública (artigo 7º), a CEDAW vai além dos direitos de votar, ser votada e ocupar cargo ou função pública dispostos na Convenção sobre os Direitos Políticos da Mulher. Protege expressamente, também, os direitos da mulher de participar da formulação e da execução de políticas governamentais, bem como em organizações e associações não governamentais que se ocupem da vida pública e política do país.

O Comitê para a Eliminação da Discriminação contra a Mulher (Comitê CEDAW), composto por 23 especialistas independentes eleitos pelos Estados-partes em votação secreta, foi incumbido de examinar relatórios periódicos de cumprimento da convenção submetidos pelos Estados-partes, bem como formular sugestões e recomendações de caráter geral, que têm servido para auxiliar na interpretação dos dispositivos da Convenção e orientar a elaboração dos relatórios.

O Brasil assinou a CEDAW em 31 de março de 1981 e a ratificou em 1º de fevereiro de 1984. Na ocasião, formulou reservas a dispositivos sobre igualdade de direitos na fixação do domicílio e no âmbito do casamento, incompatíveis com legislação doméstica discriminatória então vigente (Estatuto da Mulher Casada). Tais reservas foram retiradas em 1994, após a Constituição de 1988 consagrar a igualdade jurídica entre homens e mulheres, inclusive na sociedade conjugal.

A Conferência Mundial das Nações Unidas para a Década da Mulher: Igualdade, Desenvolvimento e Paz, realizada em Copenhague de 14 a 30 de julho de 1980, buscou promover avaliação de meio período dos progressos alcançados na implementação do Plano de Ação do México e dos objetivos

---

[43] COMMITTEE ON THE ELIMINATION OF DISCRIMINATION AGAINST WOMEN. *General recommendation No. 25, on article 4, paragraph 1, of the Convention on the Elimination of All Forms of Discrimination against Women, on temporary special measures*, 2004. Disponível em: https://www.un.org/womenwatch/daw/cedaw/recommendations/General%20recommendation%2025%20(English).pdf Acesso em: 31 mar. 2020.

da década. Reuniu 145 delegações governamentais e 135 ONGs, e seu foro paralelo, mais de 8 mil representantes da sociedade civil. Os debates foram mais uma vez ofuscados pelas controvérsias políticas do momento, de maneira ainda mais significativa que no México.[44] A delegação do Brasil manteve o perfil discreto e o alinhamento ao G-77.[45]

Os pontos positivos de Copenhague incluíram a campanha de alto nível em prol da ratificação da CEDAW; o diagnóstico dos desafios enfrentados para a implementação dos compromissos assumidos no México (entre os quais o reduzido número de mulheres em cargos com poder decisório); e a recomendação à Assembleia Geral da convocação de uma terceira conferência em 1985, incumbida de realizar um balanço da década para a mulher e propor o caminho adiante.[46]

Ademais, o Programa de Ação da Segunda Metade de Década das Nações Unidas para a Mulher, aprovado em Copenhague, não deixou de introduzir avanços nas propostas para a consecução dos objetivos da década. No tocante à participação política, por exemplo, incluiu encorajamento também aos partidos políticos para apresentarem mais mulheres candidatas, bem como aos governos e partidos a definirem metas de aumento da participação das mulheres em cargos eletivos e em cargos e funções públicas. Exortou, ainda, pela representação equitativa das mulheres em todos os níveis, especialmente os superiores, das delegações internacionais e o maior emprego de mulheres em todos os níveis no sistema das Nações Unidas. Manifestou preocupação especial com práticas formais e informais que resultam em discriminação de fato nos processos de seleção de candidaturas a cargos públicos e nos processos decisórios em geral.

De 15 a 26 de julho de 1985, realizou-se, em Nairóbi, a Conferência Mundial para revisar e avaliar as realizações da Década das Nações Unidas para a Mulher: Igualdade, Desenvolvimento e Paz. A III Conferência das Nações Unidas sobre a Mulher reuniu números ainda maiores de participantes: delegações de 157 países e 163 ONGs, além de cerca de 15 mil representantes de ONGs na tribuna paralela. O principal documento aprovado pela conferência foram as Estratégias de Nairóbi para a Promoção da Situação da Mulher. As Estratégias avaliaram os progressos e desafios na implementação dos objetivos da década e elencaram numerosas propostas para que continuassem a ser perseguidos até o ano 2000. Marcela Nicodemos

---

44 NICODEMOS, Marcela M. *Op. cit.*, p. 20-21.
45 FERRO, Maria Fernandez de Moura. *Op. cit.*, p. 55.
46 NICODEMOS, Marcela M. *Op. cit.*, p. 20-21. FERRO, Maria Fernandez de Moura. *Op. cit., loc. cit.*

observa que as Estratégias de Nairóbi constituíram a declaração política mais progressista adotada pelas Nações Unidas até então. Entre outros aspectos que seriam retomados com ênfase renovada na década seguinte, o documento iniciou o resgate das ideias contidas na Carta de São Francisco e na Declaração Universal sobre os direitos da mulher e mencionou o problema da violência contra a mulher.[47]

Em Nairóbi, o Brasil contou pela primeira vez com uma mulher, a então Ministra Conselheira (hoje Embaixadora aposentada) Thereza Machado Quintella, como chefe de sua delegação a uma conferência das Nações Unidas sobre a mulher.[48] A atuação da chefe de delegação, bem como as transformações internas que então ocorriam no Brasil contribuíram para uma boa interlocução com as representantes da sociedade civil em Nairóbi, ainda que as posições do país permanecessem em boa medida focadas na luta desenvolvimentista do G-77. O Brasil procurava, na ocasião, intensificar o diálogo com o movimento de mulheres e fortalecer a institucionalidade para a promoção e proteção dos direitos da mulher. Cerca de um mês depois da conferência, foi promulgada a lei que criou o Conselho Nacional dos Direitos da Mulher (Lei nº 7.353, de 29 de agosto de 1985) e foi criada, no Estado de São Paulo, a primeira Delegacia de Defesa da Mulher.[49] Em seu primeiro discurso na Assembleia Geral da ONU, em setembro daquele ano, o então presidente José Sarney enaltecia perante a comunidade internacional a criação do CDNM e "a participação decisiva das mulheres nas transformações em curso no Brasil".[50]

"OS DIREITOS DAS MULHERES SÃO DIREITOS HUMANOS!": PEQUIM E A "DÉCADA DAS CONFERÊNCIAS"

O fim dos anos 1980 e o início dos 1990 trouxeram novas e significativas transformações ao cenário internacional. O fim da Guerra Fria, a onda redemocratização na América Latina e na Europa do Leste, a globalização econômica e financeira, as novas tecnologias de comunicação e informação favoreceram a superação de divergências e criaram ambiente de otimismo renovado nas Nações Unidas. Por outro lado, tais mudanças não se deram

---

[47] NICODEMOS, Marcela M. *Op. cit.*, p. 23.
[48] FRIAÇA, Guilherme José Roeder. *Mulheres Diplomatas no Itamaraty (1918-2011)*. Brasília: FUNAG, 2018. p. 238.
[49] FERRO, Maria Fernandez de Moura. *Op. cit.*, p. 56-57.
[50] Cf. SEIXAS CORRÊA, Luiz Felipe de (org.). *Brazil in the United Nations 1946-1911*. Brasília: FUNAG, 2013. p. 558.

sem reações. O aumento do terrorismo e a irrupção de vários graves conflitos fundados em particularismo étnicos e religiosos visibilizaram graves violações aos direitos das mulheres, como a violência sexual como tática de guerra.

A maior aproximação entre Estados-membros da ONU, o fortalecimento de redes de organizações da sociedade civil em escala mundial e a percepção de que eram possíveis novas e mais ambiciosas soluções globais para temas como direitos humanos, desenvolvimento e meio ambiente resultaram em uma sucessão de grandes conferências internacionais na década de 1990. A "Década das Conferências", na expressão de José Augusto Lindgren Alves,[51] iniciou-se com a precursora Cúpula Mundial sobre a Criança, em 1990, e se esgotou com a Conferência Mundial contra o Racismo, a Discriminação Racial, a Xenofobia e a Intolerância Correlata, em 2001. Esta, já marcada por sérias divergências, antecedeu, em poucos dias, o 11 de setembro.

As declarações e os planos de ação que resultaram das grandes conferências da década de 1990 dispõem até hoje de significado político fundamental para o sistema de direitos humanos da ONU.

Uma das primeiras reuniões da "Década das Conferências" ocorreu no Brasil: a Conferência das Nações Unidas sobre Meio Ambiente e Desenvolvimento (Rio-92). A ação transformadora das mulheres em prol do desenvolvimento sustentável foi discutida nas reuniões oficiais e paralelas havidas entre 3 e 14 de junho de 1992, no Rio de Janeiro. A Declaração do Rio de Janeiro sobre Meio Ambiente e Desenvolvimento reconheceu o papel fundamental das mulheres na gestão do meio ambiente e no desenvolvimento, e a essencialidade de sua participação plena para a promoção do desenvolvimento sustentável (Princípio 20). O Capítulo 24 da Agenda 21 foi dedicado à ação mundial pela mulher, com vistas a um desenvolvimento sustentável e equitativo.[52] Vários de seus objetivos e ações retomavam a linguagem mais progressista das Estratégias de Nairóbi, mas ainda não se enquadravam integralmente sob uma perspectiva de direitos humanos.

A Conferência Mundial sobre Direitos Humanos (Viena, de 14 a 25 de junho de 1993), por sua vez, tornou-se marco inicial de um *aggiornamento* do tratamento dos temas das mulheres pelas Nações Unidas. Com o lema "os direitos das mulheres são direitos humanos", várias organizações feministas agiram durante os preparativos da Conferência de Viena em defesa da plena integração de todas as questões de direitos das mulheres em todos

---

[51] Cf. LINDGREN ALVES, José Augusto. *A Década das Conferências (1990-1999)*. Brasília: FUNAG, 2018.
[52] NICODEMOS, Marcela M. *Op. cit.* p. 31-32.

os conceitos, normas e práticas do direito internacional de direitos humanos em geral. A violência contra as mulheres constituía preocupação especial, por estar até então largamente "invisível" ao sistema de direitos humanos da ONU, sob argumentos como o de que envolveria "assuntos privados", entre particulares, e que os direitos humanos só protegeriam os indivíduos de condutas imputáveis a Estados.[53] Pareciam em certa medida fundados os receios das delegadas que, nos anos 1940, temiam que foros e instrumentos específicos sobre mulheres na ONU resultassem no seu confinamento em "guetos segregados".

Viena iniciou a correção de rumos, sobre a base do ambiente mais aberto e favorável a consensos entre os Estados-membros e ao diálogo mais fluido destes com a sociedade civil. Entre os resultados mais significativos da conferência, sobressaiu o reconhecimento, na Parte I, artigo 18, da Declaração e Programa de Ação de Viena (VDPA, na sigla em inglês) de que "os direitos humanos das mulheres e das meninas são inalienáveis e constituem parte integrante e indivisível dos direitos humanos universais".[54] O mesmo artigo definia como "objetivos prioritários da comunidade internacional" a participação "plena e igual" das mulheres na vida política, civil, social e cultural, em todos os níveis, e a erradicação de todas as formas de discriminação com base em sexo. Exortava, ademais, que os direitos das mulheres "deveriam formar parte integral das atividades das Nações Unidas de direitos humanos, inclusive a promoção de todos os instrumentos de direitos humanos relativos às mulheres".[55] Tratava-se de retificar as distorções práticas e políticas que haviam se consolidado desde a década de 1950, em prejuízo das disposições da Carta, da Declaração Universal, dos Pactos Internacionais e da própria CEDAW.

Na parte programática (Parte II, artigos 36 a 42, "Igualdade de condição e direitos fundamentais das mulheres"), a VDPA, entre outros dispositivos, determinou que a situação igual e os direitos humanos das mulheres devem ser integrados no *mainstream* de todas as atividades do sistema ONU, inclusive pela maior integração de ações de todos os órgãos sobre mulheres e sobre direitos humanos do sistema (órgãos intergovernamentais, órgãos de tratados, Secretariado etc.).

---

[53] BUNCH, Charlotte. How Women's Rights Became Recognized as Human Rights. In: WORDEN, Minky (Org.) *The Unfinished Revolution:* Voice's from the Global Fight for Women's Rights. Policy Press: Bristol, 2012. p. 29-30.
[54] LINDGREN ALVES, José Augusto. *Op. cit.* p. 151.
[55] LINDGREN ALVES, José Augusto. *Op. cit.* p. 152.

A VDPA, assim, resgatou a *igualdade* dos direitos humanos das mulheres, conforme a letra e o espírito da Carta de São Francisco, e a devolveu ao centro dos debates sobre direitos humanos.[56] Ademais, propugnou a *integração* ou *transversalização* dos direitos das mulheres em todas as atividades da ONU e dos Estados como estratégia para alcançar essa igualdade, na lei e na prática. A violência contra as mulheres restou plenamente reconhecida como problema de direitos humanos.

O Brasil desempenhou papel fundamental para consolidar esses e outros avanços no texto da Declaração e Programa de Ação de Viena, especialmente por meio da atuação do Embaixador Gilberto Vergne Sabóia, que presidiu o Comitê de Redação da conferência, órgão que ficou incumbido de negociar linguagem consensual sobre as principais pendências das negociações.

Algumas medidas preconizadas em Viena tornaram-se realidade pouco depois. Em 20 de dezembro de 1993, a AGNU adotou, pela Resolução 48/104, a Declaração sobre a Eliminação da Violência contra as Mulheres (DEVAW, na sigla em inglês). A DEVAW definiu violência contra as mulheres "qualquer ato de violência baseada em gênero que resulta ou pode resultar em dano ou sofrimento físico, sexual ou psicológico à mulher, inclusive ameaças de tais atos, coerção ou privação arbitrária de liberdade, quer ocorra em público ou na vida privada". Em março de 1994, a Comissão de Direitos Humanos estabeleceu a Relatoria Especial sobre violência contra a mulher, suas causas e consequências, pela Resolução 1994/45.[57]

Tais avanços prosseguiram nos anos seguintes: a Conferência Internacional sobre População e Desenvolvimento (Cairo, 1994) frisou que as políticas populacionais devem considerar não somente os aspectos de desenvolvimento ligados à mulher[58] A Cúpula Mundial de Desenvolvimento Social (Copenhague, 1995) reconheceu que a igualdade e a equidade entre homens e mulheres deve estar no centro do desenvolvimento econômico e social e tratou de questões como a feminização da pobreza.

As transformações ocorridas a partir da Conferência de Viena de 1993 foram fortalecidas e consolidadas na IV Conferência Mundial sobre a Mulher: Ação para a Igualdade, o Desenvolvimento e a Paz, realizada em Pequim, de 4 a 15 de setembro de 1995. Convocada para revisar os dez anos de implementação

---

[56] NICODEMOS, Marcela M. *Op. cit.* p. 33.
[57] BUNCH, Charlotte. *Op. cit. loc. cit.*
[58] BUNCH, Charlotte; FROST, Samantha; REILLY, Niamh. Las Redes Internacionales y la Traducción de las las Dimensiones Globales a las Esferas Locales (A Manera de Introducción). In: BUNCH, Charlotte; HINOJOSA, Claudia; REILLY, Niamh (Eds). *Los Derechos de las Mujeres son Derechos Humanos:* Crónica de una movilización mundial. EDAMEX: México, 2000. p. 37.

das Estratégias de Nairóbi e coincidindo com o cinquentenário da ONU, a conferência de Pequim reuniu cerca de 6 mil delegados de 189 países e mais de 4 mil representantes de ONGs em sua reunião oficial, bem como mais de 30 mil representantes da sociedade civil no do fórum paralelo de Hainou.[59]

A Declaração e Plataforma de Ação de Pequim, documento final da conferência, ao longo de seus quase 400 parágrafos, consagrou conceitos-chave para o fortalecimento do discurso e das ações para o progressivo empoderamento da mulher.

Estabelecido como um dos objetivos centrais da Plataforma de Ação de Pequim, o conceito de empoderamento sublinha a importância de que as mulheres assumam o protagonismo de suas próprias vidas, como agentes transformadoras de seu crescimento pessoal, político, social, econômico e cultural conforme suas próprias escolhas, e não por força de estereótipos, padrões e papéis que lhes são impostos. Pequim reconheceu a plena realização de todos os direitos humanos das mulheres como essencial para seu empoderamento e frisou a responsabilidade dos Estados e das sociedades de criarem condições para tanto.[60]

A Plataforma de Ação de Pequim priorizou doze áreas críticas de preocupação para a igualdade de gênero e do empoderamento das mulheres, em relação às quais definiu objetivos estratégicos e ações específicas. Uma das áreas críticas constituiu a "desigualdade entre mulheres e homens no exercício do poder e na tomada de decisões em todos os níveis". Em sua avaliação sobre a participação desigual das mulheres na política, a conferência frisou que:

> A participação das mulheres em condições de igualdade na tomada de decisões constitui não só uma exigência básica de justiça ou democracia, mas pode ser também considerada uma condição necessária para que os interesses das mulheres sejam levados em conta. Sem a participação ativa das mulheres e a incorporação do ponto de vista próprio das mulheres em todos os níveis do processo de tomada de decisões não se poderão alcançar os objetivos de igualdade, desenvolvimento e paz (Plataforma de Ação de Pequim, parágrafo 181).

Após reconhecer que, apesar da democratização em vários países, as mulheres continuavam sub-representadas nos mais diversos espaços de tomada de decisão, a conferência de Pequim definiu mais de 30 ações a

---

[59] NICODEMOS, Marcela M. *Op. cit.* p. 45.
[60] DELAMONICA, Laura Berdine Santos. *Op. cit. loc. cit.* LINDGREN ALVES, José Augusto. *Op. cit. loc. cit.* NICODEMOS, Marcela M. *Op. cit.* p. 28.

serem adotadas por governos, partidos políticos, Nações Unidas e outros atores em prol de dois objetivos estratégicos: garantir às mulheres igualdade de acesso e participação nas estruturas de poder e nos processos decisórios e aumentar a capacidade das mulheres de participar desses processos e de ocupar posições de chefia. Entre as ações, os governos foram exortados a comprometer-se a metas de equilíbrio de gênero nos órgãos governamentais, na administração pública e no judiciário "a fim de aumentar substancialmente o número de mulheres e alcançar uma representação de paridade das mulheres e dos homens, se necessário mediante ação afirmativa em favor das mulheres, em todos os postos governamentais e da administração pública". Foram instados também a adotar medidas de estímulo a que os partidos políticos incorporassem mulheres a postos públicos eletivos ou não, na mesma proporção e nas mesmas categorias que os homens.

O Brasil, fundado nos avanços democráticos da Constituição Federal de 1988 e dos processos eleitorais que a seguiram, participou de forma proativa e construtiva da preparação e das negociações de todas as grandes conferências das Nações Unidas dos anos 1990, havendo sediado uma delas, a Rio-92. Em relação às demais conferências, a definição da posição brasileira em direção a Pequim envolveu amplo processo de consultas internas. Foi estabelecido Comitê Nacional, criado por decreto presidencial, para coordenar a posição do Brasil, com base em amplo diálogo com diferentes instituições governamentais e organizações da sociedade civil. Esse processo envolveu seminários em Salvador, Rio de Janeiro, Porto Alegre, São Paulo e Brasília e resultou no Relatório Geral sobre a Mulher na Sociedade Brasileira, com diagnóstico abrangente dos progressos e desafios em relação à situação e aos direitos da mulher no país.[61]

A Chefe da Delegação do Brasil em Pequim foi a então Primeira-Dama e presidente do Conselho da Comunidade Solidária, Dra. Ruth Cardoso. Em seu discurso em Pequim, advogou que os avanços conquistados pelas mulheres desde a Rio-92 deveriam ser reiterados "sem retrocessos ou hesitações" e que as mulheres devem ser não somente beneficiárias, mas, sobretudo, promotoras do desenvolvimento sustentado e equitativo. Ressaltou, em especial, que a conferência deveria ter como horizonte "uma democracia que, reconhecendo a existência de diferenças entre os sexos, seja capaz de garantir-lhes a igualdade de direitos. Assim entendida, a luta das mulheres pela igualdade não é apenas uma luta em seu próprio benefício. É uma luta

---

[61] LINDGREN ALVES, José Augusto. *Op. cit.* p. 282.

em benefício de todos e se confunde, por isso mesmo, com o fortalecimento da própria democracia".[62]

Os progressos consolidados pela conferência de Pequim com relação aos direitos das mulheres foram mantidos nas grandes conferências seguintes. A II Conferência das Nações Unidas sobre Assentamentos Humanos (Habitat II, Istambul, 1996) assumiu o compromisso de promover o direito das mulheres no desenvolvimento de assentamentos humanos, inclusive pela integração da perspectiva de gênero nas leis, e políticas e projetos sobre o tema, em áreas urbanas e rurais. A Conferência Mundial contra o Racismo, a Discriminação Racial, a Xenofobia e a Intolerância Correlata (Durban, 2001) reconheceu que mulheres e meninas podem sofrer formas múltiplas e interseccionais de discriminação, bem como que o racismo, a discriminação racial, a xenofobia e a intolerância correlata manifestam-se de maneira diferenciada para elas.

O *momentum* político criado pela Declaração e Plataforma de Ação de Pequim facilitou novos aperfeiçoamentos no arcabouço normativo e institucional dos direitos das mulheres nos anos que se seguiram a Pequim. Em 1998, o Estatuto de Roma do Tribunal Penal Internacional estabeleceu, pela primeira vez, a regra do equilíbrio de gênero em um colegiado das Nações Unidas. Definiu, ademais, crimes de violência sexual entre aqueles de jurisdição do TPI, como estupro, esterilização ou gravidez forçada, prostituição forçada e escravidão sexual. O Brasil participou ativamente das negociações do Estatuto do TPI, o qual ratificou em junho de 2002, e logrou a eleição de uma nacional, a Juíza Sylvia Steiner, para a primeira formação do Tribunal.

Em 1999, a AGNU adotou o Protocolo Facultativo à CEDAW, que conferiu ao seu Comitê competência para receber e examinar queixas individuais de violação de dispositivos daquela convenção e formular recomendações aos estados concernidos.[63] O Brasil assinou o Protocolo Facultativo à CEDAW em 13 de março de 2001, e o ratificou em 28 de junho de 2002.

Em outubro do ano 2000, o Conselho de Segurança das Nações Unidas adotou a resolução 1325 (2000), que inaugurou sua agenda de Mulheres, Paz e Segurança (MPS), com o fito de transversalizar as questões atinentes a mulheres em todas as suas atividades de manutenção da paz e da segurança internacional. A agenda MPS busca fortalecer a participação igualitária das

---

[62] LINDGREN ALVES, José Augusto. Op. cit. p. 286. O discurso integral da chefe de delegação encontra-se disponível em: https://www.un.org/esa/gopher-data/conf/fwcw/conf/gov/950906123226.txt Acesso em: 31 mar. 2020.

[63] REILLY, Niamh. Women, Gender, and International Human Rights: Overview. *International Human Rights of Women*. REILLY, Niamh (Ed.). Singapore: Springer, 2019. p. 2.

mulheres e considerar suas experiências e perspectivas em todos os aspectos de prevenção de conflitos, negociações de paz, operações de manutenção da paz e estratégias de consolidação da paz. O Brasil lançou, em 8 de março de 2017, seu Plano Nacional de Ação sobre Mulheres, Paz e Segurança, em seguimento das resoluções sobre o tema. Em março de 2019, a capitã de corveta Márcia Andrade Braga, *peacekeeper* brasileira, recebeu o Prêmio de Defensora Militar de Gênero da ONU, por seu trabalho na Missão das Nações Unidas para a Estabilização na República Centro-Africana (MINUSCA).

O PÓS-PEQUIM: DAS DECLARAÇÕES E PROGRAMAS DE AÇÃO AOS OBJETIVOS DE DESENVOLVIMENTO

O século XXI trouxe consigo novos desdobramentos internacionais que dificultaram a continuidade das grandes conferências sociais e, especialmente, deixaram suspenso o *crescendo* de avanços em direitos das mulheres que se tinha observado nos 20 anos que mediaram o período entre a conferência do México e a de Pequim. Na conferência de Durban, de 31 de agosto a 8 setembro de 2001, já se evidenciara o ressurgimento de profundas divergências entre os Estados-membros das Nações Unidas, especialmente quanto ao tratamento de questões como reparações pelo passado de escravidão e colonialismo e o conflito israelo-palestino. Três dias depois do encerramento da reunião em Durban, ocorreu o atentado às Torres Gêmeas, em Nova York.

O novo contexto de guerra contra o terrorismo baseado no fundamentalismo religioso, o acirramento de guerras civis e conflitos regionais, o agravamento das assimetrias econômicas da globalização, as crises financeiras mundiais e as ondas de migrantes e refugiados não vistas desde a Segunda Guerra têm posto os direitos humanos em geral, e os direitos das mulheres em particular, sob pressão.

Os exercícios quinquenais conduzidos pelas Nações Unidas de revisão e avaliação dos progressos na implementação da Declaração e Plataforma de Ação de Pequim, diante desse contexto complexo, têm sido caracterizados pela concentração de esforços em preservar os acordos alcançados em Pequim e evitar retrocessos, em lugar de promover avanços adicionais em direção à igualdade plena, na lei e na prática, das mulheres. As grandes conferências das Nações Unidas sobre as mulheres de 1975 a 1995, que reuniram milhares de delegados e representantes da sociedade civil nas mais distintas regiões do mundo e produziram longas declarações e planos de ação, vieram a dar lugar a sessões especiais, na sede da ONU em Nova York, da Assembleia Geral das Nações Unidas (Pequim +5) ou mesmo da própria

CSW (Pequim +10 e seguintes) e a documentos finais mais modestos, voltados à manutenção e à implementação plena dos dispositivos de Pequim.

Essas circunstâncias não significam ausência completa de novas iniciativas no âmbito das Nações Unidas. Os esforços assumiram novas formas e modalidades nas últimas décadas, mais marcadas pela promoção do "mínimo denominador comum" entre as delegações e pelo revigoramento da vertente do desenvolvimento.

Em setembro de 2000, durante a Cúpula do Milênio, a Assembleia Geral (pela Resolução 55/2) adotou a Declaração das Nações Unidas do Milênio. Nela, elencou-se um conjunto de valores considerados essenciais para as relações internacionais no século XXI e prescreveram-se diversos objetivos para alcançá-los. Esse processo resultou na elaboração dos Objetivos de Desenvolvimento do Milênio (ODM), um conjunto sintético de oito objetivos interdependentes, subdivididos em metas específicas e indicadores de progresso, a ser alcançados em prazos definidos até 2015.

Dois dos ODM relacionavam-se diretamente às mulheres: o ODM 3, *promover a igualdade de gênero e empoderar as mulheres*; e o ODM 5, *melhorar a saúde materna*. Também se transversalizou o enfoque de gênero em outros ODM, como os sobre educação e trabalho decente.

Um dos indicadores de progresso no cumprimento do ODM 3 era a *proporção de assentos ocupados por mulheres nos parlamentos nacionais*. Segundo o relatório divulgado pela ONU em 2015, essa proporção quase dobrou de 2000 a 2015, mas as mulheres ainda correspondiam a apenas cerca de 20% do total de parlamentares,[64] embora constituíssem metade da população mundial.

Em setembro de 2016, os ODM foram sucedidos pelos Objetivos de Desenvolvimento Sustentável (ODS), adotados pela Assembleia Geral (Resolução 70/1) no marco da Agenda 2030 para o Desenvolvimento Sustentável. Fundada no lema "não deixar ninguém para trás", a Agenda 2030 ampliou, aprofundou e tornou consideravelmente mais complexos os objetivos, metas e indicadores, se comparados aos ODM. Os 17 ODS, por exemplo, representam mais que o dobro dos 8 ODM e suas metas mais que decuplicaram. Ainda assim, seus compromissos continuaram mais genéricos e restritos que os das declarações e programas de ação dos anos 1970 a 1990.

O ODS 5 corresponde a *atingir a igualdade de gênero e empoderar todas as mulheres e meninas*. Sua linguagem representa avanço em relação a seu

---

[64] UNITED NATIONS. *Millennium Development Goals Report 2015*. United Nations: New York, 2015. p. 5.

antecessor ODM 3, tanto por passar a implicar compromisso de resultado (*atingir*), como por aludir ao recorte de idade e à totalidade das mulheres (*todas as mulheres e meninas*), no espírito de não deixar nenhuma mulher para trás. O ODS 5 também conteve maior número de metas e indicadores de progresso que o ODM 3. As questões relativas às mulheres foram significativamente mais transversalizadas nos demais ODS, como naqueles relativos a eliminação da fome, eliminação da pobreza, saúde, educação etc.

Assegurar às mulheres participação plena e efetiva e oportunidades iguais de liderança em todos os níveis de tomada decisão na vida política, econômica e pública constitui a meta 5 do ODS 5. De modo similar à mudança na redação do Objetivo, envolve compromisso de resultado. Abrange, ademais, todos os níveis e esferas decisórios, e não somente a vida política nacional. A Agenda 2030 definiu-lhe dois indicadores de progresso: a proporção de assentos ocupados por mulheres nos parlamentos nacionais e nos governos locais; e a proporção de mulheres em posições gerenciais.

Além dos desdobramentos relativos aos ODM e aos ODS, convém destacar a criação em 2010, por meio da Resolução 64/286 da Assembleia Geral das Nações Unidas, da ONU-Mulheres, a Entidade das Nações Unidas para Igualdade de Gênero e Empoderamento das Mulheres. A ONU-Mulheres surgiu com base na fusão de vários órgãos e fundos sobre mulheres que se encontravam dispersos na estrutura do Secretariado das Nações Unidas: a Divisão para o Avanço da Mulher, o INSTRAW, o UNIFEM e a Assessoria Especial sobre Questões de Gênero e Avanço da Mulher. A criação da ONU-Mulheres contribuiu não somente para fortalecer a coerência e coesão internas das atividades da ONU sobre o tema, como também para elevar sua visibilidade política interna e externamente, o que se refletiu nas nomeações de alto nível para sua diretoria executiva. Coube a Michelle Bachelet, ex-presidente do Chile e atual alta comissária das Nações Unidas para os Direitos Humanos, ser a primeira Diretora Executiva da ONU-Mulheres (2011-2013). Desde 2013, Phumzile Mlambo-Ngcuka, ex-Vice-presidente da África do Sul, dirige a ONU-Mulheres

CONSIDERAÇÕES FINAIS

Nos últimos quase 75 anos, os Estados-membros das Nações Unidas construíram um sólido arcabouço normativo e institucional para promover a igualdade de direitos das mulheres ao redor do mundo, não somente na letra da lei, mas também no dia a dia concreto das pessoas. Essa construção internacional nem sempre decorreu de um processo linear e consensual, e foi submetida às condicionantes políticas e econômicas de cada época, mas seu balanço geral tem sido positivo. Desde o início, as mulheres, inclusive do mundo em desenvolvimento, estiveram na liderança dessa empreitada. Assim atesta a atuação de Bertha Lutz e suas colegas delegadas plenipotenciárias, alternas e assessoras que contribuíram para consagrar a igualdade de direitos de homens e mulheres na Carta da ONU, quando ela ainda não era realidade em boa parte das nações. Desde o início, também, a colaboração de delegados homens e de governos dos Estados-membros e o firme impulso de organizações da sociedade civil, especialmente o movimento de mulheres em suas mais variadas tendências, tiveram papel importante nessa obra comum.

Sem prejuízo dos progressos conquistados desde 1945, ainda há muito o que fazer. Até mesmo no que concerne aos direitos políticos e à participação plena e igualitária das mulheres na democracia, a tarefa permanece incompleta. Somente em 2015 o sufrágio das mulheres foi assegurado em todos os Estados-membros das Nações Unidas. Ainda assim, em diversos países nos quais o direito de votar e ser votada é garantido em lei, barreiras socioculturais e mesmo a violência intrafamiliar e o terrorismo fundamentalista coartam seu exercício pleno, livre e seguro.

O direito ao sufrágio, quando existente na lei e na prática, nem sempre se traduz na participação das mulheres na política compatível com sua presença na população. O mais recente mapa Mulheres na Política, publicado anualmente pela União Interparlamentar, indicou números recordes da participação de mulheres nos Poderes Executivos e Legislativos nacionais, mas tais números permanecem distantes do fato de que as mulheres correspondem a cerca de metade da população mundial: em 1º de janeiro de 2020, mulheres eram chefe de estado ou de governo em 6,6% dos países pesquisados. Nove países não têm nenhuma ministra e três, nenhuma parlamentar. A média global de mulheres em parlamentos nacionais é de 24,9%: uma em cada quatro parlamentares. O Brasil, apesar do recorde nacional de parlamentares eleitas em 2018, ocupa a 140ª posição no *ranking* global da UIP: nossas congressistas compõem 14,6% da Câmara dos Deputados e 13,6% do Senado. No índice de mulheres ministras, a posição é a 154ª de 190 países.[65] Temos atualmente apenas uma mulher governadora nas 27 Unidades da Federação.

---

[65] Cf. INTER-PARLIAMENTARY UNION. *Women in Politics: 2020*. Disponível em: https://www.ipu.org/resources/publications/infographics/2020-03/women-in-politics-2020. Acesso em: 31 mar. 2020.

A baixa presença de mulheres na política, em todo o mundo, não deixa de influenciar e ser influenciada por numerosos outros desafios para a plena realização dos direitos humanos das mulheres, como o desrespeito da isonomia salarial (as mulheres recebem em média 20% menos que os homens por trabalho igual)[66] e as múltiplas formas de violência contra as mulheres (uma em cada três mulheres sofreram violência física ou sexual em algum momento de suas vidas),[67] entre outras. Segundo o Fórum Econômico Mundial, serão necessários 99,5 anos para, no ritmo atual, alcançar-se a paridade de gênero em matéria de educação, saúde, economia e política.[68]

Esses e outros desafios foram recentemente discutidos no processo de avaliação dos 25 anos da Declaração e Plataforma de Ação de Pequim ("Pequim +25"), que culminou na 64ª sessão da Comissão sobre a Situação da Mulher. Conforme a declaração política adotada na ocasião (Documento E/CN.6/2020/L.1), em 9 de março de 2020, os ministros e outros representantes governamentais manifestaram preocupação pelo fato de que, "de modo geral, o progresso não tem sido nem rápido nem profundo o suficiente" e reconheceram que, 25 anos após a conferência de Pequim, "nenhum país atingiu completamente a igualdade de gênero e o empoderamento de mulheres e meninas". Os países signatários reafirmaram a Declaração e Plataforma de Ação de Pequim e se comprometeram com sua implementação *"integral, efetiva e acelerada"*, por meio do fortalecimento dos esforços coletivos para atingir a igualdade de gênero e o empoderamento de todas as mulheres e meninas, inclusive o pleno desfrute de seus direitos humanos.

No que concerne à implementação das medidas para assegurar a participação plena, igual e significativa das mulheres nos processos de tomada de decisões e seu acesso igualitário à liderança e representação em todos os níveis, a Declaração Política de Pequim +25 destaca o compromisso de "fortalecer a voz das mulheres" e de "garantir um ambiente seguro e favorável" para esse empoderamento político, juntamente com a eliminação de quaisquer barreiras a esse respeito.

Pequim +25 foi uma das primeiras reuniões internacionais afetadas pela pandemia de Covid-19, em vez de uma reunião ampliada com intensa participação de representantes das capitais e de ONGs de direitos das mulheres do mundo inteiro, e numerosos eventos paralelos, houve apenas a adoção

---

[66] INTERNATIONAL LABOUR ORGANIZATION. *Understanding the gender pay gap*. Disponível em: https://www.ilo.org/wcmsp5/groups/public/---ed_dialogue/---act_emp/documents/publication/wcms_735949.pdf. Acesso em: 31 mar. 2020.
[67] REILLY, Niamh. *Op. cit.* p. 3.
[68] WORLD ECONOMIC FORUM. *Global Gender Gap Report 2020*. Disponível em: http://www3.weforum.org/docs/WEF_GGGR_2020.pdf. Acesso em: 31 mar. 2020.

formal da Declaração Política pelos representantes que já se encontravam em Nova York. A pandemia trouxe consigo as evidências de seu impacto diferenciado sobre as mulheres, em razão da maior presença das mulheres entre os profissionais de saúde e na economia informal, da sobrecarga para as mulheres das tarefas domésticas e de cuidado com crianças e idosos em situação de quarentena ou confinamento, e do próprio aumento do risco da violência doméstica e intrafamiliar nessas situações.

Promover a participação política plena e igualitária das mulheres, inclusive em funções de liderança, é fundamental para planejar e implementar respostas efetivas a esse, como a quaisquer outros desafios que afetam toda a humanidade.

Quanto à Bertha Lutz, embora em Genebra a rua que leva seu nome faça parte de iniciativa não oficial, no Brasil já existem onze ruas em sua homenagem, em oito estados da Federação.[69] Desde 2001, o Senado Federal concede todos os anos, no Dia Internacional da Mulher, o Diploma Mulher-Cidadã Bertha Lutz, dedicado a mulheres no País que tenham efetuado contribuições relevantes à defesa dos direitos da mulher e questões de gênero.[70] O conjunto de seus arquivos – o legado Bertha Lutz – foi recentemente aprovado para Registro no Programa Memória do Mundo da Unesco, que desde 1992 reconhece como patrimônio da humanidade documentos, arquivos e bibliotecas de grande valor internacional, regional e nacional.[71] A trajetória de Lutz, especialmente sua atuação em São Francisco, deverá em breve ser exibida em documentário pela HBO.[72]

Parte dos arquivos de Bertha Lutz, que se encontrava no Museu Nacional do Rio de Janeiro, foi destruída com o incêndio que devastou aquela instituição em 2018. Para além dos títulos, a melhor forma de homenagear Lutz e as mulheres de todo o mundo que trabalharam pela igualdade de direitos e a plena participação das mulheres na democracia, nos planos interno e internacional é redobrar esforços para transpor tal igualdade das letras de leis, tratados e declarações políticas para o cotidiano de metade da população mundial.

---

[69] Cf. http://www.buscacep.correios.com.br.
[70] SENADO FEDERAL. Resolução nº 2, de 16 de março de 2001.
[71] BRASIL. Arquivo Nacional. *O legado Bertha Lutz aprovado para Registro no Programa Memória do Mundo da Unesco*. Disponível em: http://www.arquivonacional.gov.br/br/ultimas-noticias/1332-candidatura-feminismo-ciencia-e-politica-o-legado-bertha-lutz-recebe-aprovacao-para-fazer-parte-do-registro-nacional-do-brasil-do-programa-memoria-do-mundo-da-unesco-memory-of-the-world-mow. Acesso em: 31 mar. 2020.
[72] LE TEMPS. *Fatima Sator, le visage féministe de HBO*. Lausanne, 12 dez. 2018. Disponível em: https://www.letemps.ch/societe/fatima-sator-visage-feministe-hbo. Acesso em: 31 mar. 2020.

REFERÊNCIAS

AFONSO, Izabel Cristina de Sena Sales. *Relações Internacionais e Feminismo:* a atuação de Bertha Lutz e as redes transnacionais de promoção à igualdade de gênero. 2018. Relatório final (Programa de Iniciação Científica), UNICEUB – Centro Universitário de Brasília, Brasília, 2018.

ARAT, Zehra F. Kabasakal. Women's Rights as Human Rights. In: UNITED NATIONS. *UN Chronicle*. Disponível em: https://www.un.org/en/chronicle/article/womens-rights-human-rights. Acesso em: 31 mar. 2020.

BARROSO, Carmen. As mulheres e as Nações Unidas: as linhagens do plano mundial de população. *Tempo Social:* Revista de Sociologia da USP, 1 (1). São Paulo, 1º. sem. 1989. pp.183-197.

BOUTROS-GHALI, Boutros. Introduction. *The United Nations and the Advancement of Women, 1945-1996*. United Nations Department of Public Information: New York, 1996.

BRASIL. Arquivo Nacional. *O legado Bertha Lutz aprovado para Registro no Programa Memória do Mundo da Unesco*. Disponível em: http://www.arquivonacional.gov.br/br/ultimas-noticias/1332-candidatura-feminismo-ciencia-e-politica-o-legado-bertha-lutz-recebe-aprovacao-para-fazer-parte-do-registro-nacional-do-brasil-do-programa-memoria-do-mundo-da-unesco-memory-of-the-world-mow. Acesso em: 31 mar. 2020.

BRASIL. Ministério das Relações Exteriores. Relatório da Delegação do Brasil à Conferência das Nações Unidas para a Organização Internacional. In: TARRISSE DA FONTOURA, Paulo Roberto; MORAES, Maria Luisa Escorel de; UZIEL, Eduardo (Orgs). *O Brasil e as Nações Unidas 70 anos*. Brasília: FUNAG, 2015. pp. 53-211.

BUNCH, Charlotte. How Women's Rights Became Recognized as Human Rights. In: WORDEN, Minky (Org.) *The Unfinished Revolution:* Voice's from the Global Fight for Women's Rights. Policy Press: Bristol, 2012. p. 29-40.

BUNCH, Charlotte; FROST, Samantha; REILLY, Niamh. Las Redes Internacionales y la Traducción de las Dimensiones Globales a las Esferas Locales (A Manera de Introducción). In: BUNCH, Charlotte; HINOJOSA, Claudia; REILLY, Niamh (Eds.). *Los Derechos de las Mujeres son Derechos Humanos:* Crónica de una movilización mundial. EDAMEX: México, 2000. p. 25-44.

COMMITTEE ON THE ELIMINATION OF DISCRIMINATION AGAINST WOMEN. *General recommendation No. 25, on article 4, paragraph 1, of* the Convention on the Elimination of All Forms of Discrimination against Women, on temporary special measures, 2004. Disponível em: https://www.un.org/womenwatch/daw/cedaw/recommendations/General%20recommendation%2025%20(English).pdf Acesso em: 31 mar. 2020.

DELAMONICA, Laura Berdine Santos. Marcos Internacionais para a Promoção da Igualdade de Gênero e do Empoderamento de todas as Mulheres e Meninas. *Revista Sapientia*. Edição n. 32. Ano 07. São Paulo, jan.-jun. 2018, pp. 9-13.

FERRO, Maria Fernandez de Moura. *Política Externa e Temas Sociais:* Uma análise da trajetória da posição do Brasil nas Conferências Mundiais da ONU Sobre a Mulher (Monografia). Relações Internacionais – Universidade Federal de Santa Catarina, Florianópolis, 2016.

FRIAÇA, Guilherme José Roeder. *Mulheres Diplomatas no Itamaraty (1918-2011)*. Brasília: FUNAG, 2018.

INTERNATIONAL LABOUR ORGANIZATION. *Understanding the gender pay gap.* Disponível em: https://www.ilo.org/wcmsp5/groups/public/---ed_dialogue/---act_emp/documents/publication/wcms_735949.pdf. Acesso em: 31 mar. 2020.

INTER-PARLIAMENTARY UNION. *Women in Politics:* 2020. Disponível em: https://www.ipu.org/resources/publications/infographics/2020-03/women-in-politics-2020. Acesso em: 31 mar. 2020.

JAIN, Devaki. *Women, Development and the UN:* a Sixty-Year Quest for Equality and Justice. Indiana University Press: Bloomington, 2005.

L'ESCOUADE. *100elles*. Disponível em: https://100elles.ch. Acesso em: 31 mar. 2020.

LE TEMPS. *Fatima Sator, le visage féministe de HBO*. Lausanne, 12 dez. 2018. Disponível em: https://www.letemps.ch/societe/fatima-sator-visage-feministe-hbo. Acesso em: 31 mar. 2020.

LUHR DIETRICHSON, Elise; SATOR, Fatima. Les oubliées de San Francisco. *Manière de Voir*. No. 150, dez. 2016 – jan. 2017. Disponível em: https://www.monde-diplomatique.fr/mav/150/LUHR_DIETRICHSON/56861. Acesso em: 31 mar. 2020.

LUTZ, Bertha. Cartas de Mulher. *Revista da Semana.* Rio de Janeiro, 28 dez. 1918. Disponível em: http://lhs.unb.br/bertha/?p=1053. Acesso em: 31 mar. 2020.

LUTZ, Bertha. *Mulheres na Conferência de São Francisco.* Disponível em: http://lhs.unb.br/bertha/wp-content/uploads/2013/02/San-Francisco-Conference-Report.pdf. Acesso em: 31 mar. 2020.

LUTZ, Bertha. *Relatório de Bertha Lutz ao Ministério das Relações Exteriores sobre sua participação na Conferência do México, 1975*. Disponível em: http://lhs.unb.br/bertha/wp-content/uploads/2013/03/Relat%-c3%83%c2%b3rio-Conferencia-Mexico-1975.pdf. Acesso em: 31 mar. 2020.

MAFTEI, Jana. Aspects of UN Activities on the International Protection of Women's Rights. In: *European Integration – Realities and Perspectives. Proceedings.* vol. 10, nº. 1, 2015. p. 216-224.

MARQUES, Teresa Cristina de Novaes. *Bertha Lutz.* Brasília: Edições Câmara,, 2016.

NICODEMOS, Marcela M. *As Nações Unidas e a Promoção do Direito da Mulher:* Retórica ou Realidade? (Tese). XLVIII Curso de Altos Estudos – Instituto Rio Branco, Brasília, 2005.

NUNES, Dimalice. *Bertha Lutz:* a sufragista brasileira. Disponível em: https://aventurasnahistoria.uol.com.br/noticias/reportagem/historia-biografia-politica-bertha-lutz.phtml. Acesso em: 31 mar. 2020.

REILLY, Niamh. Women, Gender, and International Human Rights: Overview. In: REILLY, Niamh (Ed.). *International Human Rights of Women.* Singapore: Springer, 2019. p. 1-18.

SEIXAS CORRÊA, Luiz Felipe de (org.). *Brazil in the United Nations 1946-1911.* Brasília: FUNAG, 2013.

UNITED NATIONS. *Millennium Development Goals Report 2015.* United Nations: New York, 2015.

UNITED NATIONS. *Progress on the Sustainable Development Goals: The Gender Snapshot 2019.* Disponível em: https://unstats.un.org/sdgs/report/2019/gender-snapshot.pdf Acesso em: 31 mar. 2020.

UNIVERSIDADE DE BRASÍLIA. Museu Bertha Lutz. *Bertha Lutz e a Conferência Internacional do Trabalho, 1944.* Disponível em: http://lhs.unb.br/bertha/?p=898. Acesso em: 31 mar. 2020.

UNIVERSITY OF LONDON. School of Oriental and African Studies. *Women and the UN Charter.* Disponível em: https://www.soas.ac.uk/cisd/research/women-in-diplomacy/women-in-the-un-charter/. Acesso em: 31 mar. 2020.

WORLD ECONOMIC FORUM. *Global Gender Gap Report 2020.* Disponível em: http://www3.weforum.org/docs/WEF_GGGR_2020.pdf. Acesso em: 31 mar. 2020.

democracia s.f. (1671 cf. RB) POLÍTICO 1 governo do povo; governo em que o povo exerce a soberania 2 sistema político cujas ações atendem aos interesses populares 3 governo no qual o povo toma as decisões importantes a respeito das políticas públicas, não de forma ocasional ou circunstancial, mas segundo princípios permanentes de legalidade 4 sistema político comprometido com a igualdade ou com a distribuição equitativa de poder entre todos os cidadãos 5 governo que acata a vontade da maioria da população, embora respeitando os direitos e a livre expressão das minorias 6 por extensão: país em que prevalece um governo democrático <ele é cidadão de uma autêntica d.> 7 por extensão: força política comprometida com os ideais democráticos <a d. venceu as eleições naquele país> 8 figura: pensamento que preconiza a soberania popular <a d. ganhou espaço na teoria política> 9 d. direta POLÍTICO forma

Os Desafios da Democracia Corporativa na Perspectiva de Gênero

Lucinéia Possar

INTRODUÇÃO

Será fácil para qualquer observador da realidade brasileira e internacional constatar a plenitude de elogios ao papel da mulher na contemporaneidade: uma simples revisão nos conteúdos veiculados pelos meios de informação públicos e privados, sejam eles de ordem geral ou específica, inclusive os das corporações empresariais, levará à constatação de logros e elogios, com apresentações de curvas estatísticas ascendentes e tantos outros pontos plenos de indicadores de bondades várias.

Essa impressão florida requer um cotejo crítico refinado com a realidade. Não se pretende confrontar as descrições normativas e a evolução dos números que partem de uma base insignificante, tampouco as presenças icônicas ou acidentais. A pretensão é verificar se, à luz do conceito geral de democracia corporativa, pública e privada, referidos indicadores correspondem aos conceitos teóricos sobre o consenso que se tem sobre democracia e seu princípio da igualdade em relação à participação da mulher.

Uma coisa é certa: existe um esforço na divulgação de logros da mulher que convive com as pronunciadas insuficiências de participação democrática nas diferentes instâncias orgânicas da sociedade. Desde o ponto de partida, tal aporia não sugere ser apenas uma aparência. Para melhor compreensão, será indispensável encontrar uma vertente pouco explorada pela literatura:

a participação da mulher nas corporações públicas e privadas em cotejo com a democracia e o princípio da igualdade.

Para aportar reflexões críticas e construtivas ao panorama dos critérios democráticos aplicados ao contexto, recortar-se-á uma parte desse universo, aquela que se refere à participação da mulher nas instâncias decisórias estratégicas das organizações públicas e privadas. Com a finalidade de evitar confusões sobre seu sentido e alcance, indispensável prestar esclarecimentos teórico-metodológicos que delimitam o objeto de estudo e suas potencialidades.

O problema da democracia no âmbito das corporações será abordado com a pretensão de que se constitua em primeiras linhas, abrindo debates para estudos mais aprofundados no porvir. Explicitados os critérios teórico-metodológicos, será importante distinguir o gênero e as espécies sobre o estudo da democracia e seu princípio da igualdade, para que a delimitação seja bem compreendida, diferenciando-se dos que pretendem estudar a totalidade do objeto.

Será importante explorar a raiz teórica da mulher na democracia com as *mulheres francesas*. O simbolismo e o consenso que orbitam em torno de sua importância são facilitadores para a exploração do essencial que se pretende mais adiante, tudo sem esquivar o papel e a importância histórica das *mulheres brasileiras*.

A democracia nas corporações públicas e privadas será o objeto central das análises, após consolidados os fundamentos gerais do problema noutros universos. Serão analisados em dois aspectos: insuficiências e desigualdades de oportunidades – inclusive em números reais das corporações públicas e privadas. Pretende-se superar a mera panfletagem, para, ao final, lançar um olhar para um futuro mais próximo da igualdade.

Observações críticas sobre o funcionamento desses espaços institucionais públicos e privados serão vertidas por ocasião das conclusões, onde se espera lançar olhares sobre as formas de acelerar o passo para uma integração mais avançada das mulheres nos espaços corporativos públicos e privados.

1. REFERENCIAIS TEÓRICO-METODOLÓGICOS: DELIMITANDO O SENTIDO E O ALCANCE

Os círculos em que se pretende abordar o tema devem ser expostos no ponto de partida, para que o trabalho não seja tomado com pretensões de abarcar toda a realidade. A proposta tem como limite de análise e aplicação um olhar sobre os desafios da democracia e da igualdade no âmbito das corporações públicas e privadas – inclusive os empresariais – e o papel da mulher, sem perder de vista seus aspectos históricos, políticos, jurídicos e organizacionais.

Por força dessa delimitação prévia, estarão excluídas as análises de conjuntura eleitoral pública e seus desdobramentos, sem deixar de lado os campos da dinâmica do poder. Tratando-se de um trabalho teórico, sua eventual aplicação por analogia fora da delimitação dependerá do contexto em que se avalie a conveniência de sua eventual utilização.

As análises prioritárias do presente artigo alcançam (i) a participação da mulher na construção dos fundamentos da democracia no espaço ocidental, inclusive sua evolução nas constituições brasileiras; (ii) as insuficiências e desigualdades da democracia nas corporações públicas e privadas; (iii) a realidade dura, nua e crua da insuficiência em números; e (iv) reflexões para *acelerar o passo* da participação da mulher nos espaços estratégicos das corporações.

A definição das análises prioritárias tem sua razão de ser: evitar que os fundamentos históricos necessários, sobre os quais existe farta literatura, sobreponham-se à utilidade social aplicada das reflexões nos dias atuais. Em certo sentido, não deixa de ter a pretensão de servir a muitas mulheres que ocupam ou pretendem ocupar referidos espaços institucionais, sem a menor pretensão de *guia* ou manual.

A literatura sobre o tema específico é escassa e esparsa, e sua abordagem tende a olhar o objeto na perspectiva exclusiva da liderança corporativa como ícone, descuidando que a ocupação dos espaços institucionais pela mulher é precedida de valores mais amplos, cujo fundamento que melhor se aproxima da explicação é encontrado na teoria da Democracia e da Política.[1]

2. DEMOCRACIA: GÊNERO E ESPÉCIES

Tudo é democracia. Todos se intitulam patrocinadores da democracia, não importando as práticas políticas que adotam: a ideia de democracia não conhece opositores. Contudo, desigualdades, exclusões e até assassinatos isolados ou genocídios são praticados em seu nome. Num contexto em que a expressão "democracia" é utilizada sem critérios para designar regimes de todas as espécies, o termo pandemocracia[2] é concebido para distinguir da

---

[1] SILVA, João Alves. *Mulher na política:* do direito de votar ao poder de governar. Dissertação de Mestrado, Ficha Catalográfica S586m. Fortaleza: Unifor, 2004. p. 27.

[2] Devo registrar a contribuição essencial do professor e amigo João Alves. Seus trabalhos e anotações esparsas sobre Política e Democracia foram fundamentais para a compreensão teórica e histórica e resultaram no embasamento de parte das análises apresentadas, dando-lhes mais profundidade e consistência.

ideia que se tem do seu conceito mais legítimo, reconhecendo o problema desde o ponto de partida.

Para evitar os labirintos que levam a confusões conceituais, lança-se mão dos critérios de Leonidas Hegenberg[3] para distinguir gênero e espécie dos objetos de estudo, e com isso realizar os recortes necessários para desviar do que o autor chama de definição por extensão, com o cuidado de não cair na armadilha da *omnicomprensividad*[4] que representa o termo pandemocracia. Em palavras mais diretas, o dever democrático é de todos, mas nem tudo que se diz é de verdade.

Recorre-se a Giovanni Sartori,[5] segundo o qual a busca de uma definição por contraste deve abranger a totalidade daquilo que define, não mais do que isso. Para o autor, definir é, antes de tudo, atribuir limites, delimitar.

Um conceito indefinido é, por isso mesmo, um conceito ilimitado. A forma-padrão de delimitar um conceito é definir *a contrário,* por contraste, isto é, estabelecendo seu oposto, seu contrário, sua contradição. Desse modo, para definir o que a democracia *é,* precisamos definir o que a democracia *não é,* ou seja, o que é o oposto da democracia. Na sequência, o autor relaciona o que *não é* democracia: a tirania, o despotismo, a autocracia, o absolutismo e o totalitarismo.

Para realizar a separação proposta, será necessário ir além dos axiomas *regra da maioria* e *governo do povo,* entre outros. Não se pretende negar a existência e a prevalência da identificação do conceito de democracia à realização de eleições regulares, a partidos competitivos e à possibilidade real de alternância no poder. O que se pretende é recortar a amplitude de aplicações do conceito para realizar uma análise mais aprofundada de sua aplicação nas corporações públicas e privadas, na perspectiva de gênero.

É possível partir do pressuposto segundo o qual a amplitude do conceito de democracia pode alcançar diferentes substratos da sociedade: política, eleições, administração pública, escola, família e, por evidente, as corporações empresarias. É precisamente nesse ponto que se pretende sustentar a existência de tipos específicos (públicos e privados), cujas definições se legitimam por força da lógica intrínseca, imanente.

---

[3] HEGENBERG, Leonidas. *Definições:* termos teóricos e significado. São Paulo: Cultrix, USP, 1974. p. 24-36.
[4] GUIBOURG, Ricardo A. *Pensar en las normas.* Buenos Aires: Departamento de Publicaciones, Facultad de Derecho, Universidad de Buenos Aires, 1999. p. 216.
[5] SARTORI, Giovanni. *A teoria da democracia revisitada* – Volume II – Questões clássicas. Tradução Dinah de Abreu Azevedo. São Paulo: Ática, 1994. p. 246.

Para que a abordagem esteja adequadamente ajustada aos propósitos deste trabalho, será interessante aprofundar as análises para deduzir a possibilidade de que o tipo específico aplicado às corporações também dê suporte ao debate sobre a participação da mulher nos seus espaços estratégicos mais altos, enfim, nos seus respectivos conselhos de administração e direção executiva. A apreensão e a compreensão desses conceitos *corporificam um aprendizado histórico*. Referido aprendizado, à semelhança dos ensinamentos de Michel Foucault,[6] integra as *camadas arqueológicas* do saber democrático, refletindo as experiências e práticas desses tempos, permitindo sustentar que, da evolução dinâmica que temos como sociedade, a questão da mulher constitui-se numa agenda central a ser resolvida, para que as modernas *cartas constitucionais* ultrapassem o seu sentido meramente normativo.

Fechados os estreitos círculos dessa análise, sobre as possibilidades de uma espécie no gênero, tem-se que a busca de um conceito de democracia com ares absolutos terá tantas possibilidades de certeza quanto as que tomam a parte pelo todo, criando uma definição insuficiente e descontextualizada, porque míope no visualizar daquilo que a circunda.

Para que se evite negacionismos históricos sobre a importância da participação das mulheres na construção dos espaços democráticos mais amplos – os da política –, será fundamental verificar algumas linhas de sua participação histórica, conforme será visto adiante.

3. MULHERES FRANCESAS E DEMOCRACIA

Antes do início da etapa sobre as "mulheres francesas e democracia",[7] impõe-se uma pequena digressão sobre a percepção das mulheres na história, tendo como referência o berço da democracia ocidental: Atenas. Há registros consistentes de desigualdades tratadas como *naturais*, cujas práticas seriam consideradas inaceitáveis ou incompreensíveis aos olhos da sociedade atual.

---

[6] FOUCALT, Michel. *A arqueologia do saber*. 6. ed. Tradução de Luiz Felipe Baeta Neves. Rio de Janeiro: Forense Universitária, 2000.

[7] O título deste item – em rigor – deveria ser "Mulheres internacionais e democracia". Mas no curso dos levantamentos, percebeu-se que desde o berço ateniense tudo levava a Paris, razão pela qual se optou pelo título definitivo. Esse registro também é um reconhecimento a Mary Wollstonecraft. Embora nascida em Londres, seu espaço de luta, produção teórica e crítica mais contundente teve como destinatários os participantes das revoluções oitocentistas ocorridas na França.

Para exemplificar o trato desigual, busca-se Aristóteles[8] como um dos nomes mais consistentes no plano do conhecimento em todos os tempos: "a natureza ainda subordinou um dos dois animais ao outro. Em todas as espécies, o macho é evidentemente superior à fêmea: a espécie humana não é exceção".

A exclusão de mulheres, escravos e estrangeiros (metecos) diz respeito à dimensão psicológica, à compreensão de vida em dado tempo histórico. Imaginar que um homem da estatura de Aristóteles[9] não pudesse opinar na *ágora* composta por muitos analfabetos daria a exata ideia da medida excludente vivida pelo povo daquela época. Em boa medida, tudo de forma inconsciente e *natural*.

Apesar de toda essa exclusão, a literatura especializada registra a possível existência de um matriarcado ginecocrático. Uma referência importante encontra-se em Rosália Díez Celaya:[10]

> A pesar de que la existencia de un posible sistema ginecocrático sigue siendo hoy día comparable a la suposición del heliocentrismo terrestre en tiempos de Copérnico, esta pregunta se la han venido haciendo muchos ilustres pensadores. Engels postuló, en *El origen de la familia, de la propiedad privada y del Estado*, que "la derrota histórica universal del sexo femenino" fue consecuencia de la aparición de las sociedades de clase y la propiedad privada.

Na Grécia ilustrada e politicamente avançada em seu tempo, as mulheres e os escravos tinham posições equivalentes: a inferioridade. O que os diferenciava era a utilidade que lhes atribuíam. Às primeiras, cabia a reprodução; aos segundos, o trabalho pesado para o sustento do ócio prevalente entre os cidadãos assim considerados.

Um salto na história leva-nos até dois ícones da luta pelos direitos das mulheres: Olympe de Gouges e Mary Wollstonecraft. Um intrincado caminho ilustra bem as dificuldades enfrentadas por muitas *mulheres oitocentistas*.[11] Seus espaços de luta foram abertos por força própria, dentro do turbilhão de mudanças que varria a Europa na órbita da Revolução Francesa. Mas a construção dos espaços não decorria de uma mudança conceitual e sustentável para as mulheres nem do reconhecimento do mundo político masculino.

---

[8] ARISTÓTELES. *A política*. 2. ed. Tradução Roberto Leal Ferreira. São Paulo: Martins Fontes, 1998. p. 13.
[9] Aristóteles, nascido em Estagira, Grécia, não era considerado cidadão ateniense.
[10] CELAYA, Rosália Díez. *La mujer en el mundo*. 2. ed. Madrid: Acento Editorial, 1999. p. 12.
[11] A expressão *Mulheres Oitocentistas* está em *Historia de las mujeres* – tomo 4 – el siglo XIX. Traducción de Marco Aurelio Galmarini. Madrid: Taurusminor, 2000.

O tempo histórico revelou que a "permissão" à mulher para participar do movimento revolucionário foi uma forma encontrada pela burguesia-liberal para legitimar e ampliar seu espaço político, facilitando seu verdadeiro intento: o poder. Consolidada a posição de poder pela burguesia liberal, desnudam-se as intenções e a mulher é "convidada" a recolher-se no espaço privado, ínsito à sua natureza, de onde sequer deveria ter saído, segundo o pensamento majoritário do universo masculino.

Apesar de todas as dificuldades enfrentadas pelas mulheres, seria impreciso não registrar que encontraram em teóricos políticos da época alguma guarida, sem que se saiba se o foi por mero apoio formal. Registros contemporâneos são encontrados em manifestações expressivas, como as de Jean Bodin. Estudos de Natalie Zemon Davis[12] relatam que Jean Bodin posiciona-se sobre o assunto, em 1586:

> En 1586, en la edición latina de sus famosos *Seis Libros de la República*, Jean Bodin reflexionaba sobre los diversos órdenes y grados de ciudadanos en una república y decía, a modo de reflexión retrospectiva:
> "Ahora bien, en lo que respecta al orden y el grado de las mujeres, no me inmiscuyo en eso; sólo veo cómo se las mantiene al margen de todas las magistraturas, sitios de mando, juicios, asambleas públicas y consejos, de tal modo que sólo presten atención a sus ocupaciones femeninas y domésticas" (*The Six Books of a Commoneale*, 1606).

A ressalva de Jean Bodin deixa claro que o apoio não ocorre pela ação direta, uma vez que não se pretende "imiscuir" num problema que não é seu, mas apenas cumprir o seu papel de observador. Pela importância da obra, ainda que com restrições, alentava saber que alguma voz se manifestara.

Olympe de Gouges foi levada à guilhotina. Seu destino trágico não se fundou por oposição ao movimento liberal-burguês. A *ousadia letal* dizia respeito à busca da igualdade na vida política e civil, incluso o direito ao sufrágio. É de autoria de Oliympe de Gouges o principal documento da luta popular das mulheres.[13] Parafraseando a famosa declaração de direitos francesa, a autora lançou, em 1791, o panfleto intitulado *Les droites de la femme et de le citoyenne*. Além do direito de voto, o documento reivindicava liberdade de opinião, direitos e deveres iguais para homens e mulheres e a substituição do registro de matrimônio por um contrato social, entre outros.

---

[12] DAVIS, Natalie Zemon. *Historia de las mujeres* – tomo 3 – del renacimiento a la edad moderna. Traducción de Marco Aurelio Galmarini. Madrid: Taurusminor, 2000. p. 224-225.
[13] *Des droites de la femme et de le citoyenne*. Disponível em http://www.siefar.org/wp-content/uploads/2015/ 09/Gouges-D%c3%a9claration.pdf. Acesso em: 29.03.2020.

O principal *pecado* de Mary Wollstonecraft[14] encontra-se na obra que escreveu sobre o direito das mulheres injustiçadas. Wollstonechaft fora uma intelectual de larga trajetória em Londres e decidira fugir para a França em razão de desencontros pessoais. Em Paris, encontrou-se com a efervescência própria das revoluções oitocentistas para desenvolver e lutar pelo que considerava ser justo às mulheres.

No início, Olympe de Gouges supunha que, quando os revolucionários diziam a palavra "homem", queriam se referir a toda humanidade. Entre os muitos artigos e réplicas políticas publicadas, estão os que fazem a defesa enfática do voto universsal e igualitário. A vasta obra da autora luminesce ainda hoje quando se trata da igualdade de direitos políticos e de acesso ao poder estratégico do Estado.

Será razoável admitir que, na órbita *aristotélica* da cidade de Atenas culta e bela, não houvesse vozes na *ágora* a protestar contra a exclusão feminina; mas não foi por falta de proposta na França que as mulheres permaneceram no limbo político. O extremismo jacobino foi omisso: era passada a hora de a mulher ter sua condição cidadã reconhecida.

A impressão que se tem é que seria *revolucionário* demais permitir que o universo feminino ingressasse no universo do poder: o expurgo ocorreu por meio da guilhotina para Olympe de Gouges e pela indiferença aos escritos de Mary Wollstonecraft.

4. MULHERES NAS CONSTITUIÇÕES BRASILEIRAS

O curso do pensamento constitucional brasileiro é pleno de dubiedades em relação às mulheres. Não se trata de uma referência a dubiedades no plano formal, eis que o problema não reside precisamente no programático, mas, sobretudo, no pragmático. E o nó górdio a ser desatado é a questão da igualdade de direitos no mundo real.

Noutra abordagem conceitual, Giovanni Sartori[15] faz distinção lapidar sobre o que chama de *termos descritivos* e *propósitos prescritivos*. Para o autor:

> Um rótulo pode ser enganoso em termos descritivos e, mesmo assim, necessário aos propósitos prescritivos. E a prescrição não tem menos importância que a descrição. Um sistema democrático estabelece-se

---

[14] WOLLSTONECRAFT, Mary. *A vindication of the rights of the woman*. 2nd. ed. New York: 1996.
[15] SARTORI, Giovanni. *A teoria da democracia revisitada* – Volume I – O debate contemporâneo. Tradução Dinah de Abreu Azevedo. São Paulo: Ática, 1994. p. 22-23.

em decorrência de pressões deontológicas. O que a democracia *é* não pode ser separado do que a democracia *deve ser*. Uma democracia só existe à medida que seus ideais e valores dão-lhe existência.

Um estudo nas sete constituições[16] – uma no Império e seis na República –, considerada a evolução das conquistas de direitos no plano normativo, permite verificar que a norma positivada sugere igualdade. O mundo prático revela exclusão. A contundência da assertiva é fruto da observação direta: os registros da participação da mulher no exercício da condição cidadã são de baixa intensidade.

Desde a Constituição Política do Império do Brasil (1824), a declaração de igualdade estava presente. Em seu art. 172, inciso XII, estava disposto que *a lei será igual para todos*. A interpretação do *estado de natureza* da época não considerava a presença da mulher para o exercício de direitos políticos de cidadania. A prática do voto era censitária e a eleição para cargos de poder algo muito distante.

A primeira Constituição da República (1891) repetiu o sentido e o alcance dos dizeres monárquicos, com uma simples inversão de palavras: *todos são iguais perante a lei* (art. 72, § 2º). A Carta de 1934, sob os desejos de Getúlio Vargas, repete os exatos termos da Constituição de 1891 (art. 113, § 1º). Interessante registrar que dois anos antes fora normatizada, por meio do Decreto n. 21.076, de 24.02.1932, a concessão do *jus suffraggi* às mulheres (art. 2º. *É eleitor o cidadão maior de 21 anos, sem distinção de sexo, alistado na forma deste Código*). A Constituição outorgada por Getúlio Vargas em 1937 – em período de anormalidade institucional – nada tratou sobre o assunto, tampouco indicou qualquer sinal de promoção ou vedação.

A Constituição de 1946 reafirmou a isonomia de tratamento expressa há quatorze anos, com o sintético *todos são iguais perante a lei*, inscrito no § 1º do art. 141. A Carta de 1967, também outorgada em regime de anormalidade institucional, não impôs vedação para além daquelas de ordem geral – inclusive a Emenda de Constitucional n. 1, de 1969. No art. 153, a redação

---

[16] Alinho-me aos historiadores que não consideram a Emenda Constitucional n. 1 de 1969 como se fora uma constituição autônoma, em que pese seu impacto contundente na vida social e política do país. Tem-se, assim: (i) Constituição Política do Império do Brasil de 1824, (ii) Constituição da República dos Estados Unidos do Brasil de 1891, (iii) Constituição da República dos Estados Unidos do Brasil de 1934, (iv) Constituição dos Estados Unidos do Brasil de 1937, (v) Constituição dos Estados Unidos do Brasil de 1946, (vi) Constituição da República Federativa do Brasil de 1967, e (vii) Constituição da República Federativa do Brasil de 1988. Referido alinhamento não desconhece outras posições, tais como as manifestações do Ministro do Supremo Tribunal Federal, Luís Roberto Barroso, que considera a Emenda n. 1/1969 – materialmente – uma nova Constituição.

prescrevia que: *todos são iguais perante a lei, sem distinção de sexo (...)*. Ainda que a democracia não fosse companheira daquele governo, já não havia mais espaço para o restabelecimento de discriminações formais contra as mulheres.

A Constituição de 1988, tal como fazem as modernas Cartas, é a mais completa no afirmar desses direitos. O art. 5º, I, é direto: *homens e mulheres são iguais em direitos e obrigações, nos termos desta Constituição*. Para José Afonso da Silva,[17] a expressão segura e direta do texto tem conexão com as décadas de lutas das mulheres contra a discriminação:

> Importa mesmo é notar que é uma regra que resume décadas de lutas das mulheres contra discriminações. Mais relevante ainda é que não se trata aí de mera isonomia formal. Não é igualdade perante a lei, mas igualdade em direitos e obrigações. Significa que existem dois termos concretos de comparação: homens de um lado e mulheres de outro. Onde houver um homem e uma mulher, qualquer tratamento desigual entre eles, a propósito de situações pertinentes a ambos os sexos, constituirá uma infringência constitucional.

O autor refere-se ainda a *décadas de lutas* para afirmar que são motivos mais do que suficientes para se considerar *conquista,* e não *concessão* o pleno exercício da cidadania política das mulheres brasileiras. No âmbito constitucional, todas as possibilidades formais para o exercício das potencialidades da mulher estão consolidadas.

5. MULHERES NO BANCO DO BRASIL

Tiveram que esperar cem anos no limbo da história. A presença da Mulher no Banco do Brasil remonta o ano de 1924 e tem nome e endereço: Emma Borg de Medeiros, Pelotas, Rio Grande do Sul. Na obra *Itinerários da Educação no Banco do Brasil*,[18] encontra-se uma síntese histórica desse pioneirismo. E por dever de informação, é importante registrar que foi uma das primeiras empresas a admitir mulheres em seus quadros.

Dezoito anos depois, em 1942, Vênus Caldeira de Andrada abre a trajetória da mulher no exercício de cargos comissionados: parecerista. Sua trajetória profissional foi considerada entre as mais exitosas, tendo

---

[17] SILVA, José Afonso da. *Curso de Direito Constitucional positivo*. 19. ed. São Paulo: Malheiros, 2001. p. 78.
[18] XAVIER, Liduína Benigno. *Itinerários da educação no Banco do Brasil*. Brasília: Universidade Corporativa Banco do Brasil, 2015. p. 262 e ss.

alcançado a chefia do Departamento de Secretaria, ligado diretamente à direção geral da instituição.

Uma espera centenária nos traz a 17 de fevereiro de 2003: Rosa Maria Said é nomeada para a Diretoria Gestão de Pessoas. Foi a primeira mulher a assumir cargo dessa magnitude na empresa. Em 2004, mais uma mulher passa a compor a diretoria do banco: Izabela Campos Alcântara Lemos é escolhida para dirigir a Diretoria de Responsabilidade Socioambiental.

Nos últimos 15 anos, o Banco do Brasil[19] e outras instituições públicas e privadas passaram a incorporar programas pró-equidade, cujo detalhamento técnico fica a cargo de especialistas em pessoas. Mas a observação direta nos últimos 30 anos permite afirmar que muita coisa mudou; mas não o suficiente.

O vanguardismo do Banco do Brasil não está isento das desconfianças históricas que permeiam as sociedades em geral, e o Brasil em particular. Um recorte na história bicentenária permite aferir as dificuldades decorrentes dos aspectos jurídico-normativos: os efeitos internos da Lei n. 5.473, de 10 de julho de 1968.[20]

Nos debates internos ocorridos no âmbito do Conselho Diretor do Banco do Brasil, em 19.09.1968, pode-se extrair que a decisão foi de acatamento da lei e adoção das respectivas providências. Com o necessário *filtro histórico* e a leitura ponderada com as práticas da época, vê-se que o tema ainda causava muita surpresa e notas de discriminação.

Por fidelidade à originalidade do debate, sintetiza-se em apenas dois trechos[21] isolados dos registros históricos, inequívocos quanto ao seu conteúdo

---

[19] Fundado por alvará de 12 de outubro de 1808, da lavra do Príncipe regente Dom João de Bragança, prestes a completar 212 anos – entre idas e vindas – trata-se de uma das instituições mais antigas do país, em cujo curso se processaram mudanças de vanguarda na sociedade brasileira.

[20] A história não deixa nada ao azar: seria um efeito do "maio francês de 1968"? O núcleo da Lei n. 5.473/1968 está no seu único artigo: "Art. 1º. São nulas as disposições e providências que, direta ou indiretamente, criem discriminações entre brasileiros de ambos os sexos, para o provimento de cargos sujeitos à seleção, assim nas empresas privadas, como nos quadros de funcionalismo público federal, estadual ou municipal, do serviço autárquico, de sociedade de economia mista e de empresas concessionárias de serviço público".

[21] Ata da reunião de 19.09.1968, sem grifos no original:
"(...). Página 29: "De outra parte, embora deva-se aguardar a regulamentação da Lei, antes de qualquer iniciativa da nossa parte para dar-lhe aplicação irrestrita, conviria fôssem, desde já, os órgãos técnicos – também em consonância com o Parecer da COJUR – examinando a possibilidade de adoção de sistemática que *minimize, tanto quanto possível, seus efeitos*. Nesta ordem de idéias, medida que talvez se imponha, porquanto contribuiria, por certo, para *reduzir a pletora de elementos do sexo feminino, desestimulando seu ingresso*, sem contudo, cerceá-lo – o que, aliás, sob certos aspectos, poderia até ser interessante para o Banco, já que a mulher

e plenos de desconfiança sobre as potencialidades das mulheres. A síntese de trechos da *ata* reproduzida na nota de rodapé é extensa, mas necessária para expressar fielmente a desigualdade vigente.

Norma e cultura enfrentam-se a toda força e justificam – em parte – a dinâmica de exclusão que se observa em toda a sociedade. Em 3 de julho de 2017, assumi a Diretoria Jurídica do Banco do Brasil. Foi a primeira vez que isso ocorreu em seus 209 anos de história.

6. DEMOCRACIA CORPORATIVA: INSUFICIÊNCIAS E OBSTÁCULOS

O termo "democracia corporativa" aqui tomado deve ser compreendido de maneira ampla, implicando todas as corporações que permeiam a sociedade brasileira – públicas e privadas – sem qualquer exclusão. Contudo, a concentração das análises dar-se-á nos campos empresariais, políticos e jurídicos.

---

costuma demonstrar *alta eficiência em determinados cargos,* especialmente como *datilógrafas, mecanógrafas, sonografistas e balconistas* – seria dar-se, nos editais, destaque sempre especial à cláusula em que se adianta que a inscrição do candidato importará em anuência implícita à futura designação, se nomeado, para servir em qualquer agência do Banco, na região (que fôr determinada, podendo ser em todo o País, *se assim nos convier*), bem como a possibilidade de transferência para outro local, em qualquer tempo, durante a vigência do contrato de trabalho, e ainda aquela outra em que se esclarece que o auxiliar de escrita só poderá pleitear remoção após 3 (três) anos de serviço efetivo. Ao mesmo tempo, é de se estudar a conveniência da criação de quadro administrativo constituído de *elementos femininos,* ou outras soluções semelhantes. Noutro trecho, páginas 29 e 30: "No momento em que se coloca em debate, em alto nível, a questão *da admissão de elementos do sexo feminino, sem restrição, nos serviços do Banco,* entendemos oportuno abordar certos aspectos que devem ser sopesados e que, direta ou indiretamente, podem influir na decisão final da Diretoria". (...) "Mais uma vez, volta êsse assunto à discussão, provocada agora pela Lei 5.473, de 10.7.68. Abstendo-nos de comentar a matéria sob o ponto de vista jurídico, do que já se ocupou a Consultoria Jurídica, cabe uma análise aprofundada das implicações de ordem administrativa, capaz de conduzir, tanto quanto possível, à adoção, desde logo, de *medidas capazes de minimizar os efeitos negativos da admissão de mulheres.* A discussão é extensa e merece uma análise mais aprofundada de outros aspectos, em campos distintos ao que estamos estudando". (...)".

Para finalizar, trechos da deliberação, na página 36 da ata:

"(...) Quanto às condições de ingresso, tendo em vista as disposições da Lei 5.473, de 9.7.68, e consequentemente, *a admissibilidade do elemento do sexo feminino,* estabelece que: ao candidato selecionado e empossado será defeso pleitear a transferência e participar de concurso interno para a carreira de escriturário (Quadro de Contabilidade) antes de 3 anos, no mínimo, de exercício na Agência da posse – reservado ao Banco o direito de removê-lo na conveniência do serviço; o candidato selecionado *não poderá ser localizado em Agência a cujo quadro pertença parente até o 2º grau;* igualmente não será localizado em *Agência na qual esteja lotado o próprio cônjuge;* o concurso será realizado para suprir vagas de uma Agência ou de Agências de uma mesma região, ou para vagas que ali venha a ocorrer durante o prazo de validade do concurso; o Banco se assegura o direito de localizar o candidato em qualquer outra Agência. (...) E nada mais havendo a tratar, o Sr. Presidente deu por encerrada a sessão".

O *acerto de contas*[22] realizado após a II Grande Guerra, sob os auspícios da Organização das Nações Unidas, criou a ilusão de que o problema da inserção da mulher nos espaços públicos e privados estava resolvido. A consolidação das políticas do *Estado de Bem-Estar Social*, o emprego em pleno crescimento, a inserção da mulher no mercado de trabalho, entre outros, tudo indicava que a sociedade estava em plena harmonia. Ainda, a conquista do direito de voto, na maioria dos países, dispersou a luta organizada das mulheres.

Outro fator que contribuiu para essa aparente tranquilidade diz respeito às transformações ocorridas na vida das mulheres em geral. Nunca, em qualquer tempo da história, o tratamento dispensado às mulheres foi tão positivo. Entretanto, uma série de insuficiências foi se revelando.

A ocupação massiva dos espaços públicos, antes reservada ao mundo masculino, começou a apresentar seus obstáculos. A necessidade da divisão das responsabilidades nos espaços privados encontrou um homem despreparado para conviver com essa nova realidade.

Um novo ingrediente deve ser adicionado a essa análise: as revoluções culturais iniciadas no final dos anos 1950. O crescimento dos meios de informação (*mass media*), a pílula anticoncepcional, o ingresso massivo nas universidades, os novos conceitos nas artes em geral, tudo a conspirar em favor de uma revisão geral do modo de vida vigente.

Muitos obstáculos restaram, dos quais se pode tomar alguns exemplos, entre muitos: (i) discriminação salarial; (ii) incompatibilidades no trabalho/família, inclusive a falta de espaços adequados à criação dos filhos; (iii) pouca confiança para a ocupação dos cargos mais importantes nas empresas e nos órgãos governamentais; (iv) baixíssima representação na política.

No Brasil, o icônico *alinhamento dos astros* (e das estrelas) ocorrido no ano de 2017,[23] quando a Ministra Cármen Lúcia Antunes Rocha ocupava a Presidência do Supremo Tribunal Federal; Grace Maria Fernandes Mendonça era a Ministra da Advocacia-Geral da União; a Ministra Laurita Hilário Vaz, a Presidente do Superior Tribunal de Justiça; e Raquel Elias Ferreira Dodge, a Procuradora-Geral da República, não significou a luz perene da presença feminina nas corporações judiciais.[24]

---

[22] SILVA, João Alves. *Mulher na política:* do direito de votar ao poder de governar. Dissertação de Mestrado, Ficha Catalográfica S586m. Fortaleza: Unifor, 2004, p. 50.

[23] Em 2017, a corporação empresarial mais antiga do país, o bicentenário Banco do Brasil, nomeou pela primeira vez uma mulher para comandar a sua Diretoria Jurídica.

[24] Em fevereiro de 2020, no Tribunal Superior do Trabalho, também pela primeira vez em sua história, Maria Cristina Peduzzi assume a Presidência da Casa.

Falar da existência de igualdade, pela existência simbólica de exceções, será uma falácia. A presença simbólica da empresária Luiza Helena Trajano Inácio Rodrigues, CEO da Rede Magazine Luiza, nos circuitos empresariais e sociais, com sucesso empresarial e a força peculiar de suas intervenções, não implica deduzir que as mulheres ocupam as posições mais estratégicas das organizações empresariais em pé de igualdade. Longe disso.

Abstraindo qualquer análise de conjuntura política, a presença de Dilma Roussef na presidência da República (2011-2016) significou um marco histórico frente a um Congresso destacado pela presença masculina, cujas Casas – Câmara e Senado – nunca foram ocupadas por uma mulher na presidência.

Ainda no âmbito da política, finalizadas as eleições de 2018, o Congresso Nacional contabilizava 15,01% de Deputadas Federais e 12,34% de Senadoras da República.[25] Porcentual inferior é observado nas posições mais destacadas do Poder Executivo: dos 22 Ministérios, apenas dois (9,09%) são ocupados por mulheres.

No plano do judiciário, as magistradas Clara da Mota Santos Pimenta Alves[26] e Gabriela Azevedo Campos Sales[27] escancaram as desigualdades em artigo sob o emblemático título "Togadas e estagnadas", publicado no jornal *Folha de S.Paulo*, de 08.03.2019.[28] Para as autoras:

> (...) as lições tiradas da experiência de criação de cotas no fundo partidário para o financiamento de candidaturas femininas (...) transcendem o tema da participação das mulheres na política eleitoral (...), e as dificuldades enfrentadas pelas mulheres na tentativa de chegar ao Poder Legislativo mudam de roupagem, mas também se fazem presentes no Poder Judiciário.

Apesar da forte presença da mulher entre os seus servidores da justiça, essa presença decresce na exata medida da ascensão hierárquica das estruturas de administração de justiça. A relevância do assunto levou o Conselho Nacional de Justiça a instituir a Política Nacional de Incentivo à

---

[25] Disponível em: https://www12.senado.leg.br/noticias/materias/2019/03/07/minoria-no-congresso-mulheres-lutam-por-mais-participacao. Acesso em: 09.04.2020.
[26] Tribunal Regional Federal da 1ª Região.
[27] Tribunal Regional Federal da 3ª Região.
[28] Disponível em: https://www1.folha.uol.com.br/opiniao/2019/03/togadas-e-estagnadas.shtml. Acesso em: 09.04.2020.

Participação Institucional Feminina no Poder Judiciário,[29] por meio da qual reconhecia a necessidade de haver espaços democráticos e de igualdade entre homens e mulheres.

Entre as providências, está a construção de "mecanismos que orientem os órgãos judiciais a atuar para incentivar a participação de mulheres nos cargos de chefia e assessoramento", "em bancas de concurso" e "como expositoras em eventos institucionais". Outra determinação é a formação de grupo de trabalho encarregado de elaborar estudos e de promover análises de cenários e atividades de capacitação.[30]

Ainda no âmbito do Conselho Nacional de Justiça, cumpre registrar uma crítica ao excelente e detalhado Relatório Justiça em Números 2019 e 2020:[31-32] nenhuma palavra sobre a participação da mulher. Uma intuição puramente especulativa diria que a apresentação dos números relacionados à participação da mulher nos postos estratégicos de administração de justiça revelaria que *o rei está nu*. Em resumidas linhas, a presença da mulher nos espaços estratégicos das corporações está caracterizada pela insuficiência, e as eventuais presenças ainda podem ser consideradas como espasmos localizados, sem pistas consistentes do signo da igualdade de participação vertical.

7. DEMOCRACIA CORPORATIVA: INSUFICIÊNCIA EM NÚMEROS

Não há contos de fadas nas corporações públicas ou privadas. Carrego comigo o axioma: *o preparo encontra a oportunidade*. Já é possível notar a existência massiva de mulheres nas universidades, e de relativa igualdade na base e nas faixas intermediárias de muitas corporações. Verificados os dados objetivos, fica escancarada a assimetria de participação nos postos estratégicos, afetando o público e o privado.

Para facilitar a compreensão e a apreensão da participação das mulheres nas corporações públicas e privadas, será interessante verificar o *estado da arte* nos dias atuais. Veja-se os números:

---

[29] Conselho Nacional de Justiça. Resolução n. 255, 04.09.2018. CNJ: Brasília, *DJE/CNJ* n. 167/2018, de 05.09.2018.
[30] *Revista Justiça & Cidadania*. Ano XX, #235. Rio de Janeiro: Editora JC, 2020. p. 22-23.
[31] Justiça em Números 2019/Conselho Nacional de Justiça. CNJ: Brasília, 2019.
[32] Justiça em Números 2020: https://www.cnj.jus.br/wp-content/uploads/2020/08/WEB-V3-Justi%C3%A7a-em-N%C3%BAmeros-2020-atualizado-em-25-08-2020.pdf. Acesso em: 30 abr. 2021.

Quadro 1 – Corporações: áreas de atividade[33]	Quantidade	Porcentual de homens	Porcentual de mulheres
População do Brasil (projeção diária IBGE,[34] posição em 09.04.2020)	211.360.708	48,97	51,03
Senado Federal – Eleições de 2018	81	87,66	12,34
Câmara dos Deputados – Eleições de 2018	513	84,99	15,01
Ministros de Estado do Executivo	22	90,91	09,09
Supremo Tribunal Federal – STF	11	81,82	18,18
Superior Tribunal de Justiça – STJ	33	81,82	18,18
Tribunal Superior do Trabalho – TST	27	81,48	18,51
Tribunal Superior Eleitoral – TSE	07	85,71	14,29
Superior Tribunal Militar – STM	15	93,34	06,66
10 maiores empresas brasileiras – Conselho de Administração	99	85,86	14,14
10 maiores empresas brasileiras – Diretoria Executiva	119	84,88	15,12

Fontes: *sites* do IBGE, Senado Federal, Câmara dos Deputados, Presidência da República, Tribunais Superiores (STF, STJ, TST, TSE e STM), *Revista Forbes*[35] e *sites* das 10 maiores empresas brasileiras (Petrobras, Itaú Unibanco, Banco Bradesco, Vale, Banco do Brasil, Eletrobras, JBS, Itaúsa, Braskem e Oi). Exceto os números do Senado e da Câmara (eleições de 2018), todos os demais números indicam o *"status"* com posição em 09.04.2019.

Alinhados com os critérios metodológicos de análise que alcance uma base relativamente ampla e homogênea, tomar-se-á um estudo realizado pela Associação dos Magistrados Brasileiros, em parceria com a Pontifícia Universidade Católica do Rio de Janeiro, cuja amostra merece credibilidade em razão dos critérios metodológicos consistentes.

Um recorte específico da pesquisa chama a atenção:

Quadro 2 – Corporações: instâncias jurisdicionais	Porcentual de homens	Porcentual de mulheres
Juízes(as) em atividade – 1º Grau	63,30	36,70
Juízes(as) em atividade – 2º Grau (Estaduais/Regionais)	78,80	21,20

Fonte: Associação dos Magistrados do Brasil. *Quem somos*: a magistratura que queremos. Rio de Janeiro: 2018. p. 316.

---

[33] Não deixa de ser arbitrária a eleição das corporações dos Quadros 1 e 2. Existem estudos mais amplos, mas a espécie societária é variada em relação à governança e à assimetria de funções nas diversas atividades, dificultando a comparação entre os respectivos tipos.

[34] Disponível em: https://agenciadenoticias.ibge.gov.br/agencia-sala-de-imprensa/2013-agencia-de-noticias/releases/20232-estatisticas-de-genero-responsabilidade-por-afazeres-afeta-insercao-das-mulheres-no-mercado-de-trabalho. Acesso em: 09.04.2020.

[35] Disponível em: https://forbes.com.br/listas/2019/05/global-2000-as-maiores-empresas-de-capital-aberto-do-mundo-em-2019/. Acesso em: 09.04.2020.

Se considerarmos que a média de Ministras nos Tribunais Superiores (STF, STJ, TST, TSE e STM) é de apenas 15,15%, o decréscimo ocorre na medida em que a importância estratégica e jurisdicional cresce, sem considerar que a igualdade não está estabelecida. O problema não é de um setor específico. No âmbito das corporações empresariais (Conselho de Administração e Diretoria Executiva), marcadamente privado, o porcentual médio de mulheres em tais postos estratégicos é de apenas 14,63%.

Os dados contrariam o sentido comum, segundo o qual a participação das mulheres seria uma decorrência natural do ingresso nas carreiras judiciais. Em palavras mais diretas: a igualdade de oportunidades definida nos concursos públicos para o ingresso no serviço público não se materializa nos cargos estratégicos de direção. A forma de ingresso não responde por si só.

A política, a justiça e as corporações empresariais finalmente encontram um denominador comum: a presença é desigual, completamente descolada da proporcionalidade da população do Brasil.

8. ACELERAR O PASSO: A TÍTULO DE CONCLUSÃO

A expressão "acelerar o passo", que integra o título deste item, poderia ser criticada como um pragmatismo de urgências. Devemos reconhecer que as múltiplas iniciativas propostas pelas ações afirmativas ainda não se traduziram sequer em sinas de aproximação de igualdade. O longínquo é a marca objetiva por onde quer que olhemos.

As análises realizadas no circuito Europa-América permitem sustentar uma trilogia marcada pela (i) desigualdade, (ii) luta e (iii) exclusão. Os elementos próprios da história política e constitucional nesses espaços ratificam a afirmação.

No plano das corporações – públicas e privadas –, mais do que os elementos da história, o *estado da arte* dessas organizações apresenta um quadro de pouca evolução da presença das mulheres nos seus espaços estratégicos: a desigualdade material sobrepõe-se a qualquer discurso normativo. O mundo da realidade se impõe ao mundo da norma e das declarações de intenções.

Uma crítica mais contundente ainda pode ser feita a determinados discursos institucionais – públicos e privados –, segundo os quais esta ou aquela organização é presidida ou tem presença massiva de mulheres nas suas áreas gerenciais médias[36] ou estratégicas. As exceções existentes não

---

[36] Participando de alguns eventos relacionados à presença das mulheres, observo como determinados números são tomados. Dou um exemplo aproximado: determinada corporação

servem mais do que para confirmar a regra da *ausência* que são os efeitos da desigualdade e da exclusão.

É possível ir mais longe ainda, tomando o suporte teórico de Boaventura de Sousa Santos,[37] por analogia com outros campos de estudo, para afirmar que as mulheres atravessaram e ainda vivem num modelo a que ele se refere como *sociologia das ausências*. Para o autor, esse modelo não pretende acabar com as categorias, mas apenas que deixe de ser atribuído em função de um só critério, que não admite ser questionado por qualquer alternativa – máxime a da igualdade – eis que não se pode concebê-lo como resultante de uma razoabilidade argumentativa. É antes o resultado de uma imposição que não se justifica senão pela supremacia de quem tem poder.

Para superar a *sociologia das ausências*, a contraposição sutil no ponto de partida é a *sociologia das emergências*. Trata-se de um modelo de investigação e intervenção cuja base é o horizonte das possibilidades concretas. Enquanto a *sociologia das ausências* amplia o presente, juntando ao real existente o que dele foi subtraído pela razão metonímica, a *sociologia das emergências* amplia o presente, juntando ao real amplo as possibilidades e as expectativas futuras, incorporando tudo o que o futuro pode comportar no plano normativo e na realidade empírica.

Boaventura de Sousa Santos[38] justifica sua abordagem respondendo à pergunta: qual a razão para *traduzir* a *sociologia das ausências* em *sociologia das emergências*, criando uma *ecologia de saberes* para o futuro? A busca de uma justiça global não é possível sem uma justiça cognitiva global.

A imensa diversidade de experiências e as razões que implicaram e implicam as desigualdades não podem ser explicadas por uma teoria geral ou uma razão específica: trata-se de um problema atravessado por uma multiplicidade de setores sociais em interação. E para não cair no abismo da

---

informa que a participação da mulher em funções gerenciais evoluiu 150% entre os anos A e B. Em seguida pergunto: qual a participação total nos anos A e B? O primeiro retrato em "flores" cai por terra. No ano A, contava com 2%, no ano B, evoluiu para 3,5%. Para fins de cotejo com o princípio da igualdade, o número final de 3,5% não representa quase nada.

[37] SANTOS, Boaventura de Sousa. Para uma sociologia das ausências e uma sociologia das emergências. Coimbra: *Revista Crítica de Ciências Sociais*, n. 63, outubro de 2002. Faculdade de Economia da Universidade de Coimbra e Centro de Estudos Sociais, 2002, p. 237-280. A transversalidade intrínseca das experiências sociais e do conhecimento, permite-nos a liberdade de tomar um dos trabalhos mais consistentes do autor sobre desigualdades e transladar parte de suas análises para o presente artigo, dando sentido e reconhecendo a necessária *ecologia de saberes*. Os conceitos aplicados fazem parte de um projeto de pesquisa mais amplo, que tem como título "reinvenção da emancipação social".

[38] SANTOS, Boaventura de Sousa. Para uma sociologia das ausências e uma sociologia das emergências. Coimbra: *Revista Crítica de Ciências Sociais,* n. 63, outubro de 2002, p. 37.

panpropriedade, convém que se defina três áreas-chave para alavancar as transformações necessárias: família, política pública e corporações.

Não se nega a riqueza de experiências sociais e culturais em diversas partes do mundo, inclusive em países periféricos, cujas riquezas são muito mais valiosas do que o mundo científico ocidental se lhes atribui. Mas a análise do multiculturalismo global e suas potencialidades para prescrever e praticar modelos inclusivos ficará para outro trabalho, que poderia ser titulado como *experiências desperdiçadas,* pois as experiências do mundo excedem em muito as práticas localizadas do Ocidente, desde tempos imemoriáveis, e são transversais a pelo menos três setores sociais-chave: família, política e corporações.

As mudanças em um setor-chave ajudarão o outro, mas descolamentos atrasarão o câmbio cultural que determinará o avanço na inclusão das mulheres nos espaços onde elas sempre puderam, quiseram e deveriam estar presentes. Trata-se de um trabalho de inteligência que permita a apreensão segundo a qual os avanços só ocorrerão em forma simultânea – família, política pública e corporações, como exemplos aplicados ao presente estudo – porque são interdependentes.

Dos conceitos de simultâneo e interdependente, emerge outra pergunta: devemos esperar outros *alinhamentos das estrelas* em caráter sucessivo? A resposta é não. E parece contraditória, porque referidos alinhamentos são mais *acidentais* do que *normais*. Então será necessário hierarquizar as iniciativas que devem emergir da família, política pública e corporações? A resposta mais aproximada será encontrada nas forças em interação dinâmica, umas propulsando as outras, na *ecologia de saberes* para a construção do futuro.

Convém antecipar que se render às constatações é, na maior parte das vezes, a postura mais conservadora, cujo proveito não é outro senão o de referendar a continuidade da ordem estabelecida. Pensar dessa maneira é o caminho mais curto para o retrocesso. Seria utópico pensar que um Parlamento composto por quase 90% de homens pudesse aprovar uma ação afirmativa *cortando a própria carne*.

Esse realismo duro não faz perder de vista um pacto social futuro. Um consenso possível, que incorpore medidas tendentes à superação das desigualdades, somente será possível se atores-chave estiverem conscientizados: família, política e corporações. Referido alinhamento não é fácil construir, mas devemos insistir para legar as construções que os tempos históricos exigem: não estamos limitados em nossas esperanças. Referida proposta pode ser tomada como um exemplo de pacto para que se cumpram os mandamentos das modernas cartas constitucionais.

As ações isoladas de setores corporativos manterão a lentidão histórica: trata-se de um problema quase global. A decantada qualidade da presença da mulher nórdica nas corporações públicas e privadas implica uma quebra de paradigmas históricos e expressam as potencialidades da igualdade; mas aplicada ao nosso contexto, é apenas a exceção que confirma a regra.

Certa vez ouvi do jusfilósofo italiano Guido Alpa uma resposta desafiadora a uma pergunta que lhe foi apresentada para uma questão jurídica, em contexto diferente das insuficiências de gênero, e que neste preciso instante se encaixa como uma luva. A pergunta foi: *quando será?* A resposta veio na voz pausada, de uma mente reflexiva: *será quando será!*

E será plenamente quando se cumprirem os mandamentos das modernas cartas constitucionais, e adquirirmos confiança nas nossas potencialidades. Muito trabalho nos espera.

REFERÊNCIAS

ABRAMO, Laís. *Mulher e trabalho:* experiência de ação afirmativa. São Paulo: Boitempo Editorial, 2002.

ARENDT, Hannah. *O que é política?* 3. ed. Tradução Reinaldo Guarany. Rio de Janeiro: Bertrand Brasil, 2002.

ARISTÓTELES. *A política*. 2. ed. Tradução Roberto Leal Ferreira. São Paulo: Martins Fontes, 1998.

ARNAUD-DUC, Nicole. *Historia de las mujeres* – tomo 4 – el siglo XIX. Traducción de Marco Aurelio Galmarini. Madrid: Taurusminor, 2000.

AVELAR, Lúcia. *Mulheres na elite política brasileira*. São Paulo: Fundação Konrad Adenauer, Editora da UNESP, 2001.

BAUER, Carlos. *Breve história da mulher no mundo ocidental*. São Paulo: Xamã: Edições Pulsar, 2001.

BOBBIO, Norberto. *El futuro de la democracia*. 2. ed. Traducción José F. Fernández Santillán. Santafé de Bogotá: Fondo de Cultura Económica, 2000.

BOBBIO, Norberto. *O futuro da democracia*. 7. ed. São Paulo: Paz e Terra, 2000.

CAMPILONGO, Celso Fernandes. *Direito e democracia*. 2. ed. São Paulo: Max Limonad, 2000.

CANO, Gabriela. *Historia de las mujeres* – tomo 5 – el siglo XX. Traducción de Marco Aurelio Galmarini. Madrid: Taurusminor, 2000.

CELAYA, Rosália Díez. *La mujer en el mundo*. 2. ed. Madrid: Acento Editorial, 1999.

CARVALHO, André; BARROCA, Alberto. *Direitos da mulher*. 3. ed. Belo Horizonte: Lê, 1998.

CHAUI, Marilena. *Introdução à história da filosofia:* dos pré-socráticos a Aristóteles. 2. ed. São Paulo: Companhia das Letras, 2002. vol. 1.

COLLING, Ana Maria. *A resistência da mulher à ditadura militar no Brasil*. Rio de Janeiro: Record, Rosas dos Tempos, 1997.

COMPARATO, Fábio Konder. *Afirmação histórica dos direitos humanos*. 2. ed. São Paulo: Saraiva, 2001.

DELGADO, Didice G.; CAPPELLIN, Paola; SOARES, Vera (orgs.). *Mulher e trabalho:* experiência de ação afirmativa. São Paulo: Boitempo Editorial, 2002.

FAORO, Raymundo. *Os donos do poder:* formação do patronato político brasileiro. 3. ed. São Paulo: Globo, 2001.

FARHAT, Saïd. *Dicionário parlamentar e político:* o processo político e legislativo no Brasil. São Paulo: Fundação Petrópolis, Melhoramentos, 1996.

FAUSTO, Boris. *História concisa do Brasil*. São Paulo: Universidade de São Paulo, Imprensa Oficial do Estado, 2001.

FOUCALT, Michel. *A arqueologia do saber*. 6. ed. Tradução de Luiz Felipe Baeta Neves. Rio de Janeiro: Forense Universitária, 2000.

GIL, Renata. As mulheres na hierarquia do Judiciário. *Revista Justiça & Cidadania*. Ano XX, #235. Rio de Janeiro: Editora JC, 2020.

GUIBOURG, Ricardo A. *Pensar en las normas*. Buenos Aires: Departamento de Publicaciones, Facultat de Derecho, Universidad de Buenos Aires, 1999.

HEGENBERG, Leonidas. *Definições:* termos teóricos e significado. São Paulo: Cultrix, USP, 1974.

HOBSBAWM, Eric J. *Era dos extremos:* o breve século XX: 1914-1991. Tradução Marcos Santarrita. São Paulo: Companhia das Letras, 1995.

KARNAL, Leandro. *História da cidadania*. São Paulo: Contexto, 2003.

KELSEN, Hans. *A democracia*. 2. ed. Tradução Inove Castilho Benedetti e outros. São Paulo: Martins Fontes, 2000.

MÜLLER, Friedrich. *Quem é o povo?* A questão fundamental da democracia. 2. ed. Tradução Peter Naumann. São Paulo: Max Limonad, 2000.

MURARO, Rose Marie; PUPPIN, Andréa Brandão (orgs.). *Mulher, gênero e sociedade*. Rio de Janeiro: Relume Dumará, 2001.

ROUSSEAU, Jean-Jacques. *Discurso sobre a origem e os fundamentos da desigualdade entre os homens* – discurso sobre as ciências e as artes. Tradução Lourdes Santos Machado. São Paulo: Nova Cultura, 2000. vol. II.

SANTOS, Boaventura de Sousa. Para uma sociologia das ausências e uma sociologia das emergências. Coimbra: *Revista Crítica de Ciências Sociais*, n. 63, outubro de 2002. Faculdade de Economia da Universidade de Coimbra e Centro de Estudos Sociais, 2002, p. 237-280.

SARTORI, Giovanni. *A teoria da democracia revisitada* – Volume I – O debate contemporâneo. Tradução Dinah de Abreu Azevedo. São Paulo: Ática, 1994.

SARTORI, Giovanni. *A teoria da democracia revisitada* – Volume II – Questões clássicas. Tradução Dinah de Abreu Azevedo. São Paulo: Ática, 1994.

SILVA, João Alves. *Mulher na política:* do direito de votar ao poder de governar. Dissertação de Mestrado, Ficha Catalográfica S586m. Fortaleza: Unifor, 2004.

SILVA, José Afonso da. *Curso de Direito Constitucional positivo*. 19. ed. São Paulo: Malheiros, 2001.

SOUZA, Cláudio Mello e. *Helena de Troia:* o papel da mulher na Grécia de Homero. Rio de Janeiro: Lacerda, 2001.

WOLLSTONECRAFT, Mary. *A vindication of the rights of the woman*. 2nd. Ed. New York: 1996.

XAVIER, Liduína Benigno. *Itinerários da educação no Banco do Brasil*. Brasília: Universidade Corporativa Banco do Brasil, 2015.

A Universalidade dos Direitos Humanos e os Desafios à Sua Implementação[1]

Sylvia Helena Steiner

Não há como falar em interdependência, indivisibilidade e interrelação de todos os direitos humanos sem lembrar, antes de mais nada, o discurso proferido por Norberto Bobbio na Conferência de Turim, em 1967, em homenagem ao vigésimo aniversário da Declaração Universal de Direitos do Homem, no qual afirmava e reafirmava a historiciedade desses direitos, que nascem quando devem, ou quando podem nascer. Nesse discurso, publicado posteriormente sob o título *Presente e Futuro dos Direitos do Homem*, o filósofo já se mostrava convencido de que "(...) o problema grave de nosso tempo, com relação aos direitos do homem, não é mais o de fundamentá-los, e sim o de protegê-los. (...) o problema que temos diante de nós não é filosófico, mas jurídico e, num sentido mais amplo, político. Não se trata de saber quais e quantos são esses direitos, qual é a sua natureza e o seu fundamento, se são direitos naturais ou históricos, absolutos ou relativos, mas sim qual o modo mais seguro de garanti-los, para impedir que, apesar das solenes declarações, eles sejam continuamente violados".[2]

O discurso e o texto que lhe deu forma, como dito acima, data de período que antecedeu a Conferência Internacional dos Direitos Humanos, realizada em Teerã em 1968, e em mais de duas décadas a Conferência Mundial de Direitos Humanos de Viena, que teve lugar em 1993. Entre a publicação

---

[1] Artigo publicado anteriormente na *Revista Iberoamericana de Direitos Humanos*.
[2] BOBBIO, Norberto. *A Era dos Direitos*. Rio de Janeiro: Ed. Campos, 1992.

do texto e a Conferência de Viena, no entanto, vivemos o período em que, graças ao lento e progressivo arrefecer da Guerra Fria, operou-se um extenso desenvolvimento no Direito Internacional dos Direitos Humanos, com a edição e a entrada em vigor de um considerável número de instrumentos internacionais de proteção a direitos que, até então, não haviam sido codificados e integrado o ordenamento jurídico internacional. Tal incremento prossegue até os dias atuais.

Assim é que, além dos tratados e convenções em firmados imediatamente no pós-guerra – tais como a Convenção contra o Genocídio, de 1948, as Convenções de Genebra, de 1949, e a Convenção Relativa ao Estatuto dos Refugiados, de 1951 – vieram à luz, entre outros, a Convenção Internacional sobre a Eliminação de Todas as Formas de Discriminação Racial (1965), o Protocolo sobre o Estatuto dos Refugiados (1966), o Pacto Internacional de Direitos Civis e Políticos e seu Protocolo Facultativo (1966), o Pacto Internacional de Direitos Econômicos, Socias e Culturais (1966), a Convenção Internacional sobre a Eliminação de Todas as Formas de Discriminação contra a Mulher (1979), a Convenção contra a Tortura e Outras Formas de Tratamento ou Penas Desumanas, Cruéis ou Degradantes (1984), a Convenção sobre os Direitos das Crianças (1989), a Convenção sobre a Proteção dos Trabalhadores Migrantes e Membros de suas Famílias (1990), e, mais recentemente, o Protocolo Facultativo à Convenção Internacional sobre Eliminação de Todas as Formas de Discriminação contra a Mulher (1999), o Protocolo Facultativo à Convenção sobre os Direitos das Crianças Referente à Venda de Crianças, à Prostituição Infantil e à Pornografia Infantil (2000), e o segundo Protocolo Facultativo à Convenção sobre os Direitos das Crianças Relativo ao Envolvimento de Crianças em Conflitos Armados (2000). Esse o panorama no sistema global, ao qual incluiríamos, pela certeza de que compõem o universo de direitos fundamentais universalmente reconhecidos, a Convenção de Haia para a Proteção de Bens Culturais em Caso de Conflito Armado (1954) e seu Protocolo Adicional (2006), a Convenção para a Proteção do Patrimônio Mundial, Cultural e Natural (1972), a Convenção sobre a Diversidade Biológica (1994), a Convenção sobre Direitos das Pessoas Portadoras de Deficiência e seu Protocolo Adicional (2007), a Convenção das Nações Unidas contra o Crime Organizado Transnacional e seus dois Protocolos Adicionais, o Protocolo Relativo ao Combate do Tráfico de Migrantes e o Protocolo Relativo à Prevenção, Repressão e Punição do Tráfico de Pessoas, em especial Mulheres e Crianças (todos do ano 2000).

No plano regional, mais especialmente no plano regional latino-americano, além da Convenção Americana sobre Direitos Humanos, de 1969, seu Protocolo Adicional de 1988 relativo aos Direitos Econômicos, Sociais e Culturais, e seu Protocolo Adicional relativo à Abolição da Pena de Morte (1990), vale mencionar a Convenção Americana para Prevenir e Punir a Tortura (1985), a Convenção Interamericana para Prevenir, Punir e Erradicar a Violência contra a Mulher (1994), a Convenção Interamericana sobre o Tráfico Internacional de Menores (1994), a Convenção Interamericana para a Eliminação de Todas as Formas de Discriminação contra Pessoas Portadoras de Deficiência (1999), a Convenção sobre a Diversidade Biológica (1992) e a Convenção Interamericana sobre o Desaparecimento Forçado de Pessoas (1994).

Como assevera Carvalho Ramos, "a estratégia internacional perseguida foi a de ampliar, sem qualquer preocupação com redundâncias (vários direitos são mencionados repetidamente nos diversos tratados), a proteção internacional ao ser humano".[3] Para o autor, cada texto novo relativo à proteção internacional dos direitos humanos aumenta as garantias dos indivíduos. Esse constante evoluir da proteção internacional de direitos reconhecidos como fundamentais e universais culmina, sem dúvida, na Conferência Mundial de Direitos Humanos, realizada em Viena, em 1993. Pode-se a partir da Conferência afirmar, de maneira definitiva, o reconhecimento da internacionalização desses direitos e sua justiciabilidade para muito além das fronteiras domésticas de um Estado.

Com sua habitual clareza e profundidade, Cançado Trindade, antes Juiz e Presidente da Corte Interamericana de Direitos Humanos, hoje Juiz da Corte Internacional de Justiça, busca explicar esse constante processo de internacionalização do direito internacional em geral, e dos direitos humanos em particular, sobre as bases da insuficiência das fontes "formais" do direito internacional, e a lenta adoção das chamadas "fontes materiais", das quais a força motriz seria, sem dúvida, a chamada "consciência humana". Em outras palavras, e de uma forma simples, afirma o fortalecimento do chamado *jus cogens*, o direito das gentes, que põe como fonte material do direito internacional a "consciência universal", os princípios da "consciência legal da humanidade", a "consciência legal das nações", a "consciência internacional". Assim, o denominador comum daquilo que todas as nações entendem como irredutível e irrenunciável: o respeito e a proteção dos direitos da pessoa humana. Não sem razão, menciona o autor, uma série de documentos e convenções internacionais referem-se a essa fonte material como base dos direitos neles previstos. A exemplo, cita que os "princípios de humanidade e os anseios da consciência pública são expressamente invocados no Preâmbulo do II Protocolo

---

[3] CARVALHO RAMOS, André. *Processo Internacional dos Direitos Humanos*. 5. ed. São Paulo: Editora Saraiva, 2016. p. 33.

Adicional às Convenções de Genebra de1949, na Convenção de 1972 sobre a Proibição de Armas Biológicas e sua Destruição – aqui afirmando que a proibição de tais armas vem em benefício de toda a humanidade, já que o uso de tais armas 'seria repugnante à consciência da humanidade, no Preâmbulo da Convenção de 1980 sobre a proibição ou restrição no uso de determinadas armas convencionais, entre outras'". Por fim, lembra o autor o Preâmbulo do Estatuto de Roma do Tribunal Penal Internacional que, em seu segundo considerando, refere-se expressamente à "consciência da humanidade".[4]

Consagra-se assim como fonte material de direito internacional a essência da conhecida *Cláusula Martens,* que aparece pela primeira vez no Preâmbulo da II Convenção de Haia, de 1899 – que regula as leis e costumes de guerra – segundo a qual "até que se tenha um código completo que regule as leis de guerra, as Partes Contratantes entendem correto declarar que em, casos não incluídos nos regulamentos por elas adotados, a população e as partes beligerantes continuam sob a proteção e o império *dos princípios de direito internacional, os quais resultam dos usos estabelecidos entre nações civilizadas, das leis de humanidade e das demandas da consciência pública*".

Esse sucessivo processo de internacionalização dos direitos humanos, de um lado, leva-nos à conclusão lógica da universalidade desses direitos. De outro, e em face de precedentes jurisprudenciais da Corte Internacional de Justiça,[5] leva-nos à conclusão de que as normas fundamentais de proteção do direito humanitário, e a proteção das pessoas contra atos de genocídio são princípios gerais de direito internacional e, portanto, normas peremptórias, que submetem as nações civilizadas independentemente da ratificação de convênios ou tratados. Ampliando-se o rol de normas peremptórias, o direito a não ser escravizado, a não ser torturado, a não sofrer qualquer forma de discriminação, entre outros, integram o quadro de normas dessa natureza.

A Convenção de Viena sobre Direito dos Tratados prevê expressamente, em seu artigo 53, que "*é nulo o tratado que (…) conflita com uma norma imperativa de direito internacional. Para os fins da presente Convenção, uma norma imperativa de direito internacional geral é uma norma aceita e reconhecida pela comunidade internacional dos Estados no seu conjunto, como norma da qual nenhuma derrogação é permitida e só pode ser modificada por nova norma de direito internacional geral da mesma natureza*".

---

[4] CANÇADO TRINDADE, Antonio Augusto. *International Law for Humankind* – Towards a New Jus Gentium. Leiden: Martinus Nijhoff Publishers, 2010. p. 148-149.

[5] Ver, a exemplo, Parecer Consultivo sobre as reservas à Convenção e Repressão ao Crime de Genocídio, Parecer Consultivo de 28 de maio de 1951, ICJ Report 1951, p. 22, e Parecer Consultivo sobre a Legalidade do Uso de Armas Nucleares em um Conflito Armado, ICJ Report 1996, parágrafo 79.

Se lembrarmos que a Conferência de Viena de 1993 reuniu mais de 170 Estados, não teremos dificuldades em reafirmar o caráter universalista e, portanto, peremptório das normas de proteção a direitos fundamentais reconhecidos e aprovados por consenso na Conferência de Viena. Não temos dúvida, pois, em afirmar seu caráter de normas de *jus cogens,* uma vez que contém valores essenciais, voltados ao bem comum e reconhecidos pela comunidade internacional como um todo. Portanto, a essas normas aplica-se o artigo 60(5) da já citada Convenção de Viena sobre Direito dos Tratados, que prevê a impossibilidade de extinção ou de suspensão da execução de tratados "sobre a proteção da pessoa humana contidas em tratados de caráter humanitário, especialmente as disposições que proíbem qualquer forma de represália contra pessoas protegidas por tais tratados".

Ao lado da constatação da universalidade dos direitos humanos, já não pertine mais a discussão sobre a indivisibilidade dos direitos fundamentais. Há muito a doutrina crítica a didática – embora fragmentada e infundada – teoria generacional dos direitos fundamentais. A começar, basta lembrar--se de que determinados direitos, hoje chamados de coletivos, "nasceram" antes dos chamados direitos individuais, tais como aqueles direitos dos trabalhadores reconhecidos pela recém-criada Organização Internacional do Trabalho (OIT, ou ILO, na sua sigla em inglês), já em 1919.

Igualmente, as Convenções de Genebra, de 1949, e a Convenção sobre o Genocídio, de 1948, apesar de entrarem em vigor após a Declaração Universal de Direitos do Homem, vieram para regular a proteção de coletividades ou grupos em situações específicas, e não diretamente a proteção de direitos individuais. Assim é que, segundo a doutrina mais moderna, "os direitos humanos não se substituem ou se sucedem uns aos outros, mas antes se expandem, se acumulam, se fortalecem, interagindo direitos individuais e direitos sociais. (...) O que testemunhamos é o fenômeno não de uma sucessão, mas antes de expansão, cumulação, e fortalecimento dos direitos humanos, a revelar a natureza complementar de todos eles. (...) o Direito dos Direitos Humanos afirma a unidade fundamental de concepção, a indivisibilidade e a justiciabilidade de todos os direitos humanos".[6]

Não sem razão, portanto, que a Declaração de Viena, em seu § 5º, afirme que "todos os direitos humanos são universais, interdependentes e inter-relacionados", à semelhança do que havia sido disposto já em 1948 pela Declaração Universal. A Declaração de Viena ressalta ainda a interdependência entre os direitos humanos, a democracia e o desenvolvimento.

---

[6] PIOVESAN, Flavia. *Direitos Humanos e o Direito Constitucional Internacional.* São Paulo: Editora Saraiva, 2006. p. XXXI.

Portanto, a indivisibilidade e a interdependência entre os direitos humanos consagrados nas diversas Convenções e Declarações do pós-guerra já não pode suscitar discussões doutrinárias, exceto se necessárias para satisfação de trabalhos acadêmicos.

Como enfatiza Carvalho Ramos, "a consagração da internacionalização dos direitos humanos no mundo pós-Guerra Fria ocorreu na Conferência Mundial de Direitos Humanos de Viena, de 1993".[7]

Há que se reconhecer que é ainda persistente a discussão sobre alguns dos desafios apresentados à efetiva implementação dos direitos humanos. É nesse âmbito, e somente nele, que vêm à tona, a exemplo, questões que aparentemente opõem universalismo e relativismo cultural. Citado por Piovesan, Boaventura de Souza Santos afirma que é necessário superar esse debate, já que, "na medida em que todas as culturas possuem concepções distintas de dignidade humana, mas incompletas, haver-se-ia que aumentar a consciência dessas incompletudes culturais mútuas, como pressuposto para um diálogo intercultural. A construção de uma concepção multicultural dos direitos humanos decorreria desse diálogo".[8] De qualquer maneira, e aqui compartilhamos o pensamento de Cançado Trindade e Flavia Piovesan, o diálogo multicultural não permite que nos mantenhamos aquém daquele *mínimo ético irredutível*, ou seja, a defesa de que as diversas culturas respeitem os princípios básicos da dignidade, da igualdade e da tolerância. A aprovação, por consenso de 171 Estados presentes à Conferência de Viena, da Declaração de Viena, atesta o progresso desse diálogo multicultural. Como relembra Lindgreen Alves, "a reafirmação da universalidade dos direitos humanos foi, por sinal, uma das conquistas mais difíceis da Declaração de Viena. (...) muitos países africanos e asiáticos insurgiram-se, no processo preparatório, contra a própria ideia dos direitos humanos que inspirou o texto de 1948. Algumas delegações chegaram a afirmar, na conferência, que estes correspondiam a uma tentativa de imposição de valores ocidentais sobre o resto do mundo. (...) Em vista de tais posturas, foi um tento extraordinário da Conferência de Viena conseguir superar o relativismo cultural ou religioso ao afirmar, no art. 10 da Declaração, que a natureza universal de tais direitos não admite dúvidas. Quanto às peculiaridades de cada cultura, são elas tratadas adequadamente no art. 5º, onde se declara que as particularidades históricas, culturais e religiosas devem ser levadas

---

[7] CARVALHO RAMOS, André. *Processo Internacional dos Direitos Humanos*, cit. p. 33.
[8] SOUZA SANTOS, Boaventura de, Uma Concepção Multicultural de Direitos Humanos. *Revista Lua Nova,* vol. 38, *apud* PIOVESAN, Flavia, *opus cit.* p. 60.

em consideração, mas os Estados têm o dever de promover e proteger todos os direitos humanos, independentemente dos respectivos sistemas".[9]

Outro desafio que enfrenta a efetiva implementação dos direitos humanos seria o do respeito à diversidade e à luta contra a intolerância. Se os primeiros documentos de reconhecimento de direitos fundamentais se dirigiam à pessoa humana de qualquer categoria, a questão da diversidade veio à tona, pois é certo, a intolerância contra determinados grupos tidos por "vulneráveis" tem sido a causa histórica mais comum na base das violações massivas de direitos fundamentais, mesmo no período pós-guerra e pós-Declaração de Viena. Assim, reconheceu-se que não bastava a proteção, abstrata e genérica, da pessoa humana, mas ao contrário firmou-se o entendimento de que os diferentes devem ser tratados de forma diferente, como único meio de se assegurar a igualdade material entre todos os seres humanos. Como assevera Piovesan, "determinados sujeitos de direitos, ou determinadas violações de direitos, exigem uma resposta específica e diferenciada". Entre outros grupos, destaca a autora: as mulheres, as crianças, os afrodescendentes, as populações indígenas, os portadores de deficiências e os migrantes. Conclui que, "ao lado do direito à igualdade, surge também, como direito fundamental, o direito à diferença".[10]

Por fim, e talvez o maior desafio à efetiva implementação dos direitos fundamentais, é o da efetivação dos direitos sociais ou, ainda, o direito ao desenvolvimento, que só pode ser entendido como o desenvolvimento pleno das nações para que tenham condições de implementar e fazer cumprir os direitos sociais individuais e coletivos. Relembra Lindgreen que "um dos maiores êxitos da Conferência foi a obtenção de consenso universal para o reconhecimento do direito ao desenvolvimento como um direito: universal, inalienável, e parte integrante dos direitos humanos fundamentais (art. 10). Embora qualificado como tal desde a Declaração do Direito ao Desenvolvimento de 1986, esse direito não era reconhecido pelo EUA, que votaram contra, e outros países ocidentais que se abstiveram na votação sobre a Declaração na Assembleia Geral, tendo até recentemente questionado o conceito. "Criteriosa ao reconhecer tal direito, a Declaração de Viena

---

[9] LINDGREEN ALVES, José Augusto. O Significado Político da Conferência de Viena sobre Direitos Humanos, *Revista de Administração Pública*. Rio de Janeiro, 27(4): 136-41, out./dez. 1993, p. 137.
[10] PIOVESAN, Flavia. *Direitos Humanos e Justiça Internacional*. 7. ed. São. Paulo: Editora Saraiva, 2017. p. 74.

assinala que a falta de desenvolvimento não pode ser invocada para justificar limitações de outros direitos humanos reconhecidos internacionalmente"[11].

O direito ao desenvolvimento importa, sem dúvida, em ações esperadas dos próprios Estados, bem como atos de cooperação internacional como, a exemplo, medidas que diminuam o peso da dívida externa de países pobres, e a luta pelo fim da pobreza extrema. Passa, igualmente, por exigir-se dos Estados a adoção, como parâmetro internacional para o exercício de atividades econômicas, o *human rights based approach,* ou seja – nas palavras de Piovesan – "aquele que ambiciona integrar normas, standards e princípios do sistema internacional de direitos humanos nos planos, políticas e processos relativos ao desenvolvimento".[12]

Nesse quadro, urge redefinir o papel dos Estados e das organizações e instituições financeiras internacionais – tais como o IMF (ou FMI), a WTO (ou OCD), o Banco Mundial – reforçando suas responsabilidades em face da necessidade de implementar-se os direitos econômicos, sociais e culturais, da manutenção das democracias, da tomada de medidas que reduzam o impacto de dívidas externas, e de outras que reduzam as faixas de pobreza extrema, não deixando assim que a chamada globalização econômica exerça uma força nefasta contra o respeito do direito ao desenvolvimento dos povos e das nações.

Também no setor privado deve-se acentuar, sempre, a sua responsabilidade social, já que é o setor que mais se beneficia do processo de globalização econômica. Assim, "importa encorajar sejam condicionados empréstimos internacionais a compromissos em direitos humanos; sejam adotados por empresas códigos de direitos humanos relativos à atividade de comércio; sejam impostas sanções comerciais e econômicas a empresas violadoras dos direitos sociais, entre outras medidas".[13] Vale ainda notar que, nos últimos anos, tem sido mais frequente a adoção, por empresas nacionais e multinacionais, de mecanismos de *compliance,* antes limitados ao cumprimento das regras internas das empresas e do quadro normativo pertinente, agora ampliando-se para incorporar igualmente determinados padrões éticos de conduta e de responsabilidade social.

Nesse tópico, a pergunta que surge: quem é responsável ou responsabilizável por violações a direitos fundamentais por empresas multinacionais ou globais? Uma possível resposta nos é dada por Louis Henkin, em fabuloso artigo publicado por Power e Allison: mesmo em tempos de globalização, a

---

[11] LINDGREEN Alves, José Augusto. *O Significado Político da Conferência de Viena sobre Direitos Humanos, cit.* p. 140.
[12] PIOVESAN, Flavia. *Direitos Humanos e Justiça Internacional, cit.* p. 66.
[13] *Idem,* p. 72.

responsabilidade legal dentro de um Estado permanece com o Estado. Mas os Estados, por si mesmos ou conjuntamente com outros Estados, podem impor obrigações às entidades privadas, incluindo-se aí as multinacionais, em relação ao respeito aos direitos fundamentais, e o sistema internacional deve monitorar e implementar essas obrigações. Estados podem impor obrigações às empresas de respeitar e reenforçar os direitos humanos das pessoas afetadas por suas atividades globais, "(...) a exemplo, temos a obrigação de um Estado em assegurar que uma empresa sujeita à sua jurisdição e ao seu controle, não importa onde opere, não utilize mão de obra escrava, ou trabalho infantil, evite qualquer forma de cumplicidade em atos de tortura ou mal tratamento ou outras medidas repressivas, e colabore com a implementção dos direitos econômicos e sociais para as pessoas que vivem no lugar onde essas empresas operam".[14]

Por todo o exposto, creio que podemos concluir reafirmando a universalidade, a indivisibilidade e a interrelação entre os já reconhecidos e consagrados direitos fundamentais da pessoa humana. Podemos, ainda, reconhecer o progresso havido a partir da Declaração Universal, passando pela Declaração e Programa de Ação de Viena, e até nossos dias, inclusive por meio da instalação e do efetivo funcionamento de mecanismos de controle e sancionatórios tanto no plano geral como no plano regional. Cremos, também, que o papel que vem sendo desempenhado pelas organizações não governamentais e por órgãos de imprensa, tanto na verificação das violações como na denúncia e cobrança de responsabilidades, tem sido uma ferramenta fundamental e indispensável para uma efetiva implementação dos direitos humanos. Por fim, e como bem o assinalam a Declaração e o Programa de Ação de Viena, espera-se uma maior e mais constante coordenação do apoio de agências especializadas relevantes, instituições do sistema das Nações Unidas, organizações intergovernamentais relevantes cujas atividades se relacionem com os direitos humanos, para que desempenhem seu papel fundamental na formulação, promoção e aplicação das normas de direitos humanos no âmbito de seus respectivos mandatos e respectivas áreas de competência.

REFERÊNCIAS

BOBBIO, Norberto. *A Era dos Direitos*. Rio de Janeiro: Campos, 1992.

---

[14] RENKIN, Louis. Human Rights: Ideology and Aspiration, Reality and Prospect. In: POWER, Samantha; ALLISON, Graham (eds.). *Realizing Human Rights*. New York: St. Martin's Press, 2000 (tradução livre). p. 33.

CANÇADO TRINDADE, Antonio Augusto. *International Law for Humankind* – Towards a New Jus Gentium. Leiden: Martinus Nijhoff Publishers, 2010. p. 148-149.

CARVALHO RAMOS, André. *Processo Internacional dos Direitos Humanos.* 5. ed. São Paulo: Editora Saraiva, 2016.

LINDGREEN ALVES, José Augusto. O Significado Político da Conferência de Viena sobre Direitos Humanos, *Revista de Administração Pública.* Rio de Janeiro, 27(4): 136-41, out./dez. 1993, p. 137.

PIOVESAN, Flavia. *Direitos Humanos e Justiça Internacional.* 7. ed. São. Paulo: Editora Saraiva, 2017.

PIOVESAN, Flavia. *Direitos Humanos e o Direito Constitucional Internacional.* São Paulo: Editora Saraiva, 2006.

RENKIN, Louis. Human Rights: Ideology and Aspiration, Reality and Prospect. In: POWER, Samantha; ALLISON, Graham (eds.). *Realizing Human Rights*. New York: St. Martin's Press, 2000 (tradução livre). p. 33.

SOUZA SANTOS, Boaventura de, Uma Concepção Multicultural de Direitos Humanos. *Revista Lua Nova,* vol. 38, *apud* PIOVESAN, Flavia, *opus cit.* p. 60.

Uma Jornada para o Empoderamento Financeiro das Mulheres Empreendedoras no Brasil

CLAUDIA POLITANSKI
LEILA MELO[1]

O Itaú Unibanco tem como propósito estimular o poder de transformação das pessoas. Fazemos isso para mais de 55 milhões de clientes[2], disponibilizando instrumentos financeiros que empoderam os indivíduos a realizar seus sonhos e construir novas realidades para si e para suas comunidades. Tudo isso graças aos quase 90 mil colaboradores que trabalham conosco e têm nos apoiado em uma importante jornada de centralidade no cliente, para que possamos seguir apoiando as pessoas e o nosso país a crescer.

Para entregar cada vez mais valor aos nossos clientes, sabíamos que precisaríamos entender as necessidades específicas de diferentes grupos de consumidores para além de nossa segmentação tradicional por faixas de renda. É nesse contexto que surge, em 2014, o Programa Itaú Mulher Empreendedora, focado em apoiar empreendedoras em todo o Brasil por meio de iniciativas de capacitação, conexão e inspiração.

---

[1] Colaboradoras do artigo: Luciana Campos e Maira Moreno.
[2] Conforme reportado no Integrated Annual Report 2019, p. 2. Disponível em: https://www.itau.com.br/relacoes-com-investidores/annual-report/2019/pdf/integrated-report-2019.pdf.

Além de desenvolver soluções para nossas clientes, sabíamos que teríamos também o desafio interno de endereçar a representatividade feminina dentro da nossa organização, promovendo maior equidade de gênero dentro do Itaú Unibanco, já que é por meio de nossos colaboradores que acessaríamos essas clientes. Assim, essa jornada começou de forma mais estruturada em 2015, e, desde então, tivemos importantes avanços internamente, entre elas a participação da primeira mulher membro do Conselho de Administração da instituição.

Neste texto, vamos compartilhar os principais aprendizados dessa jornada nos últimos 5 anos, incluindo os desafios do mercado financeiro para o encarreiramento das mulheres, as mudanças que estamos realizando para reverter um cenário de pouca representatividade feminina na liderança e como o programa Itaú Mulher Empreendedora tem promovido o empoderamento financeiro das nossas clientes.

Vale ressaltar que abordaremos não só as questões de gênero, mas também as interseccionalidades entre as questões de raça, orientação sexual e outras características que, quando somadas, produzem um cenário ainda mais desafiador.

A AGENDA DE DIVERSIDADE E INCLUSÃO DENTRO DAS ORGANIZAÇÕES

Muitas são as evidências e os dados que revelam a importância e explicitam os benefícios da diversidade de gênero nas organizações e na sociedade. Trabalhar as questões relacionadas a diversidade e inclusão está intrinsecamente relacionado aos valores da instituição e é um imperativo ético, o certo a se fazer. Mas não apenas isso: essa é uma agenda positiva para os negócios.

Estudos realizados há alguns anos por várias consultorias, como a McKinsey & Company, que já atuou com centenas de organizações ao redor do mundo, apontam a correlação entre a diversidade de gênero e a criação de valor das organizações. De acordo com o estudo realizado em 2017, organizações que apresentam maior diversidade de gênero nas equipes executivas têm 21% mais chances de ter margem EBIT superior e 27% mais chances de criar valor a longo prazo, quando comparadas com empresas com menor representatividade de mulheres na liderança.

Essa correlação se explica pelo poder de inovação e ampliação de perspectivas em um ambiente de trabalho mais plural e tolerante. Para atendermos bem os nossos clientes, é fundamental termos uma equipe diversa, que espelhe a diversidade que verificamos na sociedade. Somente assim poderemos entender suas reais necessidades e traduzi-las em produtos e serviços cada vez melhores.

Essas questões também estão estritamente ligadas à atração e à retenção de talentos, principalmente para os mais jovens, que valorizam cada vez mais um ambiente de trabalho diverso e com oportunidades equânimes para todos.

Nesse sentido, em 2017, estabelecemos um marco importante na jornada de diversidade e inclusão dentro do Itaú Unibanco, compartilhando internamente e para o mercado a nossa Carta de Compromisso com a Diversidade:

> **CARTA DE COMPROMISSO DO ITAÚ COM A DIVERSIDADE**
>
> Ao longo de 92 anos de história, o Itaú Unibanco vem sendo construído a partir de diferentes gerações, origens, culturas, crenças, raças, gêneros e orientações sexuais – um retrato da diversidade do nosso país.
>
> Reconhecendo a importância dessa diversidade, a instituição decide dar mais um passo, comprometendo-se publicamente com seus colaboradores, clientes, fornecedores, parceiros e sociedade a:
>
> 1. Estimular um ambiente respeitoso e saudável para todas as pessoas que trabalham na organização;
> 2. Desenvolver lideranças corporativas sensíveis e engajadas com esse compromisso;
> 3. Garantir a meritocracia por meio de ações que promovam igualdade de oportunidades.
>
> O Itaú Unibanco acredita que ter sua individualidade não é apenas um direito de cada pessoa assegurado pela Constituição Federal, mas, acima de tudo, um compromisso que deve ser reafirmado a praticado diariamente por todos nós.
>
> Sabemos que ainda há um caminho a ser percorrido e, hoje, estabelecemos um importante marco nessa jornada de transformação da nossa história.
>
> São Paulo, 06 de Junho de 2017.
> Itaú Unibanco S.A.

Assim, assumimos publicamente um compromisso com nossos colaboradores, clientes, fornecedores, parceiros e a sociedade: promover mudanças importantes na busca por um ambiente de trabalho e uma sociedade mais diversa e inclusiva. Essa é uma agenda ampla, que trabalha não só as questões de gênero, como também atua para incluir origens, características, culturas, crenças, experiências, raças, necessidades, orientações sexuais, identidades de gênero, idades diversas e gerações.

MULHERES E CARREIRA NO MERCADO FINANCEIRO

Quando olhamos para o Brasil, 51,7% da população residente no país é composta por mulheres, de acordo com dados divulgados em 2018 pela Pesquisa Nacional por amostra de domicílio contínua realizada pelo Instituto Brasileiro de Geografia e Estatística (IBGE). No entanto, dados divulgados pelo Ministério do Trabalho, em 2018, apontam que somente 44% das vagas formais são ocupadas por mulheres, e que ainda ganham 15% a menos do que os homens.

Ao olharmos para a representatividade da força de trabalho feminina no mercado financeiro brasileiro por meio do Censo de Diversidade realizado pela Febraban em 2019, 51% dos colaboradores das instituições financeiras são homens, enquanto 49% são mulheres.

Essa menor participação no mercado de trabalho formal não está relacionada à falta de capacitação da força de trabalho feminina. Dados divulgados pelo IBGE, em 2018, apontam que 21,5% das mulheres com idade entre 25 e 44 anos completaram o ensino superior, enquanto somente 15,6% da população masculina correspondente conseguiu finalizar o curso de graduação.

É importante ressaltar a influência da questão racial na formação das mulheres no Brasil. Dados do mesmo estudo apontam que o porcentual de mulheres brancas com ensino superior completo é 2,3 vezes maior do que das mulheres negras.

Já estudos realizados pela Oliver Wyman, em 2018, revelam que somente 16% das posições de diretoria executiva no mercado financeiro brasileiro são ocupadas por mulheres. De acordo com os dados apresentados, a representatividade de mulheres em cargos de liderança segue a seguinte proporção: 37% dos coordenadores, 31% dos gerentes, 22% dos superintendentes executivos e 16% dos diretores executivos. Entre as 10 maiores instituições financeiras do país, somente 10% dos membros do conselho de administração são mulheres, e não há mulheres entre os presidentes.

No caso do Itaú Unibanco, o volume de mulheres no quadro de colaboradores é superior ao de homens, 58% e 42% respectivamente, conforme dados relativos a maio de 2020. No entanto, ao olharmos o porcentual de mulheres nos cargos de liderança, notamos que, apesar de ligeiramente superiores, os nossos porcentuais se assemelham àqueles divulgados na pesquisa da Oliver Wyman, supramencionada: 50% dos coordenadores, 36% dos gerentes, 25% dos superintendentes e 13% dos diretores.

Dado esse cenário, realizamos uma série de pesquisas e conversas com os colaboradores do banco, visando identificar as principais barreiras enfrentadas internamente e que impactam a ascensão de carreira das mulheres. Entre elas, a pesquisa qualitativa "Diversidade Sem Atalhos", feita em parceria com a consultoria Box1824, em outubro de 2016, com colaboradores do banco de diversas hierarquias e tempo de casa, a fim de investigar o que é diversidade para a equipe de colaboradores do Itaú Unibanco, entender a percepção da comunidade Itaú Unibanco no Brasil sobre paridade de gêneros, explorar os principais motivos que inibem as mulheres de alcançarem o topo e identificar ações necessárias para criar um ambiente favorável à ascensão de talentos femininos e ao fomento da diversidade. No total, foram 53 entrevistas em profundidade e 4 reuniões com a liderança. Além disso, a equipe da Box1824 analisou informações de pesquisas realizadas anteriormente em torno do tema "Post Gender", pelo Itaú ou por outras organizações.

Sabemos que as decisões relacionadas à carreira estão diretamente ligadas às expectativas sociais e culturais que recaem sobre homens e mulheres, antes mesmo do nascimento. Desde o início, meninos são encorajados a brincadeiras que reforçam aspectos relacionados à força física e à estruturação lógica. Enquanto as meninas são direcionadas e educadas para as atividades relacionadas ao cuidado e à atenção aos outros. Esses aspectos culturais desdobram-se nas crenças e práticas sociais na vida adulta, nas quais ainda se multiplica o papel do homem como provedor e das mulheres como responsáveis pelos cuidados com a família e com o lar.

Essa construção social dos papéis de gênero explica, em grande parte, os estereótipos e suas respectivas barreiras para a ascensão feminina no mercado de trabalho.

OS VIESES INCONSCIENTES E SUA IMPLICAÇÃO SOCIAL NOS PAPÉIS DE GÊNERO

De maneira simples, vieses inconscientes são associações automáticas que resultam em uma interpretação, julgamento ou atitude em relação a uma situação ou ao outro, com base nas experiências adquiridas ao longo da vida e consequentemente influenciam o ambiente de trabalho. Conforme Wilkie (2014), essas experiências em relação ao outro podem estar relacionadas a cor da pele, sexo, idade, altura, peso, estado civil, deficiência, nacionalidade, experiência acadêmica e profissional, entre outros.

A neurociência estuda há décadas a forma como nosso cérebro funciona e, mesmo com toda a sua complexidade, podemos identificar dois sistemas de funcionamento, chamados de Sistema 1 e Sistema 2.

Figura 1 – Tomada de decisão e vieses inconscientes

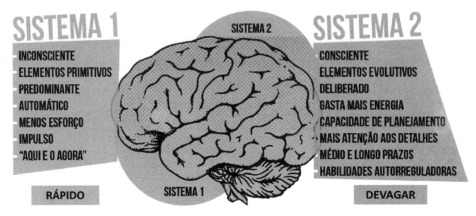

Fonte: Carlotas.org.

O Sistema 1 é o resultado da evolução de nossa espécie até esse momento e carrega em si a capacidade de execução de tarefas e decisões com baixo consumo de energia, o que em linguagem biológica representa uma forma eficiente de sobreviver. Ele reage, julga, opina e simplifica. Ele age no automático graças a um conjunto de experiências que o cérebro captou e definiu como sendo o melhor caminho. Se nenhum novo questionamento ocorrer, será esse caminho que o cérebro continuará trilhando, sempre que precisar tomar uma decisão rápida.

O Sistema 2 é o mais complexo e mais moderno em relação à evolução de nosso cérebro. Ele age de forma mais analítica, avaliadora e profunda. Por funcionar de forma mais intensa, ele também gasta mais energia e, por isso, sempre que o cérebro percebe que determinado cenário, comportamento ou decisões possuem algum tipo de "padrão", ele cria regras para que, a partir desse momento, o Sistema 1 passe a operar de forma mais econômica.

São exemplos de uso de energia cerebral o ato de aprender uma nova tarefa que exige muita concentração, análise e tomada de decisão e, após a repetição da mesma tarefa, parte dela sequer é percebida pela nossa consciência.

Quando aplicamos nas relações humanas a forma como nosso cérebro funciona, identificamos inúmeros padrões que são criados por todas as pessoas e que chamamos de tipos de vieses. Esses vieses levam nosso cérebro a atuar em apenas uma parte da realidade. Vale lembrar também que toda a nossa tomada de decisão, quando realizada de forma estruturada (seja por vieses ou por análise crítica), resultam em um sentimento de segurança e conforto.

Ao pensarmos as questões de gênero dentro das organizações e suas implicações na carreira das mulheres, percebemos seus impactos diariamente. Pode-se notar isso no guia "Vieses inconscientes, equidade de gênero e o mundo corporativo", criado pela ONU Mulheres em 2016, em parceria com outras instituições em que Regina Madalozzo menciona que existem diversos tipos de vieses e destaca os cinco principais: de afinidade, de confirmação, de percepção, efeito halo (ou auréola) e de grupo.

No caso do viés de afinidade, que está relacionado a avaliarmos melhor alguém que se pareça conosco, podemos observar seu impacto na escolha de mulheres dentro das organizações. Visto que a grande maioria dos cargos de liderança é ocupada por homens brancos, se não trouxermos à tona as questões dos vieses, são grandes as chances de aprovarem pessoas semelhantes para outros postos de liderança ou como seus substitutos.

Para o viés de percepção, que é a tendência em acreditar e reforçar estereótipos sem base concreta em fatos, temos como exemplo a suposta ideia de que a maternidade pode influenciar a performance da profissional e com isso, antes mesmo de dar a oportunidade, muitos líderes eliminam uma candidata do processo ao saberem que ela possui filhos ou acabou de se casar.

Além disso, o viés de confirmação – tendência a procurar informações que confirmem nossas hipóteses iniciais e ignorar informações que coloquem em xeque nossas crenças iniciais – faz que as mulheres tenham menos tolerância ao erro, dado que qualquer falha possa ser usada como justificativa de que ela não era a pessoa certa para o cargo ou função.

Já o viés de grupo – que leva a seguir o comportamento do grupo para não desviar o padrão vigente – faz que a jornada, muitas vezes solitária, de mulheres que chegam aos cargos de alta gestão não a permita imprimir seu estilo, modelo de gestão ou opinião em grandes fóruns, visto que muitas vezes é a única na sala entre tantos homens, o que dificulta quando seu posicionamento é contrário aos demais.

Fiarman (2016) ressalta que os vieses se manifestam mesmo em situações opostas a crenças e valores expostos de forma consciente. Para complicar um pouco, vale lembrar que cada pessoa cria em si um conjunto de valores e características que julgará como certas, erradas, melhores ou piores, dependendo dos estímulos que recebeu durante a vida.

Para Banaji e Greenwald (1995), os estereótipos são uma combinação de crenças relacionadas às características de determinado grupo social. Assim, nossas escolhas aparentemente racionais são, em sua maioria, atreladas a generalizações e preconceitos estabelecidos socialmente ao longo da vida.

Por fim, vale lembrar que os efeitos dos vieses são tão impactantes que, em muitos casos, a baixa autoestima, a falta de representatividade, a falta de modelos que compartilham dos mesmos fenótipos criam nas pessoas os sentimentos de que são uma fraude ou que não são merecedoras, ampliando a autoexigência para tomar riscos como se candidatar a vagas em postos mais altos ou se sentirem incapazes de empreender ou questionar opiniões diversas das suas.

O IMPACTO DOS ESTEREÓTIPOS NA CARREIRA E NA EMPREGABILIDADE DAS MULHERES

Os estereótipos tornam-se barreiras visíveis e invisíveis no crescimento profissional das mulheres no mercado de trabalho. Ouvindo os nossos colaboradores, encontramos cinco estereótipos predominantes.

1. Mães abrem mão de ascensão profissional

Esse ponto está diretamente relacionado com a maternidade e a afirmação equivocada de que mulheres devem fazer uma escolha entre filhos e carreira. Assim, a dicotomia entre maternidade e carreira é recorrentemente justificada como algo natural e decorrente da vida de uma mulher.

Nesse ponto, socialmente, entende-se que, ao se tornar mãe, a mulher "muda" as suas prioridades de vida. Nesse sentido, avalia-se que a mulher passa a não desejar mais uma carreira para poder cuidar dos filhos. Interessante observar que esse viés afeta todas as mulheres, inclusive aquelas que não desejam ter filhos, visto que, aos olhos da sociedade, toda mulher é uma mãe em potencial em determinada faixa etária.

O receio da liderança em perder ou investir em uma colaboradora que a qualquer momento poderá se ausentar por alguns meses do trabalho devido à licença-maternidade, somado ao pensamento de que essa mesma mulher não terá o mesmo foco e a mesma dedicação ao trabalho após ter filhos, leva muitos gestores a não optar pela promoção de mulheres para determinadas posições, especialmente de liderança.

Estudos realizados pela Escola Brasileira de Economia e Finanças da Fundação Getulio Vargas apontam que, até 1 ano após a licença-maternidade, 48% das mulheres estavam fora do mercado formal de trabalho. Assim, o desemprego e as dificuldades para administrar a relação família/trabalho são alavancas importantes para o empreendedorismo feminino no Brasil.

Não é coincidência que o número de mulheres comece a diminuir de forma relevante a partir dos cargos de gestão. Verifica-se que, na maioria das vezes, atinge-se esse ponto de carreira por volta dos 30 anos, quando um grande número de mulheres se torna mãe.

Em muitos casos, principalmente para cargos executivos, a mulher não é sequer convidada a participar dos processos seletivos com a certeza de que ela não desejará tal posição, pois a fará viajar e ficar longe dos filhos. Nesse caso, o segredo é sempre perguntar se aquela mulher, que tem as competências para ocupar determinada posição, deseja esse desafio.

Observem-se, nesse sentido, os comentários a seguir feitos por colaboradores durante a pesquisa qualitativa:

> "No momento da minha promoção, quando voltei de licença-maternidade e estava com os resultados e performance em primeiro, um colaborador homem passou na frente porque ele não teria implicações com família" (Mulher).

> "O mundo corporativo não é saudável. Hoje falar que quer ter um filho, principalmente no caso das mulheres, é sinal de fraqueza, que você não está focado no máximo da eficiência" (Homem).

2. A casa é prioridade de toda mulher

Esse ponto está diretamente relacionado à assimetria de gênero na distribuição das atividades domésticas, que é muitas vezes utilizada como justificativa para a assimetria profissional entre homens e mulheres.

As mulheres ainda são as principais responsáveis pelos trabalhos domésticos e pelos cuidados com a família. A assimetria de tempo dedicado aos trabalhos domésticos entre homens e mulheres faz que a relação custo/benefício do mercado formal de trabalho seja negativa para muitas mulheres, ocasionando, assim, a saída de muitas delas de seus empregos.

Nesse sentido, Maume (2015) destaca que a busca pela igualdade nas relações de trabalho entre homens e mulheres está associada a dois movimentos: o primeiro diz respeito ao aumento da participação feminina no mercado de trabalho e o segundo, mais recente, ao maior equilíbrio e ao aumento da participação dos homens nas tarefas domésticas e nos cuidados com a família.

Dados divulgados em 2018 pela Pesquisa Nacional por Amostra de Domicílios Contínua (PNAD Contínua) apontam que, no Brasil, as mulheres dedicam 21,3 horas semanais para os trabalhos e/ou cuidados domésticos com os familiares, enquanto os homens dedicam 10,9 horas (IBGE, 2019, p. 9). Esse mesmo estudo indica que essa realidade ocorre mesmo em casos nos quais o homem e a mulher possuem uma ocupação remunerada – nesse cenário, a diferença de horas entre homens e mulheres dedicadas a afazeres e cuidados com familiares é, em média, de 8,2 horas semanais.

Mesmo que lentamente, os dados divulgados pela PNAD (2018) apontam que a taxa de realização de afazeres domésticos vem aumentando mais para homens do que para as mulheres (1,8% entre os homens, diante de 0,5% entre elas).

Essa diferença nas relações sociais entre homens e mulheres, que se desdobram no tempo dedicado à casa e à família, é uma das explicações para o crescente número de mulheres empreendedoras, que encontram no seu próprio negócio oportunidade de renda e jornadas de trabalho mais flexíveis, que possibilitam administrar a relação diária entre casa e trabalho.

Os comentários feitos por colaboradores na pesquisa qualitativa são reveladores nesse ponto:

> "Não existem processos estruturados para apoiar a carreira da mulher. Ninguém fala nada, mas meus pares marcam reunião às 20h e não veem que isto está errado, para mim e para eles" (Mulher).

> "Para todos, a função de cuidar de casa é da mulher: ir ao supermercado, preparar uma festinha para os filhos. Isso atrapalha muito. Se você não tem um marido parceiro, acaba sendo muito prejudicada" (Mulher).

> "A casa é função da mulher. Se isso atrapalha? Provavelmente, mas o que eu posso fazer?" (Homem).

3. Mulheres têm vocação para ser cuidadoras

Esse estereótipo está relacionado à crença de que negócios são assuntos masculinos, enquanto áreas de suporte são naturalmente associadas às mulheres. Não há comprovação científica que demonstre que mulheres têm maior aptidão para carreiras relacionadas às ciências humanas enquanto os homens têm maior facilidade para carreiras relacionadas às ciências exatas ou biológicas, mas a atual divisão de papéis de gênero cria tais percepções.

Os estímulos e estereótipos de gênero no ambiente escolar se desdobram nos interesses de cada indivíduo ao longo da vida. De acordo com dados divulgados em 2016 pela USP, menos de 20% das vagas nas áreas de exatas são ocupadas por mulheres.

A partir dessas representações, as mulheres são muitas vezes desconsideradas para carreiras e principalmente para posições de liderança em áreas centrais para os negócios. Esse fenômeno faz que, em muitas situações, não existam mulheres na linha de sucessão para ocupar posições de CEO e no Conselho de Administração das empresas, dada a trajetória profissional limitada às áreas de apoio e suporte.

Essa concepção aparece, inclusive, na fala de um colaborador feita durante a pesquisa qualitativa:

"Essas áreas eram essencialmente masculinas: tecnologia, pregão, é muito físico e truculento. E as áreas femininas são RH, que têm uma dimensão materna, gerente de atendimento, essas coisas" (Homem).

4. Mulheres são temperamentais e desequilibradas

Nesse caso, pressupõem-se que profissionais mulheres não têm equilíbrio emocional para lidar com pressão e os desafios enfrentados em cargos de liderança.

Aqui vemos o estereótipo do desequilíbrio emocional muitas vezes atrelado a fatores biológicos, como as variações hormonais. Esses pressupostos levam a avaliações diferentes do mesmo comportamento entre homens e mulheres. Enquanto homens são considerados agressivos, ousados e destemidos, características valorizadas no mundo dos negócios, as mulheres que apresentam os mesmos comportamentos são rotuladas como histéricas, instáveis, mandonas e desequilibradas. Esses estereótipos em relação ao comportamento feminino no ambiente de trabalho rotulam as mulheres como frágeis e inaptas para cargos de liderança, criando, assim, barreiras invisíveis para a ascensão profissional.

As mesmas características observadas nos homens e avaliadas como positivas, ao serem observadas nas mulheres se tornam negativas, resultando em algum tipo de prejuízo a elas.

O rótulo dado especialmente às mulheres refere-se a um comportamento humano construído socialmente e mostra o risco das generalizações para ambos os sexos. Além disso, como apontado em artigo da *Harvard Business Review* sobre mitos e verdades entre homens e mulheres, não existem comprovações científicas que justifiquem tais comportamentos exclusivamente a um gênero ou a outro.

O que acontece muitas vezes é que não buscamos razões lógicas para concluirmos sobre tais comportamentos, mas simplesmente adotamos atalhos no nosso cérebro, relacionados às nossas construções socioculturais, como forma de confirmar o que já nos parece familiar, o chamado viés de confirmação. Assim, buscamos situações que afirmam o que pensamos e abstraímos momentos que não reforcem isso.

Essas pré-compreensões apareceram em frases de alguns colaboradores durante a pesquisa qualitativa:

> "Toda vez que fico muito brava, tenho que tomar cuidado para não ser percebida como histérica" (Mulher).

> "Culturalmente, a mulher chora, a mulher é sensível, tem que falar com cuidado com ela..." (Homem).

5. Mulheres causam intriga

Nesse caso, assume-se que a união entre mulheres tem sempre um desdobramento negativo, com caráter de reivindicação. Por serem minoria em cargos de liderança, presume-se que as mulheres que alcançam tais posições tendem a se vitimizar e culpar os homens, principalmente quando estão falando com outras mulheres.

Há ainda a percepção de que mulheres deixam o ambiente de trabalho mais carregado, uma vez que causam intrigas entre si, não se mostrando confiáveis.

É ainda percebida uma certa competição entre as próprias mulheres, competição que alimenta de argumentos os detratores do empoderamento feminino. Sem fundamentos científicos, buscam no comportamento presente no cotidiano, por meio de vieses de confirmação, reassegurar de forma até inconsciente a superioridade do gênero masculino quando comparado ao feminino.

Em contrapartida a esse estereótipo, vem crescendo o movimento relacionado à sororidade, que tem como pontos centrais o apoio, a solidariedade e a empatia entre as mulheres. Esse movimento desconstrói a ideia de que mulheres estão continuamente competindo entre si e reforça a importância de sua união para crescimento mútuo e coletivo.

O mencionado estereótipo pode ser percebido por meio da fala de um colaborador durante a pesquisa qualitativa:

"Quando você vê uma mesa de reunião com um monte de homem, dá para confiar. Quando você vê que tem uma mulher, você tem que cuidar com o que fala. Mulher é muito fofoqueira, não dá para confiar" (Homem).

SOBRE O ITAÚ: AÇÕES INTERNAS

Com o objetivo de desconstruir esses estereótipos e construir um banco cada vez mais inclusivo, com equidade de oportunidades para todos os colaboradores, o Itaú tem colocado em prática uma série de ações.

A começar pelo engajamento da liderança, por meio da inclusão do tema equidade de gênero em comitês, seminários e *workshops*, além de atuar na sensibilização da organização, com a promoção de diálogos institucionais, fomentando a discussão para novas políticas e em campanhas internas voltadas aos temas diversidade e empoderamento feminino, como a Semana de Diversidade de Gênero, um evento com diversas palestras feita com especialistas no tema, líderes internos e externos e colaboradores que debateram as barreiras para encarreiramento feminino.

Além disso, foram realizados treinamentos sobre modelos mentais e vieses inconscientes que consistiram em apresentar aos colaboradores as informações sobre o que são vieses inconscientes, como eles se manifestam e como podemos evitá-los na tomada de decisões. Superintendentes, diretores e o comitê executivo receberam diversos conteúdos e puderam participar de palestras realizadas com a especialista no teste de associação implícita de Harvard, Mahzarin Banaji. Entre as ações realizadas, um dos destaques foi a aplicação da sensibilização sobre vieses para os gestores que realizam o processo seletivo do programa de *trainee* minutos antes da etapa de seleção.

A fim de propiciar um ambiente que favoreça a retenção e a ascensão das mulheres, foi criado em 2007 o Programa Saúde da Mulher que inclui o *workshop* "Bebê a bordo", sobre a gestação e os cuidados com o bebê, contempla a visita de uma enfermeira em casa na primeira semana de vida do bebê e o Cantinho da Mamãe, espaço exclusivo nas dependências da empresa para a mulher retirar e armazenar leite materno após o retorno ao trabalho. Em dezembro de 2015, adotamos outra iniciativa importante nessa agenda, a implementação da Política de Acolhimento das Mães e Gestantes, medida pioneira no setor que determina os direitos das colaboradoras no período que compreende da gestação até a volta da licença-maternidade. Entre seus principais pontos, estão a suspensão de viagens após o sexto mês de gestação, a redução da carga horária no primeiro mês de trabalho após o retorno da licença, bem como a isenção da política de metas nos primeiros 30 dias após o retorno. A prática determina, ainda, o papel dos gestores como apoio às colaboradoras durante todo esse processo.

Além disso, em 2018, foi feita uma atualização da política de avaliação do desempenho das mulheres em licença-maternidade, garantindo que a avaliação aconteça com base no trabalho realizado, e não no período de atuação. Assim, as boas avaliações são preservadas, o que, em consequência, mantém a elegibilidade dessas mulheres em programas de aceleração de carreira, patrocínios educacionais e promoções. Na busca por processos de seleção mais diversos, foi recomendado que os comitês de sucessão tenham, sempre que possível, pelo menos uma mulher como avaliada e pelo menos uma como avaliadora, e criamos uma ferramenta de monitoramento dos comitês para cargos de gestão, que visa acompanhar a participação de mulheres nesses processos. E, buscando ter maior equidade salarial, o comitê executivo aprovou o pagamento integral da participação nos resultados para as mulheres que retornam de licença-maternidade.

NOSSA JORNADA COM CLIENTES – POR QUE INVESTIR NO EMPREENDEDORISMO FEMININO?

Sabemos que a empregabilidade e o empoderamento feminino vão além das ações realizadas dentro do banco para nossas colaboradoras. Sabemos que, dado o nosso tamanho e relevância no mercado financeiro, temos a responsabilidade de promover o tema também na sociedade. Foi pensando nisso que, em 2014, criamos o programa Itaú Mulher Empreendedora.

O Itaú Mulher Empreendedora tem sido nosso principal laboratório de experimentação e aprendizados para tratar a temática de gênero nos negócios. A iniciativa tem o objetivo de apoiar as empreendedoras do país na evolução de suas empresas, considerando suas necessidades como mulheres, empresárias e a relação delas com o universo financeiro. Ao todo, já realizamos mais de 80 eventos ao redor do Brasil e temos cadastradas em nossa plataforma mais de 23 mil empreendedoras.

Começamos o programa em parceria com o International Finance Corporation (IFC), braço privado do Banco Mundial, e com o Banco Interamericano de Desenvolvimento (BID). Esses bancos multilaterais foram grandes impulsionadores da agenda de gênero nos negócios na América Latina, uma vez que seus estudos de impacto de créditos concedidos mostravam que empresas lideradas por mulheres são as que mais geram novos empregos na região. Além disso, esses mesmos estudos demonstravam que o crescimento da participação feminina no mercado de trabalho trouxe redução significativa nas taxas de pobreza – o índice de extrema pobreza na América Latina e no Caribe foi reduzido em 30% nos últimos 10 anos.

Nessa mesma linha, a pesquisa *The power of parity* (em tradução livre, O poder da paridade), também elaborada pela McKinsey & Company, mostra o potencial que a equidade de gênero representa para a economia mundial. Segundo a pesquisa, caso todos os países consigam progredir rapidamente na paridade de gênero e chegar perto do equilíbrio perfeito, o PIB mundial teria um incremento de cerca de US$ 12 trilhões até 2025. No Brasil, podem ser adicionados US$ 850 milhões ao PIB nacional.

Além dos ganhos econômicos, há uma série de avanços sociais: as mulheres são as principais influenciadoras das decisões das famílias, incluindo as de consumo, e investem na educação dos filhos, saúde da família e na comunidade em sua volta, levando a uma melhoria social e econômica ao longo do tempo. Além disso, por meio do empreendedorismo, abrem-se novas oportunidades de emprego e renda na comunidade e novas soluções para atender às diversas demandas da sociedade, influenciando positivamente o ambiente ao seu redor. Estamos falando de quase 24 milhões de mulheres liderando negócios no Brasil, equivalente a 46% dos empreendedores.

Nesse contexto, os bancos multilaterais de desenvolvimento, em parceria com bancos privados, como o Itaú, implementaram produtos e serviços inovadores e inclusivos que apoiam o crescimento de negócios geridos por mulheres ao oferecer linhas de financiamento, assistência técnica e programas de capacitação.

O PERFIL DA EMPREENDEDORA BRASILEIRA

No Brasil, as mulheres são maioria entre os empreendedores em estágio inicial (20,7% mulheres e 19,9% homens), mas minoria em negócios estabelecidos (9,9% mulheres e 18,6% homens), segundo a pesquisa Global Entrepreneurship Monitor (GEM, 2017). Para entender um pouco melhor o porquê dessa realidade, começamos o Itaú Mulher Empreendedora com um grupo de 1.500 empresárias do nosso segmento de pequenas empresas. Nesse primeiro momento, trabalhamos para entender o perfil, as motivações e os principais desafios dessas mulheres, de forma a estruturar uma proposta de valor clara e que apoiasse o crescimento dos negócios das empreendedoras brasileiras.

Descobrimos que as empresárias encontram desafios comuns a todos que decidem empreender no Brasil, como dificuldade de navegar em um ambiente de negócios muito complexo e o alto "custo Brasil" decorrente dessa realidade. Entretanto, descobrimos também que elas enfrentam desafios adicionais por serem mulheres.

Um primeiro desafio específico que identificamos foi a mulher se enxergar como líder de um negócio, apesar de já ocupar essa posição. Por meio de estudo qualitativo, entendemos que as figuras de referência para essas mulheres de negócio ainda eram homens, o que as levava a questionar sua habilidade para ocupar esses espaços. É compreensível: a maior autonomia feminina e o consequente aumento de participação da mulher em espaços de poder ainda é muito recente e apenas 13% dos CEOs no Brasil são mulheres, de acordo com pesquisa realizada pelo Insper, em 2019.

Além disso, descobrimos que essa baixa autoestima se refletia também na sua relação com as finanças. Apesar do crescente poder aquisitivo decorrente da maior participação da mulher no mercado de trabalho, as mulheres demonstraram tendência a delegar a administração financeira de suas empresas a uma figura masculina. Aqui, a agenda de diversidade interna se cruza de forma significativa com a agenda com clientes, uma vez que maior representatividade feminina nos bancos vai desconstruindo essa imagem de que o sistema financeiro é um espaço de homens para homens.

Identificamos ainda a busca pela flexibilidade de tempo para lidar com os diversos papéis que exercem na sociedade. Como já mencionado, principais responsáveis pelo cuidado dos filhos e da casa, as mulheres encontram no empreendedorismo uma forma de conciliar a dupla ou tripla jornada. Nesse cenário, atividades que envolvam nutrir redes de relacionamento por meio de atividades fora do horário de trabalho perdem prioridade, o que por sua vez reflete em menos oportunidades de negócios para essas empreendedoras.

Finalmente, vale destacar que encontramos um senso de propósito bastante aguçado nessas empreendedoras – sua avaliação do empreendimento costuma ir além do retorno financeiro e estar conectada a um desejo de causar impacto positivo na sua comunidade e na sociedade de forma mais ampla. Nesse contexto, demonstraram também menores níveis de ambição em relação a crescer seu negócio e menor apetite de risco para investir em empresas muito inovadoras.

A PROPOSTA DE VALOR DO ITAÚ MULHER EMPREENDEDORA

Conhecer as necessidades e os anseios das empreendedoras nos permitiu desenvolver uma proposta de valor que endereçasse os principais pontos de dor das pequenas empresárias no Brasil. Para o desafio de ter referências femininas como líderes de negócios, criamos um pilar de Inspiração. Para aumentar a autoestima financeira dessas mulheres, desenvolvemos um pilar de Capacitação. E, para fomentar suas redes de relacionamento, criamos iniciativas de Conexão.

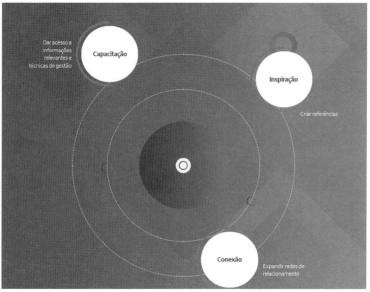

Figura 2 – Nossa proposta de valor

INSPIRAÇÃO

Entendemos que empreender está diretamente vinculado à capacidade de sonhar. E, para sonhar, precisamos acreditar que somos capazes. Por isso, inspirar mulheres por meio de estórias de outras mulheres tem sido uma parte muito importante da nossa atuação para fomentar o empreendedorismo feminino. Vale acrescentar que buscamos diversidade dentro do universo feminino também para que todas as mulheres possam entender seu potencial de liderança – mulheres de todas as raças, orientações sexuais, identidades de gênero, regiões do país, áreas de atuação, portes de negócio, entre outros.

Temos três principais formas para espalhar essa mensagem: eventos presenciais, artigos e entrevistas em diferentes canais e campanhas de publicidade ou vídeos de inspiração.

Os eventos presenciais foram nossa primeira estratégia. Com 26 edições realizadas, o Fórum Itaú Mulher Empreendedora já reuniu dezenas de mulheres para contar suas histórias e jornadas no mundo do empreendedorismo e impactou diretamente cerca de 6 mil mulheres presentes nos eventos ou que nos acompanharam por meio de transmissão *on-line*.

> *"Foi a minha primeira vez em um fórum voltado pra mulheres e espero participar de outros. Engajador, com temas superpertinentes, show de experiências e cases que nos mostram que tudo pelo que passamos, passamos todas e juntas"* – Participante do Fórum Itaú Mulher Empreendedora.

De forma complementar, contamos a história de mais de 180 empreendedoras por meio de artigos e entrevistas, disponibilizados em plataformas de conteúdo *on-line* e por meio das mídias digitais do Itaú e do programa Itaú Mulher Empreendedora. A boa aceitação desse conteúdo nos levou, então, a desenvolver o livro *Somos empreendedoras*. O livro é uma coletânea de 25 estórias de mulheres realmente inspiradoras que contam suas trajetórias de superação, inovação e impacto por meio de seus negócios.

> *"Acredito que belas histórias mereçam e devam ser compartilhadas. É por isso que me sinto tão contemplada com* Somos Empreendedoras. *Todas as 25 personagens desse livro são transformadoras"* – Ana Fontes, fundadora da Rede Mulher Empreendedora.

Finalmente, também temos conteúdos de inspiração no formato de vídeos e campanhas publicitárias. O marco mais importante nessa frente de trabalho foi a campanha "Vai, Garota", lançada em 2018. É uma campanha toda produzida e protagonizada por mulheres, que inspira atitude, conexão e transformação. A campanha foi vista por mais de 25 milhões de pessoas e o programa Itaú Mulher Empreendedora viu o número de mulheres cadastradas dobrar nesse período.

Em função da excelente aceitação de conteúdo nesse formato, também desenvolvemos recentemente um vídeo manifesto. Ele retrata a história de cinco mulheres empreendedoras do programa, falando sobre seus negócios, sonhos e trajetórias. É uma peça que nos ajuda a contar qual a essência do Itaú Mulher Empreendedora e expandir o alcance da nossa mensagem para mais e mais mulheres em todo o Brasil.

CAPACITAÇÃO

A maior parte dos empreendedores e empreendedoras brasileiros começa seu negócio por necessidade. Dessa forma, nem sempre têm a oportunidade de se capacitar com conhecimentos essenciais para a gestão de um negócio, o que se reflete na alta taxa de mortalidade de pequenas empresas no país em seus primeiros anos de vida. De acordo com o Sebrae, 25% das empresas abertas no Brasil fecham nos seus primeiros 2 anos de vida.

Buscando endereçar esse desafio, que é universal a todos os empreendedores, e também endereçar a barreira psicológica de mulheres empresárias com o universo das finanças, trabalhamos para disponibilizar conteúdos, ferramentas e cursos para aprimorar as técnicas de gestão de empresas. Para isso, desenvolvemos *workshops* com renomadas instituições de ensino, no formato de aulas expositivas atreladas a exercícios práticos, nos quais são abordados os mais diversos temas relacionados a gestão, como finanças, *marketing*, impacto e modelos de negócio, além da publicação de artigos e ferramentas de gestão.

Ainda nesse contexto, promovemos 50 *workshops* desde a criação do programa e fomos, ao longo do tempo, adaptando o formato e o conteúdo a partir dos *feedbacks* que recebemos. No início do programa, essas capacitações aconteciam de maneira presencial e existia um limite territorial que atingia apenas as mulheres de cidades metropolitanas, como São Paulo, Rio de Janeiro, Curitiba e Belo Horizonte.

A procura por capacitações em outras regiões do Brasil foi grande e tomamos a decisão de digitalizar a solução. Foi um grande acerto: tivemos resultados positivos em relação à satisfação das mulheres com os cursos *on-line* oferecidos, além da maior capilaridade. Por outro lado, temos um maior desafio em assegurar a assiduidade das participantes em comparação às capacitações presenciais.

Nessa jornada de aprendizados, decidimos também testar outro formato de disponibilizar conteúdo: o WhatsApp. Elaboramos um curso de gestão com duração de um mês e meio, abordando temas como as características empreendedoras, faturamento e planejamento estratégico, lucratividade, como traçar metas e objetivos, controles financeiros, orçamento familiar, quando, como e qual o melhor crédito, receita, entre outros. O resultado foi incrível. Recebemos muitas avaliações positivas no final do curso e observamos uma taxa de conclusão das atividades acima do esperado. Isso nos fez refletir como conseguimos expandir nossos pilares de uma maneira inovadora e prática, considerando canais que já fazem parte do dia a dia das pessoas.

> "Me deixou mais motivada, organizada e animada com o meu negócio"
> – Depoimento de participante do curso de gestão empreendedora pelo WhatsApp.

Além disso, temos um programa de aceleração de empresas lideradas por mulheres que vai para sua 3ª edição em 2020. O foco desse programa é formar empresárias que querem escalar seus negócios e dar um próximo passo importante na sua jornada empreendedora. As participantes do programa são encorajadas a desenvolver competências e habilidades em assuntos como gestão de negócios, introdução aos objetivos do desenvolvimento sustentável, liderança feminina, oportunidades de crescimento, finanças, acesso a capital e produtos financeiros, estratégia de *marketing*, gestão de pessoas, entre outros temas. Além disso, mentores ajudam as empreendedoras a planejar, medir e escalar o impacto positivo que os seus negócios podem causar no mundo.

CONEXÃO

Sabemos que muitas oportunidades de negócio e de carreira surgem a partir de nossas redes de relacionamento. Pensando nisso, trabalhamos para apoiar mulheres a expandir e fortalecer suas redes, reconhecendo que este é o pilar mais desafiador a que nos propusemos a trabalhar e para o qual ainda estamos buscando a melhor estratégia.

A verdade é que sempre que conseguimos reunir essas mulheres, seja em eventos de inspiração, em *workshops* de capacitação ou no nosso programa de aceleração, a conexão acontece de forma fluida e espontânea. Entretanto, a dificuldade ainda está em conseguir reuni-las, quando sabemos que suas agendas são extremamente desafiadoras para conciliar os inúmeros papéis que desempenham em suas vidas, para além do de empresária.

Dessa forma, buscamos ir além dos formatos de conexão presencial. Iniciamos essa tentativa criando uma ferramenta de conexão *on-line* em nossa plataforma virtual, mas observamos baixa adesão a ela. Dessa maneira, decidimos migrar para um grupo no Facebook – que já faz parte da vida das pessoas – focado em compartilhar ideias, eventos e negócios. E agora temos como premissa incluir, em todos nossos eventos ou entregas, ferramentas e ativações que promovam a conexão entre essa comunidade.

É também nesse pilar de conexão que enxergamos oportunidades para que o próprio programa se conecte e faça parcerias com outras instituições ou empresas que se direcionam para o mesmo propósito que o nosso. Um exemplo é a parceria com a Rede Mulher Empreendedora ou a parceria com o "Ela faz história", programa do Facebook. Acreditamos que as parcerias vão potencializar o impacto das nossas ações.

UMA JORNADA QUE ESTÁ APENAS COMEÇANDO

O olhar de gênero no mundo das finanças, seja sob a ótica interna de colaboradores ou com o olhar para clientes por meio do programa Itaú

Mulher Empreendedora, é um passo importante na jornada para promoção da equidade em nossa sociedade. Mas sabemos que ainda há muito a ser feito e que o engajamento do setor empresarial é fundamental para seguirmos avançando nas pautas de justiça social e desenvolvimento sustentável.

A própria ONU ressalta a relevância do setor privado nessa pauta por meio dos Objetivos do Desenvolvimento Sustentável (ODS), cujo princípio-base é a atuação por meio de parcerias intersetoriais dos diversos atores sociais. Uma das metas estabelecidas via ODS é alcançar a igualdade de gênero e empoderar todas as mulheres e meninas.

Nós entendemos nossa responsabilidade e o papel da liderança para alavancar ainda mais essa agenda e continuaremos realizando estudos, projetos, avaliações de impacto e produtos, além de articulações de parcerias e engajamento das lideranças, considerados fundamentais para a transformação que queremos na sociedade, beneficiando mulheres e homens, promovendo o desenvolvimento sustentável e inclusivo dos nossos negócios, do sistema financeiro e do país.

Para reforçar esse compromisso, o Itaú Unibanco lançou, em 2019, oito Compromissos de Impacto Positivo que dialogam diretamente com os ODS e envolvem todas as áreas do banco, das institucionais aos negócios. São 40 metas de impacto, entre as quais vale destacar o aumento do volume de crédito concedido a empresas lideradas por mulheres. Já temos visto avanços importantes nessa frente de trabalho. Em 2018, o volume de operações de crédito para empresas cujas mulheres possuem mais que 51% de participação societária no Itaú atingiu aproximadamente 3,1 bilhões de reais, mais que o dobro da carteira em 2016, que atingiu 1,4 bilhão de reais. Mas sabemos que podemos fazer mais e iremos seguir evoluindo nessa pauta de forma progressiva e contínua.

Além do aumento das operações de crédito para empresas lideradas por mulheres, queremos ampliar a oferta de conteúdos e ferramentas para gestão de negócios, que apoiem as empreendedoras nos desafios mais importantes em seu negócio, como precificação, contabilidade e outros. Finalmente, nas iniciativas de conexão, pretendemos incluir homens de forma mais intencional, pois sabemos que a promoção da equidade de gênero só será possível quando todos se envolverem nessa pauta de forma ativa.

Uma pauta recente e extremamente relevante é a importância da diversidade nos momentos de crise. Na atual pandemia de Covid-19, o olhar para a questão deve ser ainda mais apurado, de forma que as empresas não retrocedam seus números de inclusão e desenvolvimento das mulheres. A crise sanitária e também econômica traz novos desafios e nos faz refletir sobre mudanças que podem ser benéficas para a liderança feminina.

A oportunidade de divisão de papéis entre homens e mulheres, por exemplo, pode levar à maior conscientização da sociedade para a importância da mulher na economia e do homem na criação dos filhos e cuidados com o lar.

Outro desafio é a violência doméstica, que aumentou sensivelmente em tempos de confinamento. O assunto tem sido debatido e mencionado em muitos canais de comunicação, numa tentativa de dar voz às mulheres vítimas de agressão para que busquem seus direitos de proteção perante o Estado.

O desafio é imenso e, para nós, investir em mulheres é investir no desenvolvimento econômico e social do país e queremos seguir estimulando, cada vez mais, o poder de transformação de todas as mulheres brasileiras. Afinal, no Itaú, somos gente que move gente.

REFERÊNCIAS

BANAJI, M. R.; GREENWALD, A. G. Implicit social cognition: attitudes, self-esteem, and stereotypes. 1995. *Psychological Review*, 102(1), p. 4-27.

Delivering through Diversity – McKinsey, 2017. Disponível em: https://www.mckinsey.com/~/media/mckinsey/business%20functions/organization/our%20insights/delivering%20through%20diversity/delivering-through-diversity_full-report.ashx. Acesso em: 12 dez. 2019.

Empreendedorismo no Brasil, 2017. Disponível em: https://m.sebrae.com.br/Sebrae/Portal%20Sebrae/Anexos/Relat%C3%B3rio%20Executivo%20BRASIL_web.pdf. Acesso em: 12 dez. 2019.

Entenda o motivo do sucesso e do fracasso das empresas, 2017. Disponível: https://www.sebrae.com.br/sites/PortalSebrae/ufs/sp/bis/entenda-o-motivo-do-sucesso-e-do-fracasso-das-empresas,b1d31ebfe6f5f510VgnVCM1000004c00210aRCRD?origem=estadual&codUf=26. Acesso em: 12 dez. 2019.

Estatísticas de gênero: Indicadores sociais das mulheres no Brasil. 2018. Disponível em: http://bit.ly/2yteVKE. Acesso em: 12 dez. 2019.

FIARMAN, S. E. Unconscious bias: when good intentions aren't enough. *Educational Leadership*, v. 74, n. 3, 2016, p. 10-15.

Homens e mulheres: o que a maioria desconhece, 2018. Disponível em: https://hbrbr.uol.com.br/homens-e-mulheres-o-que-a-maioria-desconhece/. Acesso em: 12 dez. 2019.

How advancing women's equality can add $12 trillion to global growth, 2015. Disponível em: https://www.mckinsey.com/featured-insights/employment-and-growth/how-advancing-womens-equality-can-add-12-trillion-to-global-growth. Acesso em: 12 dez. 2019.

Integrated Annual Report 2019. Disponível em: https://www.itau.com.br/relacoes-com-investidores/annual-report/2019/pdf/integrated-report-2019.pdf. Acesso em: 12 dez. 2019.

Insper promove lançamento da 3ª pesquisa panorama mulher. Disponível em: https://www.insper.edu.br/noticias/talenses-panorama-mulher-2019/. Acesso em: 12 dez. 2019.

MAUME, D. J. Can men make time for family? Paid work, care work, work-family reconciliation policies, and gender equality. 2015. *Social Currents*, 3, p. 43-63.

Metade das mulheres perde emprego após licença-maternidade. Disponível em: https://www1.folha.uol.com.br/mercado/2017/09/1915846-metade-das-mulheres-perde-emprego-apos-licenca-maternidade.shtml. Acesso em: 12 dez. 2019.

Mulheres ocupam 44% dos empregos do país, mas ainda ganham 15% menos do que os homens. Disponível em: https://extra.globo.com/noticias/economia/mulheres-ocupam-44-dos-empregos-do-pais-mas-ainda-ganham-15-menos-do-que-os-homens-22410846.html. Acesso em: 12 dez. 2019.

Pesquisa Nacional por Amostra de Domicílios Contínua: Características gerais dos domicílios e dos moradores 2018. 2018. Disponível em: http://bit.ly/2My2q9b. Acesso em: 12 dez. 2019a.

Pesquisa Nacional por Amostra de Domicílios Contínua: Outras formas de trabalho. 2018. Disponível em: http://bit.ly/2KhH1xX. Acesso em: 12 dez 2019.

Pesquisa qualitativa realizada com colaboradores do Itaú Unibanco, 2016.

Tips for Rooting Out Hidden Bias, 2014. Disponível em: https://www.shrm.org/hr-today/news/hr-magazine/Pages/1214-hidden-bias.aspx. Acesso em: 12 dez. 2019.

Unconscious Bias, 2008. Disponível em: http://www.cookross.com/docs/UnconsciousBias.pdf. Acesso em: 12 dez. 2019.

Vieses inconscientes equidade de gênero e o mundo corporativo: lições da oficina "vieses conscientes". Disponível em: http://www.onumulheres.org.br/wp-content/uploads/2016/04/Vieses_inconscientes_16_digital.pdf. Acesso em: 12 dez. 2019.

Weps Brazil Awards, 2016. Disponível em: http://premiowepsbrasil.com.br/wp-content/uploads/2019/10/Anuario_WEPs_ingles_BX-2016-2.pdf. Acesso em: 12 dez. 2019.

WYMAN, Oliver. *O ciclo de vida do* gap *de gêneros*: evidências do setor financeiro e do setor público no Brasil, 2018. Disponível em: https://www.oliverwyman.com/content/dam/oliver-wyman/v2/publications/2018/august/Oliver_Wyman_O_Ciclo_de_vida_do_gap_de_generos.pdf. Acesso em: 12 dez. 2019.

Os Desafios da Mulher na Política e no Judiciário

Renata Gil

É inegável que a luta pela afirmação e conquista dos direitos da mulher culminou em diversos ganhos importantes para o gênero. Ao longo da história, as mulheres se apoderaram de espaços até bem pouco tempo privativos da atuação masculina, seja no setor público, seja na iniciativa privada. No Brasil não foi diferente. Os avanços chegaram; entretanto, continuam existindo incontáveis barreiras a dificultar a equiparação de condições entre os gêneros, notadamente, nos espaços de poder.

Ao contrário do que se imaginava num passado recente – quando se dizia que o transcurso dos anos resolveria as disparidades entre homens e mulheres, que só existiam em virtude de sua entrada tardia no mercado de trabalho –, o tempo não foi capaz de solucionar o problema.

1. AS MULHERES NA MAGISTRATURA

No caso da magistratura, é possível perceber que as mulheres já começam em desvantagem, na medida em que se inscrevem em menor número nos concursos públicos para o cargo e, como consequência, são aprovadas também em quantidade inferior, perdendo representatividade. Ao verem poucas mulheres em posição de liderança, as jovens se sentem desestimuladas a chegar àquele lugar, criando a sensação inconsciente de que aquele espaço não pertence a elas.

Também é possível perceber que, embora as mulheres tenham alcançado posições relevantes no Poder Judiciário, é notória a desproporcionalidade, sobretudo nos cargos de maior hierarquia. Muito disso, sem dúvida, é fruto de uma concepção de mundo, arraigada em nossa sociedade, que, por vezes, parece não acreditar que as mulheres sejam capazes de coordenar a si próprias e à coletividade.

1.1 A Política Nacional de Incentivo à Participação Institucional Feminina no Poder Judiciário

O Conselho Nacional de Justiça, por iniciativa da então presidente, Ministra Cármen Lúcia, em 2018, editou a Resolução de n. 255 – da "Política Nacional de Incentivo à Participação Institucional Feminina no Poder Judiciário". A primeira a dispor sobre a participação das mulheres nos órgãos do Poder Judiciário, recomendando aos órgãos da Justiça que adotem "medidas tendentes a assegurar a igualdade de gênero no ambiente institucional".

Previu-se a construção de "mecanismos que orientem os órgãos judiciais a atuar para incentivar a participação de mulheres nos cargos de chefia e assessoramento", "em bancas de concurso" e "como expositoras em eventos institucionais". Também foi determinada a formação de um grupo de trabalho com vistas à elaboração de estudos e análises de cenários e atividades de capacitação.

Então, foram elaborados laudos ilustrativos das disparidades entre homens e mulheres, sob o propósito de identificar os entraves responsáveis por afastá-las das colocações de liderança – patamares elevados da carreira e funções diretivas das entidades associativas.

No ano seguinte, em 2019, duas pesquisas foram publicadas, em consonância com a "Política Nacional" inaugurada pelo CNJ. Por meio delas, tornou-se possível trazer a lume evidências objetivas dessa situação paradoxal, entre as quais um dado que merece atenção especial: nos últimos dez anos, a prevalência das mulheres na magistratura caiu em comparação com os períodos anteriores, quando o movimento era de crescimento.

A resolução, sem dúvida, representa um marco histórico, na medida em que, reconhecendo a existência de obstáculos à ascensão feminina na magistratura, institucionaliza a questão, criando uma política para a participação de mulheres nos quadros do Poder Judiciário. Entretanto, é preciso insistir na conscientização coletiva para superar essa desigualdade histórica.

1.2 A contribuição da Associação dos Magistrados Brasileiros

Em parceria com professores da Pontifícia Universidade Católica do Rio de Janeiro (PUC-RJ), a Associação dos Magistrados Brasileiros (AMB) realizou a pesquisa "Quem somos. A magistratura que queremos",[1] por meio da qual obteve importantes informações e dados. Verificou-se que, no caso dos juízes de primeira instância (Justiça Estadual, Federal, do Trabalho e Militar), 36,7% dos respondentes eram mulheres. Na segunda instância, o nível baixou para 21,2%. Nos tribunais superiores, nova redução drástica no índice, para 9,1%.

Ainda de acordo com a pesquisa, num panorama mais amplo, as mulheres representam menos de 35% da magistratura brasileira – consideradas apenas a 1ª e a 2ª instâncias. Nas Cortes Superiores, o número é ainda menor. Somos apenas 18,5%.

Nos Tribunais de Justiça, dos 27 Estados brasileiros, apenas um deles tem, em sua composição, mais mulheres que homens. Em São Paulo, por exemplo, há apenas 29 mulheres entre os seus 360 desembargadores, o que representa apenas 8%. No Rio de Janeiro, o percentual aumenta, mas ainda é insatisfatório. Entre os 180 desembargadores, 59 são mulheres (33%).

As estatísticas impressionam, ainda mais se cotejadas com os resultados colhidos na pesquisa "Diagnóstico da participação feminina no Poder Judiciário", organizada pelo CNJ: as mulheres perfazem 44% dos juízes substitutos e 56,6% dos servidores, preenchendo 56,8% das funções de confiança e 54,7% dos cargos de chefia.

Ao que se evidencia, a distribuição das mulheres na hierarquia do Judiciário desenha o contorno de uma pirâmide: frequentes na base, elas se tornam progressivamente raras nos patamares mais altos. Ressalta-se que, quando utilizado critério de seleção puramente técnico, as mulheres se sobressaem; se a escolha considera quesitos de ordem subjetiva, de bancas predominantemente masculinas, o acesso das mulheres míngua.

O levantamento da AMB demonstrou, também, que a época de maior ingresso de mulheres na magistratura, a partir da promulgação da Constituição Federal, deu-se entre os anos de 1990 e 1999, e entre os anos de 2000 e 2009 – décadas em que elas compuseram, respectivamente, 38% e 41% do contingente de novos juízes. De 2010 a 2018, o percentual de ingresso de mulheres diminuiu para cerca de 34%. Em suma, a tendência de feminização, outrora em ascensão, vem se invertendo.

Deve-se observar que mesmo as mulheres capazes de adentrar esse círculo restrito precisam conviver com episódios de preconceito. A sondagem da AMB indicou que 17% dos magistrados de primeiro grau já se sentiram

---

[1] VIANNA, Luiz Werneck; CARVALHO, Maria Alice Rezende de; BURGOS, Marcelo Baumann. Quem somos. A magistratura que queremos. Rio de Janeiro, novembro de 2018. Disponível em: https://www.amb.com.br/wp-content/uploads/2019/02/Pesquisa_completa.pdf.

discriminados no local de trabalho em razão de gênero – por colegas, servidores, advogados e, inclusive, jurisdicionados.

1.3 O desafio e a vitória das primeiras mulheres a tomarem assento nos tribunais

Decerto, as mulheres que hoje ocupam as cúpulas diretivas de tribunais não conquistaram esses espaços sem lutas por respeito à sua subjetividade e condição de mulher. Em entrevista à revista *Carta Forense*, em março de 2006, a desembargadora aposentada Maria Berenice Dias, do Tribunal de Justiça do Rio Grande do Sul, declarou, ao rememorar seu ingresso na magistratura: "na minha entrevista, fizeram muitas questões referentes à minha situação de mulher, inclusive se eu era virgem".

Sem dúvida, não foram poucos os obstáculos postos à aprovação e à posse de magistradas brasileiras. Notadamente, pela geração de mulheres que ingressou na magistratura no início dos anos 1980, à qual pertencem muitas das magistradas que atualmente ocupam a cúpula da justiça brasileira. No Tribunal de Justiça do Rio de Janeiro, "algumas aprovadas precisaram entrar com mandado de segurança para tomar posse, inclusive eu", conta a desembargadora Denise Levy Tredler.

Ao que se evidencia, a conquista de igualdade pelas juízas constitui um espaço de contenda. No interior das instituições judiciais, onde comumente se prega o discurso de defesa da igualdade, não raras vezes se observa a existência de barreiras de gênero que acabam por revelar um paradoxo entre discurso e prática.

1.4 Opção ou imposição: o que impede as mulheres de ocuparem os principais postos do Poder Judiciário?

Imagina-se que, a despeito do processo de feminização, a magistratura prevalece inserida em um sistema de gênero, socialmente construído, colocando homens e mulheres em lugares determinados nas instituições e na sociedade. É como se houvesse um paradigma masculino no exercício profissional a impor às magistradas uma postura profissional mais rígida e, ao mesmo tempo, a necessidade de afirmação constante de sua competência para a ocupação do cargo.

Alguns poderiam indagar: tal distanciamento não seria uma opção pessoal da mulher, dado o papel que desempenha no seio familiar – repleto de deveres e renúncias? Na verdade, trata-se de obstáculo externo, oculto e intransponível, visto que a mulher encara preconceitos decorrentes de seu *status* natural, encontrando empecilhos que jamais vislumbraria caso pertencesse ao sexo oposto.

Compreender as razões que ensejam a exclusão das mulheres da magistratura – ainda que inexistam vedações formais nesse sentido, a segregar os gêneros – demanda uma reflexão aprofundada no curso da história, para se perceber o predomínio de uma força de resistência estrutural ancorada, sobretudo, no passado, que, diga-se de passagem, não se manifesta apenas no âmbito do Poder Judiciário.

No do clássico *Segundo sexo*, Simone de Beauvoir descreve as engrenagens que mantiveram a mulher, ao longo dos séculos, sob a tutela masculina – no início, do pai; na ausência dele, dos irmãos; depois, do marido e dos filhos. Se eventualmente se tornasse viúva, o desfecho poderia ser, até mesmo, a sua imolação junto ao companheiro finado. Também vingava a hipótese, tão opressiva quanto – e hoje impensável –, de terminar atribuída ao cunhado como segunda esposa.

A escritora francesa cita o antropólogo Claude Lévi-Strauss para asseverar que, na maioria das comunidades primitivas, o poder político esteve sempre vinculado ao homem – que encarnava, em si, o conceito da autoridade pública a qual tinha a prerrogativa de exercer. As mulheres, nesse contexto, chegavam a figurar como bens, objetos com valor de troca à disposição de seus proprietários.

Desde o princípio, tem sido negada às mulheres, reiteradamente, a possibilidade de governarem a si mesmas. Como aceitar, então, que, mais do que dirigir o próprio destino, possam hoje definir os rumos de toda uma nação? A simples existência de mulheres magistradas (ou deputadas), autônomas e independentes, desfere um golpe de morte no atraso. E é óbvio que este não se deixará abater sem relutância.

A entrega de postos de comando às mulheres se configura, portanto, como um exercício evolutivo, que espelha, *pari passu*, o estado de desenvolvimento social e humano dos cidadãos. O poder precisa se abrir à ocupação feminina – do contrário, estará condenado a residir, eternamente, no obsoleto.

2. AS MULHERES NA POLÍTICA

Não podemos falar em política sem, antes, mencionar, ao menos, a metade da população e do eleitorado brasileiro: as mulheres.

A partir da segregação de gêneros, oriunda, sobretudo, da cultura da sociedade ocidental, as mulheres sempre foram tidas como as responsáveis pelas atividades do lar e da família e inegavelmente ocuparam – e ainda ocupam, mesmo as que trabalham fora de casa –, de forma majoritária, esse posto. Daí por que, de forma muito mais próxima, foram capazes de sentir na pele as agruras provenientes da ausência ou da precariedade de equipamentos públicos, como escolas, postos de saúde, hospitais etc.

A despeito de a mulher ser capaz de perceber, de forma muito mais sensível, o quanto a carência de políticas públicas prejudica a sociedade, muitos, ainda hoje, acreditam que a política é um espaço privativo para homens.

2.1   A luta pela cidadania: um embate histórico

A luta das mulheres por seus direitos não é recente e nos faz revisitar a história. A Constituição de 1891 tornava claro seu impedimento ao prever, em seu artigo 70: "são eleitores os cidadãos maiores de 21 anos que se alistarem na forma da lei".

Com o passar dos anos, todavia, as mulheres foram se organizando de modo a fundar partidos políticos com vistas a institucionalizar a luta por seus direitos. Foi o que se deu a partir da iniciativa de Leolinda Daltro, que, em 1910, criou o Partido Republicano Feminino, fazendo que lentamente algumas mudanças começassem a acontecer no cenário político brasileiro.

Em 1922, a feminista Bertha Lutz fundou a Federação Brasileira pelo Progresso Feminino (FBPF), em defesa efetiva da bandeira da mulher perante o Congresso Nacional. Dizia ela:

> Votar não é um privilégio, uma recompensa que se dê aos cidadãos altamente especializados para exercerem essa função. É uma obrigação de todos. (...) É bem possível que a interferência da mulher na vida pública, armada do poder de legislar e influir sobre a economia política, seja o meio mais eficaz de assegurar às mães do futuro a possibilidade, que hoje não existe mais, senão nas classes privilegiadas, de se dedicarem, inteiramente, à santa missão (...) **Senhores senadores, no Brasil já há eleitoras** (...) (Trecho retirado do livro *Dicionário Mulheres do Brasil*)

Ao que se vê, diversos foram os embates travados para conquista da cidadania da mulher, até que, em 24 de fevereiro de 1932, após intensa campanha nacional contra as restrições ao pleno exercício, o Código Eleitoral passou a prever e permitir o voto feminino.

Desde então, diversas outras pautas foram tomando espaço na política em reconhecimento aos direitos da mulher. Três delas merecem especial atenção.

Em 1945, a Carta das Nações Unidas,[2] elaborada por representantes de 50 países presentes na Conferência sobre Organização Internacional, reconheceu a igualdade de direitos entre o homem e a mulher. Logo em seu preâmbulo, indicava a nova diretriz a ser seguida:

> Nós, os povos das Nações Unidas, resolvidos a preservar as gerações vindouras do flagelo da guerra, que por duas vezes, no espaço da nossa vida, trouxe sofrimentos indizíveis à humanidade, e a reafirmar a fé nos direitos fundamentais do homem, na dignidade e no valor do ser humano, na igualdade de direito dos homens e das mulheres, assim como das nações grandes e pequenas, e a estabelecer condições sob as quais a justiça e o respeito às obrigações decorrentes de tratados e de outras fontes do direito internacional possam ser mantidos, e a promover o progresso social e melhores condições de vida dentro de uma liberdade ampla.

Mais de 60 anos depois, em 2006, no Brasil, a história de Maria da Penha Maia Fernandes – que, durante seis meses, foi agredida por seu marido e por duas vezes foi vítima de tentativa de assassinato –, mudaria para sempre a legislação e o direito das mulheres vítimas de violência, punindo com mais rigor os agressores.

Eis que em 2015 foi criada a Lei do Feminicídio (Lei 13.104/2015), fazendo constar o assassinato de mulheres por razões da condição de sexo feminino no rol de crimes hediondos. O trabalho realizado pela Comissão Parlamentar Mista de Inquérito (CPMI) de violência contra a mulher (instalada em 08.02.2012) mostrou uma realidade assustadora no Brasil em relação à violência contra a mulher. Os números alarmantes, o descaso de alguns estados e a atuação dos Tribunais foram analisados a fundo pela comissão, que chegou à conclusão de que a diferença de gênero era um dos principais fatores nos assassinatos de mulheres.

2.2 A representatividade feminina na política: dados que preocupam

Apesar dos inegáveis avanços obtidos, ao colocar os olhos sobre recentes pesquisas em torno do tema, o cenário se afigura preocupante, por representar distância em relação ao que se espera de uma democracia que não admite a segregação de gêneros.

---

[2] Disponível em: https://www.unicef.org/brazil/carta-das-nacoes-unidas.

Conforme pesquisa realizada pelo TSE, no Brasil, 52,21% dos eleitores são mulheres, enquanto 47,72% é homem. Ao todo, 0,07% deixou de responder.

Apesar de figurarem como a maioria do eleitorado brasileiro, as mulheres representam menores números quando considerada a ocupação de cargos políticos eletivos.

No Senado Federal, são 68 senadores, e apenas 13 senadoras; na Câmara dos Deputados, há 462 deputados federais e 51 deputadas. Em porcentuais, isso representa: no Senado, 83,96% de homens e 16,04% de mulheres; na Câmara dos Deputados, são 90,06% de homens e 9,94% de mulheres.

A questão chama ainda mais atenção e preocupa quando observamos que, no quesito representação feminina no Parlamento, conforme o "Mapa Mulheres na Política",[3] de 2015, o Brasil fica atrás de seus vizinhos sul-americanos, ocupando a 117ª posição em um *ranking* em que a Argentina figura na 37ª posição e a Bolívia, na 24ª.

Ao que se percebe, levando em conta o número de eleitoras, as mulheres não estão, nem de longe, proporcionalmente representadas.

3. CONCLUSÃO

Para a consolidação do Estado Democrático de Direito, muito ainda precisa ser feito. Em primeiro lugar, cabe-nos reconhecer a exclusão histórica das mulheres dos espaços de liderança da vida pública, na medida em que, sendo mais da metade do eleitorado brasileiro, são menos de 20% entre os ocupantes de mandatos eletivos.

Compete às mulheres, seja na esfera pública ou privada, ocupar, cada vez mais, esses espaços de poder, rendendo, aos poucos, a histórica cultura patrimonialista que, durante muito tempo e ainda hoje, reprimiu e ofendeu diversos direitos do gênero, fazendo prevalecer a falsa impressão de que magistratura e política são espaços privativos à atividade masculina.

Como primeira mulher a assumir a presidência da Associação dos Magistrados Brasileiros (AMB), percebo que, além dos deveres e das atribuições decorrentes do próprio exercício da função, cabe a mim a missão de bem representar o gênero feminino para que outras tantas mulheres se sintam inspiradas, capazes, e possam me suceder fazendo mais e muito melhor do que eu.

---

[3] Disponível em: https://www12.senado.leg.br/institucional/procuradoria/proc-publicacoes/mapa-mulheres-na-politica-2016.

REFERÊNCIAS

Carta da Nações unidas. Disponível em: https://www.unicef.org/brazil/carta-das-nacoes-unidas.

BEAUVOIR, Simone de. *Segundo sexo* Tradução: Sérgio Milliet. São Paulo: Difusão Europeia do Livro, 1970.

BRASIL. Resolução n. 255/2018. Disponível em: https://atos.cnj.jus.br/atos/detalhar/2670.

SCHUMAHER, Schuma; BRAZIL, Erico Vital. *Dicionário Mulheres do Brasil.* São Paulo: Zahar, 2000.

Mapa Mulheres na Política, de 2015. Disponível em: https://www12.senado.leg.br/institucional/procuradoria/proc-publicacoes/mapa-mulheres-na-politica-2016.

VIANNA, Luiz Werneck; CARVALHO, Maria Alice Rezende de; BURGOS, Marcelo Baumann. Quem somos. A magistratura que queremos. Rio de Janeiro, novembro de 2018. Disponível em: https://www.amb.com.br/wp-content/uploads/2019/02/Pesquisa_completa.pdf.

democracia s.f. (1671 cf. RB) POLÍTICO 1 governo do povo; governo em que o povo exerce a soberania 2 sistema político cujas ações atendem aos interesses populares 3 governo no qual o povo toma as decisões importantes a respeito das políticas públicas, não de forma ocasional ou circunstancial, mas segundo princípios permanentes de legalidade 4 sistema político comprometido com a igualdade ou com a distribuição equitativa de poder entre todos os cidadãos 5 governo que acata a vontade da maioria da população, embora respeitando os direitos e a livre expressão das minorias 6 por extensão: país em que prevalece um governo democrático <ele é cidadão de uma autêntica d.> 7 por extensão: força política comprometida com os ideais democráticos <a d. venceu as eleições naquele país> 8 figura: pensamento que preconiza a soberania popular <a d. ganhou espaço na teoria política> 9 d. direta POLÍTICO forma

Igualdade de Gênero, Judiciário e Política Associativa

NOEMIA PORTO

1. INTRODUÇÃO

Na Associação Nacional dos Magistrados da Justiça do Trabalho (Anamatra), depois do êxito numa disputa eleitoral, a autora deste artigo foi eleita presidenta, sendo que em apenas três biênios, em mais de quatro décadas, a entidade teve em sua presidência uma mulher. No mesmo ano, no mês de novembro, também com êxito em processo eleitoral, foi eleita Renata Gil, a primeira mulher presidenta da Associação dos Magistrados Brasileiros (AMB). A Associação dos Juízes Federais do Brasil (AJUFE) jamais foi presidida por uma mulher.

O que essas constatações revelam? Para alguns entusiastas, talvez isso signifique que a igualdade entre homens e mulheres, numa das mais importantes carreiras jurídicas (a magistratura), tem sido paulatinamente alcançada e, com ela, uma também igualitária presença na articulação da política associativa. Entretanto, será que a igualdade entre homens e mulheres pode ser contada como uma história de conquista gradual, progressiva e sem retrocessos? Ou, a igualdade, como primado dos direitos humanos, é palco de disputas permanentes e sujeita a retrocesso? A maior presença de mulheres em cargos na carreira jurídica, que antes eram predominantemente ocupados por homens, veio acompanhada de uma igualdade na perspectiva substancial? Na tentativa de lançar algumas reflexões críticas relacionadas a esses questionamentos, é fundamental começar pela Constituição do Brasil.

A República Federativa do Brasil se constitui em Estado Democrático de Direito (art. 1º), o que significa concretamente considerar a centralidade normativa dos direitos fundamentais, cujas normas têm aplicação imediata (art. 5º, § 1º). Enquanto o Título I da Constituição de 1988 cuida dos Princípios Fundamentais, o Título II confere tratamento normativo a tais direitos. A dignidade, prevista como princípio dessa dimensão constitucional, converte-se numa expectativa de igualdade efetiva em todos os âmbitos, ou seja, igualdade real. Observando essa lógica, a Constituição de 1988 proíbe a discriminação contra as mulheres. O art. 3º define como objetivo da República promover o bem de todos(as), sem preconceito de sexo, raça, cor e idade (entre outros), e o art. 5º prevê que homens e mulheres são iguais em direitos e obrigações. Todavia, a questão da igualdade substancial transcende a da mera não discriminação. Certamente, o enigma da igualdade demanda equacionamento complexo, isso porque ao mesmo tempo que é um princípio normativamente estabelecido, traduz-se, também, em prática historicamente contingente.

Os desafios para a efetividade do primado da igualdade não estão confinados em determinada classe social ou em certos extratos profissionais, isso porque não há redenção quanto ao gênero, ou seja, não se supera o fato de ser mulher. Ainda que as mulheres venham a ocupar espaços importantes em carreiras destacadas, não deixam de ser mulheres e essa condição é lembrada e relembrada numa sociedade culturalmente marcada por concepções que reforçam a desigualdade.

Com efeito, o ideário liberal de redenção das condições de desigualdade em função de méritos individuais (com a perspectiva de uma sociedade meritocrática) não contempla as mulheres porque construído sob a lógica – evidentemente contraditória – da exclusão da cidadania feminina, como era na questão do voto, isto é, com bloqueios na esfera pública e perpetuação de discursos e de práticas derivados da suposta diferença essencial e natural entre mulheres e homens. Essa diferença faz das primeiras supostamente seres dependentes, não autônomas e detentoras de uma racionalidade diversa da aceitável ou preferível. Trata-se das conhecidas dicotomias entre razão e sentimento, cultura e natureza, civilização e pré-civilização, associadas, respectivamente, ao masculino e ao feminino, como se fossem categorias imanentes ou a-históricas.[1]

---

[1] Esse raciocínio foi construído com suporte no texto de AGUADO, Ana. Ciudadanía, mujeres y democracia. *Revista Electrónica de Historia Constitucional*, número 6, septiembre 2005, Universidad de Valencia, Espanha.

Também Biroli (2012, p. 271) faz referência – destacando o problema que isso representa – às democracias liberais, "nas quais a igualdade formal convive com formas sistemáticas de exclusão de alguns grupos sociais".

Embora o paradigma constitucional atual explicitamente refira o Estado Democrático de Direito (art. 1º) – com perspectivas diversas da liberal –, isso não elimina ou supera, automaticamente, crenças, linguagens, práticas, culturais e normativas, e identidades forjadas sob o influxo dessas dicotomias, que se fizeram presentes (e se fazem) desde a fase inaugural do constitucionalismo do Ocidente.

Certamente, um texto como o de 1988, democrático e que faz opção pelo primado dos direitos fundamentais, pode abrir caminho, como de fato fez, para as disputas em torno da sua efetiva realização, especialmente no campo da igualdade, traduzida como respeito à diversidade e à diferença. Para o primado da igualdade, não basta a não discriminação. Em termos constitucionais, a "exigência principiológica de igualdade e liberdade, em um ambiente institucional democrático, permite a compreensão de que a igualdade é o direito à diferença, e de que a liberdade é a exigência pública (oponível a todos) do respeito ao direito privado de ser diferente" (BLAIR; CARVALHO NETTO, 2008, p. 7).

A maior formação formal das mulheres e sua evidente inserção, ainda que com dificuldades, no mercado de trabalho e em carreiras até então predominantemente masculinas pode indicar o percurso salutar rumo a uma sociedade mais justa e igualitária. Todavia, não se trata de uma trajetória ascendente, e muito menos de uma vez por todas. A maior presença de mulheres na magistratura do trabalho, por exemplo, nem sempre tem significado a experiência de uma igualdade vista como substantiva. Essa crescente participação não foi e não é transposta automaticamente para a presença no movimento político coletivo da magistratura. As representações estereotipadas das mulheres e da esfera política devem ser consideradas nessa trajetória acidentada em busca da igualdade.

Este artigo pretende levantar alguns exemplos e circunstâncias para discutir, ainda que de forma incipiente, dada a complexidade e das muitas variáveis que o tema comporta, as dificuldades na representação igualitária das mulheres no espaço da política associativa da magistratura do trabalho. Para tanto, numa primeira etapa, serão explorados dados e elementos que parecem revelar o paradoxo entre a maior presença das mulheres na magistratura do trabalho e, ao mesmo tempo, a dificuldade de experimentar essa ocupação de espaço com igualdade. Em seguida, num outro item, serão trazidas algumas referências e dados que procuram conectar a política associativa e com as representações políticas em geral, com a finalidade de evidenciar que mesmo no espaço pertinente à representação de classe, e uma classe com número considerável de mulheres, a questão de gênero ainda importa.

2. PODER JUDICIÁRIO E PARTICIPAÇÃO FEMININA

Em 2019, o Conselho Nacional de Justiça (CNJ) divulgou diagnóstico, baseado em levantamentos estatísticos, sobre a participação feminina no Poder Judiciário, o que está em conformidade com o impulso dado ao tema pelos termos da Resolução nº 255/2018 do mesmo Conselho, que versa sobre a Política Nacional de Incentivo à Participação Institucional Feminina no Poder Judiciário.[2] Para a efetividade da medida normativa regulamentar, seria fundamental considerar dados concretos dessa participação.[3]

Para situar de maneira mais adequada o tema, o referido estudo do CNJ indicou que, "segundo o Instituto Brasileiro de Geografia e Estatística (IBGE), a população brasileira é formada por 51,6% de pessoas do sexo

---

[2] Tanto a Agenda 2030 quanto o Objetivo nº 5, entre outros argumentos, encontram-se referidos como motivações para a política que foi instituída pela Resolução nº 255/2018 do CNJ no âmbito do Poder Judiciário brasileiro. A Agenda é um compromisso assumido por líderes de 193 países, inclusive o Brasil, materializado em 17 objetivos e 169 metas, coordenada pelas Nações Unidas, voltada à efetivação dos direitos humanos e à promoção do desenvolvimento sustentável. As metas devem ser atingidas entre 2016 e 2030. Entre os 17 objetivos, o de nº 5 é o alcançar a igualdade de gênero e empoderar todas as mulheres e meninas. O Objetivo nº 5 foi detalhado da seguinte forma: **1)** acabar com todas as formas de discriminação contra todas as mulheres e meninas em toda parte; **2)** eliminar todas as formas de violência contra todas as mulheres e meninas nas esferas públicas e privadas, incluindo o tráfico e exploração sexual e de outros tipos; **3)** eliminar todas as práticas nocivas, como os casamentos prematuros, forçados e de crianças e mutilações genitais femininas; **4)** reconhecer e valorizar o trabalho de assistência e doméstico não remunerado, por meio da disponibilização de serviços públicos, infraestrutura e políticas de proteção social, bem como a promoção da responsabilidade compartilhada dentro do lar e da família, conforme os contextos nacionais; **5)** garantir a participação plena e efetiva das mulheres e a igualdade de oportunidades para a liderança em todos os níveis de tomada de decisão na vida política, econômica e pública; **6)** assegurar o acesso universal à saúde sexual e reprodutiva e os direitos reprodutivos, como acordado em conformidade com o Programa de Ação da Conferência Internacional sobre População e Desenvolvimento e com a Plataforma de Ação de Pequim e os documentos resultantes de suas conferências de revisão; **7)** realizar reformas para dar às mulheres direitos iguais aos recursos econômicos, bem como o acesso à propriedade e controle sobre a terra e outras formas de propriedade, serviços financeiros, herança e os recursos naturais, de acordo com as leis nacionais; **8)** aumentar o uso de tecnologias de base, em particular as tecnologias de informação e comunicação, para promover o empoderamento das mulheres; **9)** adotar e fortalecer políticas sólidas e legislação aplicável para a promoção da igualdade de gênero e o empoderamento de todas as mulheres e meninas em todos os níveis. Disponível em: https://nacoesunidas.org/pos2015/ods5/. Acesso em: 14 ago. 2020.

feminino e 48,4% pessoas do sexo masculino". Nada obstante, o Poder Judiciário brasileiro não reproduz de maneira representativa essa formação, o que indica a ausência de ocupação dos espaços de forma democrática e igualitária entre homens e mulheres.

Analisando o conjunto do Poder Judiciário brasileiro, a composição majoritária ocorre por magistrados do sexo masculino. Atualmente, as magistradas representam, à vista da apuração em 2018, 38,8% dos cargos, considerando aqueles que estão em atividade, sendo certo que, nos termos dos dados levantados pelo CNJ, "a participação feminina na magistratura é ainda menor se considerar os magistrados que atuaram nos últimos 10 anos, com 37,6%" (2019). Em 1988, o indicador era de 24,6% de magistradas em atividade. As dificuldades se estendem quando a análise avança para a ocupação de cargos de gestão e a presença em órgãos judiciários de grau superior. No caso dos tribunais superiores, o porcentual de magistradas reduziu de 23,6% para 19,6% nos últimos dez anos. Os indicadores consideram as magistradas em atividade nos tribunais superiores em 1988 (0%), a média dos últimos dez anos (23,6%) e o que foi apurado em 2018 (19,6%). No Tribunal Superior do Trabalho, há cinco ministras, numa composição de 27. A última nomeação de uma ministra ocorreu em dezembro de 2014, a partir de uma lista tríplice composta exclusivamente por mulheres. De lá para cá, mais quatro vagas surgiram no tribunal, e as listas foram formadas exclusivamente com nomes de desembargadores.

Releva notar que, mesmo na temática da assimétrica ocupação de cargos na magistratura, a questão não pode ser analisada de forma homogênea, à vista dos diversos ramos componentes do Poder Judiciário.

É viável referir que a Justiça do Trabalho contempla a magistratura mais feminina do país, no sentido de indicar a ocupação predominante de cargos por mulheres. Em 1988, as magistradas ocupavam na Justiça do Trabalho o equivalente a 37,3% dos cargos. A média dos últimos dez anos ficou na casa dos 49,4% e em 2018 alcançou 50,5%. Na esteira do referido diagnóstico do CNJ (2019), "a Justiça do Trabalho se destaca por ter apresentado nos

---

[3] À vista dos termos da Resolução nº 255, foi criado Grupo de Trabalho (GT), por ato da presidência do Conselho, que, entre diversas iniciativas, indicou a necessidade de realização da pesquisa. No documento (diagnóstico) produzido, consta o seguinte: "desse modo, foi expedido ofício solicitando aos Tribunais que encaminhassem os dados sobre a atuação feminina no Poder Judiciário nos últimos 10 anos (entre 1º de janeiro de 2009 e 31 de dezembro de 2018)". A compilação dos dados consta no Diagnóstico da Participação Feminina do Poder Judiciário, de 2019. As entidades nacionais da magistratura (Associação Nacional dos Magistrados da Justiça do Trabalho – Anamatra; Associação dos Magistrados Brasileiros – AMB; e Associação dos Juízes Federais do Brasil – AJUFE), integraram, por suas representantes, o aludido GT.

últimos 10 anos os maiores percentuais de magistradas em todos os cargos, com ênfase na composição de 41,25% de Presidentes do sexo feminino". A Justiça do Trabalho também é diferenciada quando se considera a ocupação de cargos na administração dos tribunais. "Em média, as mulheres ocuparam de 33% a 49% dos cargos de Presidente, Vice-Presidente, Corregedor ou Ouvidor, nos últimos 10 anos. Em relação à ocupação de cargos de Juízes Substitutos, a ocupação por mulheres é a maioria, aproximando-se de 52,7%". No caso da administração dos tribunais, no entanto, os dados numéricos não foram combinados com uma importante análise, qual seja, o fato de que a regra, na maioria dos tribunais, é a da eleição dos magistrados e magistradas mais antigos.

A presença formal, traduzida como uma ocupação maior de cargos por magistradas na Justiça do Trabalho, comparativamente aos demais ramos do Poder Judiciário, não necessariamente traduz uma igualdade substancial. A presença qualitativa das mulheres depende de fatores diversos porquanto mesmo no ramo especializado há problemas relacionados à igualdade nas condições de trabalho e no desenvolvimento profissional na perspectiva de gênero.

Como em qualquer âmbito, a igualdade não é apenas uma questão de tempo. A magistratura ainda é predominantemente masculina e não apenas na presença majoritária, considerando o conjunto da magistratura, mas no modo como se organizam e se moldam as experiências do que é ser juiz. Deve ser considerado que é recente a maior presença das mulheres no Poder Judiciário e em outros redutos tradicionalmente ocupados pelos homens. Somente em 14 de dezembro de 2000 tomou posse a primeira mulher Ministra do Supremo Tribunal Federal (Ellen Gracie Northfleet), 120 anos depois da criação do tribunal e 12 anos depois da Constituição Democrática.[4] A tardia presença numa corte superior e a ausência, até os dias de hoje, de uma representação igualitária, torna tais espaços uma espécie de não lugar para as mulheres.

Sem prejuízo da análise dos números que pretendem mapear a presença das mulheres no Poder Judiciário, é importante considerar também, e com o mesmo grau de importância, relatos das magistradas que foram considerados no âmbito do Grupo de Trabalho do CNJ, os quais também estiveram presentes nos debates ocorridos no decorrer de evento inédito,

---

[4] Reflexões sobre os desafios e as boas práticas que procuram equacionar o difícil dilema da igualdade de gênero dentro do sistema de justiça foram lançadas no seguinte artigo: PORTO, Noemia. Igualdade de gênero no Poder Judiciário: desafios para um sistema verdadeiramente de justiça. *Direitos humanos e fundamentais:* debates e reflexões contemporâneas. SOUZA, Carlos Eduardo Silva e; THEODORO, Marcelo Antonio (orgs.). Curitiba: Editora CRV, 2018, p. 479-498.

qual seja, o 1º Curso Nacional "A mulher juíza: desafios na carreira e atuação pela igualdade de gênero", ocorrido em Brasília no período de 15 a 17 de maio de 2019.[5] Tal evento contou com a participação de magistradas de todos os ramos do Poder Judiciário. Entre esses relatos, há o da recusa de promoções na carreira que impliquem deslocamento para outras cidades; a falta de estrutura física nos fóruns e demais locais para atendimento de crianças em idade que exige cuidado mais próximo; as práticas sexistas de preferências masculinas pelo trabalho de homens em razão da possível gravidez das mulheres; a falta de representatividade nos cargos e funções que são importantes para a definição dos rumos do Judiciário; as dificuldades relacionadas às promoções na carreira; a falta de mulheres em bancas de concursos públicos.

Alguns dados interessantes também foram levantados a partir de uma pesquisa conduzida pela comissão de estudos para o incentivo à participação institucional feminina, existente no âmbito da ENAMAT, tendo como público-alvo as magistradas do trabalho. Articular os dados numéricos do CNJ com os achados qualitativos de tal pesquisa no campo trabalhista possibilita trazer à baila o tensionamento entre uma maior presença das mulheres (aspecto formal) que não necessariamente se traduz em igualdade **para** e **no** exercício profissional (aspecto substancial). A pesquisa foi respondida por 758 magistradas, o que representava 43% do público-alvo e, portanto, foi possível captar impressões de uma amostra de pesquisa efetivamente válida, ao menos para apontar alguns problemas.

Segundo os dados da pesquisa (ENAMAT/2019), "pelo menos 53,2% das magistradas do trabalho foram alvo de atitudes discriminatórias no ambiente de trabalho apenas por serem mulheres". Na percepção das magistradas, quando questionadas sobre se o fato de serem mulheres as impediu de assumir novas funções e se enfrentaram dificuldades para alcançar novas posições na carreira, para 37,2% das juízas, não há igualdade de oportunidades para participar de comissões e comitês; 35,9% não acredita em igualdade para concorrer a cargos diretivos; 28,5% não vê igualdade para concorrer a mandatos associativos; segundo 29,6% das magistradas, não há igualdade de oportunidades para participação em atividades acadêmicas (estudos ou magistério); e esse mesmo quantitativo acredita que o fato de ser mulher atrasa ou dificulta as promoções na carreira.

---

[5] O curso foi idealizado pelo CNJ e pela Escola Nacional de Formação e Aperfeiçoamento de Magistrados (ENFAM), com apoio da Escola Nacional de Formação e Aperfeiçoamento (ENAMAT), da Associação Nacional dos Magistrados da Justiça do Trabalho – Anamatra, da Associação dos Magistrados Brasileiros – AMB e da Associação dos Juízes Federais do Brasil – AJUFE.

O que se nota é que a magistratura mais feminina do país ainda tem desafios pela frente para equacionar o desencontro entre a maior presença quantitativa no Poder Judiciário e a ausência de uma experiência profissional efetivamente igualitária. Os sinais tensionados entre igualdade e desigualdade também se fazem presentes quando se trata da atividade política de representação da classe da magistratura. Além disso, a igualdade formal e a maior ocupação de cargos não foram transpostas automaticamente para uma maior ambiência favorável ao exercício da liderança política pelas mulheres magistradas.

3. POLÍTICA ASSOCIATIVA E AS DIFICULDADES PARA A LIDERANÇA PELAS MULHERES

O incremento da presença das mulheres na carreira da magistratura trabalhista não é transportado automaticamente para o ambiente da política associativa. Dito de outro modo, a maior presença das mulheres na carreira não se traduz, apenas por isso, na mesma representatividade ou numa representatividade igualitária no âmbito da política associativa. Certamente, a construção narrativa da identidade do espaço político como uma esfera própria à visibilidade pública masculina não é desprezível – antes deve ser considerado – na reflexão sobre esse fenômeno multifatorial.

É interessante referir como a Anamatra conta a sua história:

> A Anamatra foi fundada em 28 de setembro de 1976, em São Paulo, durante o Congresso do Instituto Latino-Americano de Direito do Trabalho e Previdência Social. Na ocasião, os presidentes das Associações de Magistrados do Trabalho da 1.ª Região (Rio de Janeiro), juiz Paulo Cardoso Mello Silva; da 2.ª Região (São Paulo), juiz Aluysio Mendonça Sampaio; da 4.ª Região (Rio Grande do Sul), juiz Ronaldo José Lopes Leal; e da 6.ª Região (Pernambuco), juiz José Ajuricaba da Costa e Silva, decidiram criar uma entidade de âmbito nacional, "com a finalidade de congregar os juízes do trabalho do país em torno de seus objetivos e interesses comuns". Além destes, também são considerados fundadores da Anamatra diversos juízes que participavam do Congresso, entre os quais destacam-se os professores Coqueijo Costa, Mozart Victor Russomano e José Luiz Ferreira Prunes.[6]

---

[6] Disponível em: https://www.anamatra.org.br/anamatra/historia. Acesso em: 10 ago. 2020. A narrativa da AJUFE, entidade que também representa parte da magistratura da União, assemelha-se ao da ANAMATRA no que concerne ao movimento político liderado pelos magistrados homens. "A reunião de fundação da Ajufe foi realizada em Fortaleza (CE),

Trata-se de uma narrativa vinculada a uma magistratura formada por homens, num evento com a presença de homens e do surgimento da entidade por iniciativa de homens na consolidação de um importante ato político de formatar uma organização coletiva. Observada essa narrativa sobre a origem, seria importante analisar como depois foi contada a história da entidade no que pertine à presença das magistradas mulheres como líderes associativas.

Em 43 anos de existência, a entidade nacional foi presidida por quatro mulheres apenas. A autora deste artigo é a 20ª Presidente da Anamatra, eleita e empossada para o biênio 2019-2021, e a quarta presidenta, vinte anos depois da última mulher. Foram presidentas da Anamatra: Ilce Marques de Carvalho (TRT da 5ª Região – Bahia), no biênio 1989-1991, Maria Helena Mallmann Sulzbach (TRT da 4ª Região – Rio Grande do Sul), no biênio 1995-1997, e Beatriz de Lima Pereira (TRT da 2ª Região – São Paulo), no biênio 1997-1999. A atual diretoria da entidade nacional contempla, no total, seis mulheres, de 17 membros e nenhuma diretoria até hoje teve composição efetivamente paritária entre magistradas e magistrados.

Apenas na gestão 1985-1987 uma mulher ocupou cargo na diretoria da entidade nacional, na condição de secretária-geral.

Nessas mais de quatro décadas, a Anamatra teve apenas três vice-presidentas, e apenas uma delas chegou à presidência; uma mulher somente

---

durante a inauguração do prédio da Justiça Federal do Ceará, por iniciativa do então juiz federal substituto da Seção Judiciária do estado Jesus da Costa Lima, eleito o primeiro presidente da Associação". Na sequência da referida narrativa, há a especificação dos presidentes (todos homens), respectivos períodos e conexões com acontecimentos importantes para o Poder Judiciário nacional. Disponível em: https://www.ajufe.org.br/ajufe/apresentacao. Acesso em: 13 ago. 2020. O mesmo ocorre com a AMB: "embora sua certidão de nascimento registre o dia 10 de setembro de 1949 como a data de sua criação, a história da Associação dos Magistrados Brasileiros começou a ser delineada alguns anos antes. Em 1936, o juiz mineiro José Júlio de Freitas Coutinho lançou a semente do que, posteriormente, viria a ser a AMB, ao enviar cartas a colegas de todo o País, convocando-os para organizar uma entidade nacional que congregasse todos os juízes brasileiros. Precursor do movimento, Júlio Coutinho morreu em 1938 e não chegou a ver o perfil que a sua associação de classe assumiria. Já em 1941, foi a vez do ministro do Supremo Tribunal Federal (STF), Edgard Costa, convocar uma nova reunião dos futuros fundadores, auxiliado diretamente pelo desembargador José Duarte Gonçalves da Rocha e apoiado por magistrados como Mário dos Passos Monteiro, Artur Marinho, Rocha Lagoa, Goulart de Oliveira e Vicente Piragibe. Em 1943, a Conferência dos Desembargadores, convocada para discutir os novos Códigos Penal e de Processo Penal, resultou no fortalecimento do movimento. O nome Associação dos Magistrados Brasileiros foi dado em 1948, ano em que 50 magistrados se reuniram para eleger a primeira Diretoria e a Comissão de Propaganda e Cultura. A AMB, na verdade, só foi registrada com um ano e nove meses de vida, época em que começou a emitir os primeiros posicionamentos e discursos. O dia da posse de sua primeira Diretoria passou a ser considerado o seu aniversário". Disponível em: https://www.amb.com.br/conheca-a-amb/. Acesso em: 13 ago. 2020.

ocupou cargo na diretoria encarregada das demandas de prerrogativas e assuntos jurídicos; três mulheres estiverem à frente da pasta endereçada especificamente aos assuntos legislativos. No entanto, as magistradas figuraram onze vezes no cargo de secretária-geral, sete vezes na pasta de comunicação social e seis vezes na diretoria endereçada aos eventos e convênios.[7] Assim, há diretorias nacionais, como a vice-presidência, prerrogativas ou legislativa com baixa ocupação pelas magistradas. Por outro lado, cargos que podem ser identificados como femininos, por implicarem atividades de organização, comunicação e eventos sociais, têm ocupação com número superior. Algumas Amatras, que são as entidades de representação regional, até 2020, jamais tinham sido presididas por uma magistrada trabalhista (Maranhão, Espírito Santo, Alagoas e Mato Grosso do Sul).

É necessário considerar o efeito da sub-representação das mulheres nos espaços formais de poder político, inclusive considerando aqueles relacionados à política partidária.[8] A presença não igualitária é marcada "por estereótipos de gênero e vinculada a posições de menor prestígio, reforçando a posição marginal das mulheres na política" (BIROLI, 2012).

O âmbito político partidário é tomado aqui como referência em razão de algumas importantes semelhanças com atividades ou atribuições que estão presentes em outros ambientes políticos. De fato, a política associativa implica disputas em processos eleitorais, em visibilidade pública da liderança, no desenvolvimento de plataforma de mandato, na necessidade de articulação de debates representativos da coletividade, na defesa de prerrogativas de classe, na presença em diálogos interinstitucionais, na condução de atividades de representação em atividades internas e externas, entre outras. Tais responsabilidades e atividades, por vezes, são identificados como próprios ao universo do masculino.

---

[7] No decorrer da história da Anamatra, as nomenclaturas das diretorias foram sendo alteradas e modificações estatutárias ocorreram. Por isso, a contabilidade sobre as atuais pastas denominadas de Formação e Cultura e Eventos e Convênios não é fácil e pode ser imprecisa, considerando as atribuições, à época, que eram esperadas do respectivo diretor. Todavia, a despeito da variação, é possível observar uma maior presença das magistradas no que diz respeito às atividades de formação, de organização de eventos jurídicos e de organização de eventos sociais.

[8] Para ficar apenas nos dados da Câmara dos Deputados, a baixa representatividade é evidente. "Dos 513 deputados, só 77 são mulheres; dos 11 cargos da Mesa Diretora (incluindo os suplentes), as deputadas ocupam apenas dois; e das 25 comissões permanentes, somente 4 são presididas por mulheres" (Disponível em: https://www.camara.leg.br/noticias/554554-baixa-representatividade-de-brasileiras-na-politica-se-reflete-na-camara/. Acesso em: 11 ago. 2020).

Biroli (2012, p. 273), a partir do seu estudo, constatou que "as mulheres são, predominantemente, invisíveis nos noticiários políticos" e, quando as notícias se apresentam, há filtros nessa exposição que reafirmam, de diversas maneiras, "as separações tradicionais que associam as mulheres à esfera doméstica e íntima, à emotividade e ao corpo". É inegável, ainda, a pressuposição sobre um suposto desinteresse das mulheres pela política que reforça um discurso, inclusive entre as próprias mulheres, para convencê-las de que este não é um campo que lhes seja adequado. A narrativa que se constrói, inclusive veladamente, é que a política "é coisa para os homens" e muitas mulheres também aderem a esse limitador. Ainda segundo a autora, "o desinteresse pela política, a falta de habilidade para o exercício de cargos públicos e o não pertencimento à esfera política em sentido estrito são, assim, conectados em um conjunto de discursos que atendem a uma regularidade sem que se apresentem de forma homogênea" (BIROLI, 2012, p. 273). Biroli (2012) e Aguado (2005) apresentam essa questão para problematizá-la, presente na oposição entre, de um lado, o feminino e o espaço privado e, de outro, o masculino e o espaço público. Essas oposições são representativas de estereótipos que contribuem, e muito, para afastar as mulheres da política e para provocar estranhamento quando a presença se estabeleça; presença que ocorra não sem antes se despender muito esforço na superação de barreiras, inclusive as simbólicas.

Os arranjos familiares que culturalmente procuram indicar às mulheres os mais diversos atributos de cuidado e de preponderante presença no âmbito privado podem representar dificuldades na assunção das responsabilidades próprias à liderança associativa, como a constância de viagens, a disponibilidade horária intensa, a imprevisibilidade de agenda, o comparecimento a eventos diversos, entre outros. Mas, para além disso, há outras dificuldades ou bloqueios mais sutis, porém não menos relevantes. Por exemplo, há se considerar a ausência das mulheres nos ambientes em que as alianças políticas, a rede de conhecimentos e o desenvolvimento da liderança acontecem, são exercitados e testados, o que termina por invisibilizá-las ou desconsiderá-las e impede o acúmulo de conhecimento necessário à ocupação de postos de direção associativa. Também atua como inibidor a consideração sobre o atributo de exercer a liderança como tipicamente masculino, carregado de estereótipos como coragem, racionalidade e equilíbrio. Existem, outrossim, as dificuldades de compreensão sobre a inexistência de uma única e correta lógica de pensar a esfera política. Mulheres e homens – para ficar apenas nessa simplificadora diferença – compreendem e atuam em tal esfera social de modo diverso, mas o "jeito masculino de liderar" ganha prestígio e visibilidade, com estranhamento para as mulheres que são "julgadas" por suas supostas impaciências, fraquezas ou ingenuidades.

A insuficiente representação em espaços de tomada de decisões políticas reforça a manutenção das mulheres em posições subalternas, o que é um paradoxo considerando o direito à participação supostamente universalizado e sem restrições formais. O próprio CNJ, que possui, entre outras finalidades, conforme previsão constitucional, a de melhorar a atuação administrativa e financeira do Judiciário brasileiro, de modo que ele possa atender melhor às necessidades dos cidadãos no país (art. 103-B, § 4º, da Constituição de 1988), não tem composição igualitária. Apenas recentemente alcançou-se, em sua composição, a presença de seis mulheres, entre os quinze conselheiros (art. 103-B, da Constituição). Quando da sua instalação, há mais de 15 anos, o CNJ contava com três conselheiras (biênio 2005-2007), depois com duas (2007-2009), duas novamente (2009-2011), depois apenas uma (2011-2013), em seguida seis (2013-2015), depois três (2015-2017) e cinco (2017-2019).[9]

A sub-representação das mulheres nos espaços formais no Poder Judiciário, e mesmo os aspectos relacionados à (falta da) qualitativa presença em âmbitos de tomadas de decisões mais gerais, ou seja, nos espaços de poder, vem acompanhada, por vezes, de estereótipos de gênero e vinculada a posições de menor prestígio, reforçando a posição marginal das mulheres na política. Deve ser considerado, também, o aspecto mais abrangente das representações sociais sobre a política em geral, tida como afeta à lógica masculina, e o modo como as relações de gênero são tratadas ou desprezadas nessa esfera social. De fato, é possível considerar que essas representações também impactam a política associativa da magistratura, considerando que a carreira ainda não contempla aspectos ao mesmo tempo formais e materiais da igualdade entre homens e mulheres.[10]

---

[9] Importante acrescentar que, se outras interseccionalidades forem acrescentadas a esta análise (raça, deficiência, entre outras), a desigualdade da representação fica mais evidente.
[10] Biroli (2012), citada neste estudo, e que inspirou alguns dos raciocínios aqui desenvolvidos, realizou interessante investigação sobre o papel ativo dos meios de comunicação na definição do que é socialmente relevante, considerando a centralidade da mídia nas sociedades contemporâneas. Com o recorte de gênero, a investigação esteve centrada na presença das três mulheres citadas com maior frequência nas revistas semanais *Veja*, *Época* e *Carta Capital*, nos anos de 2006 e 2007: a ex-senadora e então candidata à presidência da República Heloisa Helena, a ex-prefeita da cidade de São Paulo e ex-ministra Marta Suplicy, e a ministra da Casa Civil Dilma Rousseff, que seria eleita presidente da República nas eleições de 2010, em que foi candidata pelo PT à sucessão de Luiz Inácio Lula da Silva. São mulheres atuantes no campo da política partidária, com projeção nacional. Todavia, os achados da investigação possuem elementos que podem ser conectados com outro microcosmo, qual seja, o da política associativa nacional considerando a representação nas carreiras da magistratura que, a despeito dos avanços, permanecem masculinas, especialmente no aspecto identitário do que é ser juiz.

O que se nota, portanto, é que aspectos multifatoriais são indicativos das dificuldades da ocupação dos espaços políticos, inclusive no campo associativo da magistratura, pelas mulheres e compreender a complexidade do tema é importante para se afastar a perspectiva não realista de que se trata, apenas, de uma questão de tempo. Em temas de direitos fundamentais, como é o caso da igualdade, nunca é uma questão de tempo, mas uma questão de luta.

4. CONCLUSÃO

Embora o número de mulheres ocupantes de cargos na magistratura do trabalho tenha, desde o processo de redemocratização do país em 1988, recebido considerável incremento, não significa que a respectiva distribuição ocorra de forma igualitária em todas as instâncias judiciárias. O incremento da presença qualitativa, a propósito, não representa, apenas, uma questão da passagem do tempo cronológico. Isso ocorre porque as questões indutoras da desigualdade não são atributos exclusivos de determinada classe social. Os estereótipos de gênero, as consequências de uma repartição sexual injusta das tarefas domésticas, o acúmulo com os atributos do cuidado e o estranhamento de se considerar as mulheres como lideranças políticas marcam a vivência profissional das magistradas e estão presentes, também, quando se trata da ocupação dos espaços de articulação da política associativa.

A igualdade de gênero tem como norte a busca por uma visibilidade igual, com a participação de homens e mulheres tanto nas esferas da vida privada quanto pública. Além da participação na vida pública, aspectos como independência econômica, acesso à educação e participação política são fundamentais e interdependentes. É certo que tal igualdade não tem o mesmo significado de semelhança. Ao contrário, a igualdade desafia aceitar e valorizar as diferenças entre mulheres e homens e seus diferentes papéis que livremente possam assumir na sociedade, mas sem que essa diferença sirva de justificativa para tratamentos jurídico, social, econômico e/ou político que coloquem as mulheres em patamares de subcidadania ou de desvantagem.

Há um longo percurso ainda a ser percorrido quanto à presença das mulheres magistradas em diversos âmbitos, incluindo a política associativa e, sem inocências quanto à impossibilidade de retrocessos, deve ser cumprido com muita luta, não apenas das mulheres, mas também dos homens, porque sociedades igualitárias são condição para um desenvolvimento realmente sustentável, como aponta o Objetivo nº 5 da Agenda 2030 da ONU. As diferenças não são a-históricas e a política não pode ser um não lugar para as mulheres.

Quando se lançam luzes sobre o tema da representatividade substancial, isto é, igualitária das mulheres, seja na ocupação de cargos, seja na articulação e presença nos espaços do poder político, o que se possibilita é visualizar o impacto das mudanças futuras, tanto no aspecto da qualidade de vida e de trabalho das magistradas, quanto na construção de elos políticos de legitimidade. A representatividade formal deve se combinar com a efetiva representatividade dos grupos sociais para o incremento na construção de uma política associativa realmente democrática. A diversidade no Judiciário e nas associações poderá ter claros impactos, que precisam ser analisados, seja na prestação jurisdicional, seja no fortalecimento dos elos associativos.

O dilema da igualdade como primado da justiça dentro do próprio sistema de justiça, com discussões abertas, e a sério, que abandonem naturalizações sobre o feminino, precisa se tornar uma pauta a ser assumida por magistradas e por magistrados, num contexto prático de efetividade.

5. REFERÊNCIAS

AGÊNCIA CÂMARA DE NOTÍCIAS. *Baixa representatividade de brasileiras na política se reflete na Câmara (29.03.2019)*. Disponível em: https://www.camara.leg.br/noticias/554554-baixa-representatividade-de-brasileiras-na-politica-se-reflete-na-camara/. Acesso em: 11 ago. 2020.

AGUADO, Ana. Ciudadanía, mujeres y democracia. *Revista Electrónica de Historia Constitucional,* número 6, septiembre 2005, Universidad de Valencia, Espanha.

ASSOCIAÇÃO DOS JUÍZES FEDERAIS DO BRASIL (AJUFE). *Apresentação*. Disponível em: https://www.ajufe.org.br/ajufe/apresentacao. Acesso em: 13 ago. 2020.

ASSOCIAÇÃO DOS MAGISTRADOS BRASILEIROS (AMB). *Renata Gil vence eleição e será a primeira mulher a assumir a AMB na sua história (08.11.2019)*. Disponível em: https://www.amb.com.br/renata-gil-vence-eleicao-e-sera-primeira-mulher-assumir-amb-na-sua-historia/. Acesso em: 13 ago. 2020.

ASSOCIAÇÃO DOS MAGISTRADOS BRASILEIROS (AMB). *Conheça a AMB*. Disponível em: https://www.amb.com.br/conheca-a-amb/. Acesso em: 13 ago. 2020.

ASSOCIAÇÃO NACIONAL DOS MAGISTRADOS DA JUSTIÇA DO TRABALHO (ANAMATRA). *História*. Disponível em: https://www.anamatra.org.br/anamatra/historia. Acesso em: 10 ago. 2020.

ASSOCIAÇÃO NACIONAL DOS MAGISTRADOS DA JUSTIÇA DO TRABALHO (ANAMATRA). *Juíza Noemia Garcia Porto é eleita presidente da Anamatra (26.04.2019)*. Disponível em: https://www.anamatra.org.br/imprensa/noticias/28054-juiza-noemia-garcia-porto-e-eleita-presidente-da-anamatra-2. Acesso em: 13 ago. 2020.

ASSOCIAÇÃO NACIONAL DOS MAGISTRADOS DA JUSTIÇA DO TRABALHO (ANAMATRA). *Galeria de presidentes*. Disponível em: https://www.anamatra.org.br/anamatra/galeria-de-presidentes/28181-noemia-garcia-porto-2019-2021. Acesso em: 13 ago. 2020.

BIROLI, Flávia. Mulheres e política nas notícias: estereótipos de gênero e competência política. *Revista Crítica de Ciências Sociais* [*On-line*], 90|2010, posto *on-line* no dia 15 outubro 2012. Disponível em: http://journals.openedition.org/rccs/1765; DOI: https://doi.org/10.4000/rccs.1765. Acesso em: 12 ago. 2020.

BLAIR, Paulo; CARVALHO NETTO, Menelick. *Igualdade como diferença; liberdade como respeito*. Observatório da Constituição e da Democracia. UnB/Sindjus-DF, n. 26, outubro de 2008, p. 6-7.

CONSELHO NACIONAL DE JUSTIÇA (CNJ). *Diagnóstico da participação feminina no Poder Judiciário (2019)*. Disponível em: https://www.cnj.jus.br/wp-content/uploads/conteudo/arquivo/2019/05/cae277dd017bb4d4457755febf5eed9f.pdf. Acesso em: 10 ago. 2020.

CONSELHO NACIONAL DE JUSTIÇA (CNJ). *Resolução nº 255/2018*. Disponível em: https://atos.cnj.jus.br/atos/detalhar/atos-normativos?documento=2670. Acesso em: 10 ago. 2020.

CONSELHO NACIONAL DE JUSTIÇA (CNJ). *Composição*. Disponível em: https://www.cnj.jus.br/sobre-o-cnj/composicoes-anteriores/composicao-2005-2007/. Acesso em: 13 ago. 2020.

ESCOLA NACIONAL DE FORMAÇÃO E APERFEIÇOAMENTO (ENAMAT). *Dificuldades na carreira da magistratura (2019)*. Disponível em: http://www.enamat.jus.br/wp-content/uploads/2019/06/Relatorio_Pesquisa_magistradas.pdf. Acesso em: 10 ago. 2020.

ONU. NAÇÕES UNIDAS BRASIL. *5 Igualdade de gênero*. Disponível em: https://nacoesunidas.org/pos2015/ods5/. Acesso em: 14 ago. 2020.

PORTO, Noemia. Igualdade de gênero no Poder Judiciário: desafios para um sistema verdadeiramente de justiça. Direitos humanos e fundamentais: debates e reflexões contemporâneas. SOUZA, Carlos Eduardo Silva e; THEODORO, Marcelo Antonio (orgs.). Curitiba: Editora CRV, 2018. p. 479-498.

A Democracia na América Latina no Século XXI e o Papel da Mulher

MÓNICA I. CASTILLO ARJONA[1]

"En el seno del mundo dado le corresponde al hombre hacer triunfar el reino de la libertad; para lograr esta victoria suprema es necesario, entre otras cosas, que más allá de sus diferenciaciones naturales los hombres y mujeres afirmen sin equívocos su fraternidad."[2]

1. INTRODUÇÃO

Historicamente, a humanidade se sujeitou a uma constante busca pelo estado de bem-estar. Esse esforço em tentar alcançar as melhores condições de vida para o indivíduo, bem como para seu ambiente próximo, marcou a essência de nossa vida em sociedade, a partir de suas formas mais primitivas. E vale a pena esclarecer que faço essa afirmação de um ponto de vista antropológico e filosófico, pois não podemos ignorar que gerações completas, ao longo de nossa história, não puderam conhecer algo além de um estado de opressão, que deu origem a que fossem considerados como normais comportamentos que submeteram as pessoas às maiores vexações.

---

[1] Texto traduzido por Thiago Santos Rocha do original "La democracia en la América Latina del Siglo XXI, y el rol de la mujer".
[2] BEAUVOIR, Simone. *El Segundo Sexo*. Ediciones Cátedra Universitat de Valéncia, 2019. p. 825.

Entretanto, o estudo do homem a partir de sua própria essência nos mostrou que, mesmo sob as condições mais adversas, ele tem sido especialmente marcado, ao longo de seu processo evolutivo, pelo interesse de obter uma vida plena, na qual possa satisfazer suas necessidades básicas para viver.

Mas esta não foi uma tarefa fácil, desde a história antiga até nossos dias, a humanidade tentou estabelecer esquemas de convivência e regulações que permitam satisfazer seus objetivos primários. Não obstante, são precisamente as formas e os meios que nos levam a estudar pontualmente a origem de nossas regras mais básicas de convivência e a criação de modelos de governança, focalizados principalmente em sua causa, em seu gatilho, a partir da perspectiva da natureza humana[3].

O filósofo Hobbes já bem apontava que um elemento característico da essência humana era precisamente seu egoísmo[4], o que é exatamente aquilo que o motiva a viver em sociedade; mesmo em etapas de nossa

---

[3] DESCOTTE, M. L. Thomas Hobbes: "Antropología y Política en el Leviatán". *Revista de la Universidad de Mendoza*, p. 6-7, cit., que, por sua vez, cita Cole, G. D. H., *Doctrinas y Formas de la Organización Política*, FCE, México, 1944, p. 9-10, "¿Cómo concibió Hobbes al hombre? El arquetipo antropológico de Hobbes atraviesa las páginas de sus libros con un acusado pesimismo, que lo emparenta, notablemente, con el florentino Maquiavelo. Pero, ¿por qué es pertinente indagar el «tema» del hombre tal como lo percibió Hobbes?" Valem aqui as seguintes reflexões do profesor inglês G. D. R. Cole.

"Desde que existe la teoría de la política, los hombres se han estado pidiendo las respuestas a estas dos preguntas diferentes ¿cómo organizar o administrar la sociedad en general, o ésta o aquella sociedad determinada? ¿Y cómo explicar que existan o puedan existir las sociedades humanas?

La primera es una cuestión practica... La segunda cuestión es, por sí, teórica y filosófica. Ella supone una investigación en la naturaleza del hombre, por cuanto es un ser capaz de vivir en sociedad, y en los principios fundamentales de la obligación política... (y) resulta imposible mantener estas dos cuestiones separadas".

E agrega:

"La suerte de mecanismo que el hombre quiera instalar en la sociedad dependerá de lo que él piense que dicha sociedad debe ser; y su sentir sobre lo que la sociedad debe ser depende de su sentir sobre la naturaleza del hombre como ser social. No podrá haber ciencia política universal mientras no haya una doctrina captada sobre la naturaleza social del hombre".

Portanto:

"Toda teoría política y todo juicio práctico sobre la política tienen que fundarse en supuestos, dogmas o doctrinas sobre la naturaleza del hombre, sus instintos, sus deseos, capacidad educativa, resistencia de voluntad, paciencia, aptitud a la persuasión, don imitativo, y miles de otras características innatas o adquiridas. Esta base psicológica de la política podrá ser más o menos consciente o inconsciente, explícita o implícita, en la obra de los diferentes escritores o estadistas; pero nunca puede faltar porque es una imposibilidad absoluta el formular un solo proyecto o teoría política, sin partir de supuestos sobre la naturaleza humana".

[4] Ibidem, p. 9, cit, "El pesimismo antropológico de Hobbes nos conduce a la segunda nota esencial del hombre: el egoísmo.

história, como a era feudal, notamos instituições, como a vassalagem, que tiveram uma especial importância, motivadas em grande parte pela atitude de benevolência de uns para com os outros, que era até selada por meio de cerimônias nas quais o vassalo era "beijado por seu amo", conhecidas como "cerimônias vassálicas"[5]. E uma situação semelhante encontramos nas relações de servidão que, embora abrangendo as classes mais baixas da sociedade, não deixa de ignorar os motivos naturais, muito comuns entre um e outro tipo de relação, e de dependência, sob o pretexto de encontrar segurança, motivada em grande parte por aquele egoísmo que nos caracteriza e nos leva a desenvolver comportamentos que são simplesmente fortalecidos por um desejo inato de sobreviver.

La vida humana se nutre de un intrínseco egoísmo que, diríamos con Hobbes, no cesa más que con la muerte. Esa es su 'tendencia' fundamental. Según Enrique Tierno Galván, la experiencia de vida de Hobbes puede reducirse a que:

'el hombre es un animal esencialmente egoísta, y la fórmula primera y fundamental del egoísmo es la supervivencia. La naturaleza en su plenitud y complejidad tiende a sobrevivir. En el animal hombre, la tendencia a sobrevivir se llama egoísmo'.

Como veremos es justamente el egoísmo el que permite la posibilidad de la entrada del hombre a la sociedad y que subsiste siempre, como 'una segunda naturaleza' nos animamos a decir, que obliga a crear un poder que constriña ese impulso humano: el Estado-Leviatán".

[5] DOMINGUEZ GONZALEZ, D. J. *Los Poderes Feudales*. Las maneras de extracción del excedente en la economía medieval. Universidad Autónoma de Madrid. *Nómadas Revista Crítica de Ciencias Sociales y Jurídicas*. 2008. Publicación Electrónica de la Universidad Complutense | ISSN 1578-6730. Disponível em: https://www.redalyc.org/pdf/181/18100125.pdf., cit p. 4, "La ceremonia con la cual se instituye la subordinación vasallática se denomina *Homenaje*. Y consiste en lo siguiente: imaginémonos dos personas, una quiere servir y la otra acepta ser jefe. A partir de ese momento, el primero, igual que desea servir para ser protegido, debe juntar las manos y colocarlas en las manos del otro, que las mantiene cerradas: claro signo de sumisión, cuyo sentido se acentuaba, dependiendo el caso, con una genuflexión. A continuación, el personaje que ha sido objeto de veneración pronuncia unas palabras mediante las cuales se reconoce al otro como allegado y protegido suyo, como su *hombre*. Finalmente, jefe y subordinado se besan en la boca como sello de reconciliación y de amistad. La palabra más habitual para designar al superior que creaba esta vinculación era la de *señor*. Por el contrario, cuando se deseaba pronunciar el otro polo de la relación se utilizaban palabras diferentes, dependiendo de la zona o la época en cuestión. Se podía utilizar la expresión el hombre de este señor o bien palabras más especializadas como vasallo o encomendado. Sea cuales fueren, una cosa era cierta: todas ellas ponían de manifiesto la subordinación de un individuo a otro, bajo su aspecto doble de dependencia y protección. Dependencia porque la persona que se encuentra en situación de inferioridad está obligada en la práctica a realizar una serie de obligaciones particulares. Y protección porque la persona situada en el escalafón superior (señor) debe proteger – por medio de su iurisdictio – a las personas que comprenden el grupo de vasallos, sus hombres. En referencia a esto último puede señalarse la doble dirección con la que se produce la protección. No sólo el señor protege a sus allegados, sino que muchas veces, dependiendo del rango y la procedencia estamental, eran éstos quienes servían y prestaban ayuda cuando las circunstancias lo requerían. A estas obligaciones se les llamaba 'auxilium' y 'consilium', y fueron muy corrientes entre las personas que estaban sujetas a vínculos de dominación vasallática".

Ao longo desta publicação, tratarei de me aprofundar nessas causas, nas razões pelas quais precisamos de uma sociedade regulamentada, da necessidade de um sistema político e da origem da democracia na América Latina, a fim de entender quando surge o ponto de ruptura de sua teoria, de um ponto de vista dogmático. Até abordarmos o conceito de democracia do século XXI, e o papel que todos os indivíduos somos chamados a cumprir, mas muito especialmente, o papel decisivo que a mulher de hoje deve desempenhar, como parte de uma sociedade que é construída sob um novo conceito de Estado.

2. O SURGIMENTO DA DEMOCRACIA NA AMÉRICA LATINA

Começo estas primeiras linhas trazendo novamente Hobbes, quando ele cita o latino Plauto, *homo homini lupus*, "o homem é o lobo do homem"[6]. É simplesmente esse desejo que surge dentro de cada um, que remove os instintos mais fracos, na busca de estabilidade e segurança, que muitas vezes se torna mais importante até mesmo do que a própria liberdade. Essas leis que regem a natureza do homem se veem canalizadas quando ele transfere esse poder inato a um homem ou grupo de homens. Nesse sentido, Hobbes destacava no *Leviatã*:

> El único modo de erigir un poder común capaz de defenderlos de la invasión extranjera y las injurias de unos a otros (asegurando así, por su propia industria y por los frutos de la tierra, los hombres pueden alimentarse a sí mismos y vivir en el contento), es conferir todo su poder y fuerza a un hombre, o una asamblea de hombres, que puedan reducir todas las voluntades, por pluralidad de voces, a una voluntad. Lo cual equivale a elegir a un hombre, o asamblea de hombres, que represente su persona; y cada uno poseer y reconocerse a sí mismo como autor de aquello que pueda hacer o provocar quien así representa a su persona, en aquellas cosas que conciernen a la paz y la seguridad común, y someter así sus voluntades, una a una, a su voluntad y sus juicios a su juicio. Esto es más que consentimiento o concordia; es una verdadera unidad de todos ellos en una única e idéntica persona hecha por pacto de cada hombre con cada hombre, como si todo hombre debiera decir a todo hombre: autorizo y abandono el derecho a gobernarme a mí mismo, a este hombre, o a esta asamblea de hombres, con la condición de que tú abandones tu derecho a ello y autorices todas sus acciones de manera semejante. Hecho esto, la multitud así

---

[6] DESCOTTE, M. L.. Thomas Hobbes: "Antropología y Política en el Leviatán", op. cit, p.16.

unida en una persona se llama REPÚBLICA, en latín CIVITAS. Esta es la generación de ese gran *Leviatan* o más bien (para hablar con mayor reverencia) de ese dios mortal a quien debemos, bajo el Dios inmortal, nuestra paz y defensa. Pues mediante esta autoridad, concedida por cada individuo en particular en la república, administra tanto poder y fuerza que por terror a ello resulta capacitado para formar las voluntades de todos en el propósito de paz en casa y mutua ayuda contra los enemigos del exterior. Y en él consiste la esencia de la república que (por definirla) es una persona cuyos actos ha asumido como autora una gran multitud, por pactos mutuos de unos con otros, a los fines de que pueda usar la fuerza y los medios de todos ellos, según considere oportuno, para la paz y defensa común...[7]

Embora pareça irônico, o pai do absolutismo reúne o que eu chamaria de as bases teóricas de uma democracia que tem a liberdade individual como eixo central. Mas, indiscutivelmente, não podemos a estudar sem separá-la das circunstâncias e do momento em que surge a obra de Thomas Hobbes. Mas o que a democracia significa para a humanidade? Por que a representatividade e o poder popular são tão importantes? Que diferença encontramos entre os postulados hobbesianos e aqueles construídos após a Revolução Francesa? A criação do poder político é realmente algo natural ou simplesmente o resultado da ação conveniente do homem?

O estudo de Hobbes nos mostra a existência da mais idílica relação entre os súditos e o Estado, a transferência de todos os poderes à cabeça de um homem, ou de um corpo de homens, com o único propósito de lhes trazer paz. No entanto, embora construa o conceito de soberania à cabeça do detentor do poder, este o legitima na vontade manifesta de seu próprio povo. Todavia, é indiscutível que a construção do conceito de Estado de Hobbes, no detentor do poder, enfrenta praticamente um ente sobre-humano com grandes capacidades, superprotetor, pois é precisamente a segurança o elemento que o mantém no uso do poder. De tal forma que o monarca que não atender às necessidades de seu povo perderá toda sua credibilidade e confiança e, portanto, terá revogado tal poder[8].

Essa nova concepção do Estado moderno, do Estado-nação, a partir da formalização do Tratado de Vestefália (1648), e que deu origem à criação de organizações territoriais, influenciou de forma importante o processo evolutivo do conceito de Estado.

---

[7] Ibidem, p. 20-21.
[8] MARTÍN RUÍZ, José María. ¿Democracia Liberal o Absolutismo en Hobbes?, Baética. Estudios de Arte, Geografía e Historia, 14, 1992, Facultad de Filosofía y Letras, p. 239-251.

Assim, as ideias dos pensadores que surgiram após o Tratado de Vestefália são amplamente marcadas por esse importante fato, que definiu a história da humanidade, mas que deu origem ao nascimento do direito internacional. Escusado será mencionar alguns deles. Não à toa Jean Jacques Rousseau foi reconhecido como um dos precursores do movimento revolucionário francês que, em seu trabalho *Du Contrat Social* (1762), ao se referir à democracia, destacava o seguinte:

> La democracia, tomando esta palabra es su mas estricta significación, no ha existido jamás ni existirá nunca; pues va contra el orden natural de las cosas que el número mayor gobierne y el menor sea gobernado. No puede concebirse que el pueblo se halle incesantemente reunido en asamblea para ocuparse en los asuntos públicos; pero se comprende fácilmente que no se podrían establecer para esto comisiones sin que la forma de administración cambiara. En efecto, creo poder establecer en principio que, cuando las funciones del gobierno están divididas entre distintos poderes, los menos numerosos adquieren, tarde o temprano, la mayor autoridad.
>
> Además, ¡Cuántas cosas, difícil de ver reunidas, no supone este gobierno! **En primer lugar**, un Estado muy pequeño, en que el pueblo se reúna fácilmente y en que cada ciudadano pueda del mismo modo conocer a todos los demás; **en segundo lugar**, una gran sencillez de costumbres, que evita multitud de cuestiones y de discusiones espinosas; **después, mucha igualdad en las clases y en las fortunas**, sin lo cual la igualdad no podría subsistir mucho tiempo en los derechos y en la autoridad, y, en fin, poco lujo o ninguno, pues o **el lujo** es efecto de las riquezas o las hace necesarias; **corrompe a la vez al rico y al pobre**, al uno por la posesión, al otro por la codicia; vende la patria a la molicie, a la vanidad; resta ciudadanos al Estado, porque se esclavizan los unos a los otros, **y todos a la opinión.**
>
> He aquí por qué ha considerado un autor famoso (se refiere a Montesquieu, en El Espíritu de las Leyes), la virtud como principio de la república, pues ninguna de estas condiciones podría subsistir sin **la virtud**; pero, por no haber hecho las distinciones necesarias, el aludido genio no ha sido siempre suficientemente justo ni claro, ni ha visto que, siendo la autoridad soberana la misma por todas partes, en todo Estado bien constituido debe haber tenido como base idéntico principio, poco más o menos, según la forma de gobierno.
>
> Añadamos que no hay gobierno tan sujeto a las guerras civiles y a las agitaciones intensivas como el **democrático o popular,** porque ninguno de ellos tiende, como éste, tan continua y vigorosamente a cambiar de forma; **ni lo hay que exija más vigilancia y valor para**

> ser mantenido en la suya. **Con esta clase de gobierno debe el ciudadano armarse de fuerza y de constancia**, y decir todos los días de su vida, desde el fondo de su corazón, lo que decía un virtuoso palaciego en la Dieta de Polonia: Malo periculosam libertatem quam quietum servitium.
>
> Si hubiese un pueblo de Dios se gobernaría democráticamente. Un gobierno tan perfecto no es propio de hombres.[9]

Assim, mais do que uma crítica à instituição da democracia, vemos que, por meio de uma simples e grande capacidade de análise, Rousseau constrói o "ABC da democracia", as regras para alcançá-la. Em 1762, o pensador fez uma radiografia do conceito teórico de democracia, sob um novo modelo de Estado, separando-se do idealismo de Hobbes e, sob uma crueza extrema, negou a possibilidade de que tanta perfeição pudesse ser desenvolvida pelos homens.

As ideias de Rousseau deram origem a uma divergência de pensamento com outro grande precursor da Revolução, Voltaire, já que este último estava convencido de que o conhecimento e a civilização poderiam formar e aperfeiçoar o homem. O que é inegável é que as ideias de Rousseau introduziram na Revolução Francesa a necessidade de limitar o crescimento da brecha de classes, que foi largamente fomentada pelo uso do poder de forma incorreta, em detrimento dos desprotegidos, bem como um conceito de soberania que se tornou a bandeira da Revolução: "Digo, por lo tanto, que la soberanía, no siendo sino el ejercicio de la voluntad general, no puede nunca enajenarse, y que el soberano, que no es sino un ser colectivo, no puede ser representado sino por sí mismo; el poder puede transmitirse, pero nunca la voluntad".[10]

Curiosamente, suas próprias ideias não eram tão diferentes daquelas anteriormente expressas por Hobbes, muitos anos antes. A legitimidade para exercer o poder se perde na medida em que o detentor do poder perde a vontade do povo.

Provavelmente, os ideais introduzidos pelo Iluminismo forjaram uma visão quase perfeita entre quem assume o poder e os governados. Junto com o surgimento de um novo conceito de Estado, ele deu a entender ao coletivo francês que a Revolução trouxe o início da democracia na França. No entanto, isto é realmente correto? Nesse sentido, o autor Isidro Vanegas Useche, aponta o seguinte sobre a Revolução Francesa.

---

[9] ROUSSEAU, Jean Jacques. *El Contrato Social*. Madrid: Mestas Ediciones, 2010. p. 82-83.
[10] Ibidem, p. 40.

La actual historiografía francesa supone que la Revolución instaura en Francia el régimen democrático. Bien sea, de un lado, la historiografía centrada en torno al concepto de cultura política o la que procura una reelaboración del marxismo; bien sea, de otro lado, la historiografía que se inspira en la obra pionera de François Furet, la cual se orienta hacia una elaboración mas conceptual o filosófica; una y otra coinciden en datar en la Revolución el comienzo de la democracia francesa. Esa certeza no es impugnada por el hecho de que durante gran parte del XIX el poder no fue ejercido allí como resultado de una competencia regulada. La república apenas cobro vida un par de veces en forma de cortos paréntesis entre tres monarquías constitucionales y dos regímenes imperiales, antes que hacia la década de 1870 (la III República) tuviera lugar el decantamiento de la democracia desde un punto de vista institucional. La comprensión de la historia francesa contemporánea como historia de la democracia circunscribe entonces a los académicos a una intervención intelectual en la que incluso las exigencias más drásticas al régimen de la soberanía popular pueden vivificarlo.[11]

Materialmente, a Revolução Francesa não foi senão o desenvolvimento da democracia de Platão[12], quando se abre a possibilidade de a classe burguesa tomar o lugar que ostentava a nobreza e, consequentemente, continuar a subjugar os menos privilegiados. Na prática, não houve tal igualdade e as bases do capitalismo industrial foram lançadas.

É interessante, nesse ponto, entender a origem da democracia na América Latina, e se realmente criarmos nosso próprio conceito de democracia, longe da dogmática, e apropriado às necessidades e circunstâncias que exigiam seu entorno. Nesse sentido, Vanegas Useche, ao estudar a democracia na

---

[11] VANEGAS USECHE, Isidro. Todas Son Iguales, Estudios sobre la Democracia en Colombia. Universidad Externado de Colombia, 2011, Colombia, p. 17.

[12] VERNAZZA, Diego. El Concepto de "Hombre Democrático" en Platón, Tocqueville y Nietzsche. *Nómadas. Revista Crítica de Ciencias Sociales y Jurídicas*, Euro-Mediterranean University Institute, Roma, Itália, 2012. Disponível em: http://dx.doi.org/10.5209/rev_NOMA.2012.v36.n4.42321, cit., p. 4, "La democracia nace cuando los pobres, después de haber obtenido la victoria sobre los ricos, matan a unos, destierran a otros, y comparten con los que quedan el gobierno y los cargos públicos, distribución que por lo común suele echarse a la suerte en este sistema político".
El régimen de la igualdad nace de una revolución en el seno de la oligarquía, de una puesta en cuestión, práctica, radical, del falso principio que la funda. Platón hace notar en seguida que esa igualdad que instala la democracia es el resultado, en muchos aspectos, de la situación oligárquica que la precede: el hombre democrático busca distribuir de manera igualitaria aquello que desea y practica el hombre oligárquico. En este sentido, la democracia aparece en la República como un régimen basado en la realización igualitaria de deseos propiamente oligárquicos –deseo de riquezas y de los placeres sensibles que estas permiten".

Colômbia, aponta o seguinte: "Como lo podemos entrever en Samper y Arboleda, la manera como los intelectuales colombianos del Siglo XIX pensaron la democracia difiere considerablemente de la perspectiva prevaleciente en las ciencias sociales de la segunda mitad del siglo XX, en las que la política pasó a ser solo un segmento, con frecuencia subordinado, de la realidad social"[13].

Provavelmente, a construção de um governo representativo, com base democrática, adaptado e criado para as necessidades e circunstâncias de nossos povos na América Latina, foi o resultado de uma necessidade da classe política do momento, que viu nesse modelo de governo adaptado para a América Latina a possibilidade de controlar melhor a grande diversidade de pessoas que encontramos em nossos territórios e que, de alguma forma, estes se sentiram refletidos na forma de governo e, portanto, mostraram sua conformidade.

Não foi em vão que Simón Bolívar expressou sua preocupação com os governos populares, salientando Vanegas Useche que, "[p]ara Bolívar, pues, la república era un horizonte al que se llegaría, no un punto de partida, y según su punto de vista al comienzo de ese largo trayecto se requería un gobierno sencillo, concentrado, rápido, eficaz antes que una 'confederación, lánguida, e insubsistente'. Su pensamiento sobre esta cuestión tendrá una gran continuidad a través de los años, como lo vemos en la "carta de Jamaica" de septiembre de 1815, donde vuelve a expresar sus temores en términos casi idénticos. Allí vuelve a expresar su temor que 'los sistemas enteramente populares', como el de Estados Unidos, conduzcan a la ruina mientras sus compatriotas 'no adquieran los talentos y las virtudes políticas' que distingan a los norteamericanos".[14]

O fato é que esse costume dos povos da América Latina, de criar adaptações a serem implementadas em nossas sociedades, pela simples razão de que, segundo a época, representaram modelos de sucesso, como no caso dos Estados Unidos e da França, constitui o primeiro ponto de ruptura que marcou o norte de nossa democracia. Como assinalado por Bolívar, a implementação do modelo representativo, como o considerava Rousseau, implica a necessidade de um povo maduro, com certas habilidades, e a existência de uma classe que aspira ao poder, e que, por sua vez, tem as habilidades necessárias para liderar um país, tal qual expunha Sócrates[15].

---

[13] VANEGAS USECHE, Isidro. Op. cit. p. 21.
[14] Ibidem, 126 y 27.
[15] POPPER, Karl R. La Sociedad Abierta y sus enemigos, Paidos, 2008, cit, p. 148. "Si alguna vez pidió Sócrates que los hombres de estado fueran filósofos, sólo pudo haber querido decir que, dada la excesiva carga de responsabilidad que sobre ellos pesa, deben amar la verdad sobre todas las cosas y ser conscientes de sus propias limitaciones".

Ao contrário da aristocracia do talento proposta por Platão, Sócrates acreditava firmemente na capacidade intelectual do ser humano e na importância de cultivá-la, independentemente do fato de esse conhecimento não ter sido adquirido previamente de maneira formal, ou de procedermos de um ambiente social que nos tenha dotado de uma instrução importante. A verdade é que aquele que assume o poder deve ser suficientemente humilde, segundo o pensamento socrático, para não se considerar sábio, e para ter em mente que lidar com as rédeas e o destino dos outros implica uma preparação constante e a necessidade de formação permanente.

Qualidades que Bolívar não identificava, na época, entre seus colegas. Posteriormente, é interessante destacar a influência que tiveram os movimentos sociais do início do século XX na América Latina, que buscaram criar um equilíbrio que permitisse uma integração real na comunidade, baseada no trabalho árduo de todos os setores, focalizada na importância de construir uma sociedade entre aqueles que a formavam.

Agora, é indiscutível que essa concepção social, que surgiu mais notavelmente no início do século XX, deve-se em grande parte a uma mudança no conceito ou modelo de Estado que surge com a Declaração de Independência dos Estados Unidos (1776) e a Revolução Francesa (1789), que deram uma categoria diferente ao cidadão e reconheceram seus direitos. A partir daí, iniciou-se um processo de melhoria contínua e, nos países de corte romanista, o nascimento de normas de direito público, que regulavam com clareza a relação entre os administrados e o Estado[16].

O século XIX foi especialmente importante na América Latina, pois se abriu, na maioria dos países da região, a possibilidade de exercício universal do voto. Sabemos que isto não foi um simples fato, mas precisamente a influência que em grande medida tiveram as lutas sociais do final do século XIX e início do século XX, que buscaram reivindicar os direitos reconhecidos nos principais movimentos revolucionários ao redor do mundo.

Portanto, é indiscutível afirmar que o processo democrático que permeou os primeiros anos da América Latina no final do século XIX e início do século XX não foi precisamente o mais puro, mas o resultado de decisões de conveniência, daqueles que na época exerciam a representação de seus governos. É precisamente aí, como destaquei, que surge o ponto de ruptura que marcou a construção democrática em nossos países.

---

[16] SANTOFIMIO GAMBOA, Jaime Orlando. *Compendio de Derecho Administrativo*. Universidad Externado de Colombia, 2017, Colombia, p. 59.

De acordo com dados coletados pelo índice de democracia eleitoral, na América Latina, progressos significativos na democracia começaram a se construir entre 1977 e 1985[17]. Assim, vemos, indiscutivelmente, uma consolidação desse sistema de governo nessa região, onde o povo como um todo o reconhece como uma forma idônea de governo. Entretanto, não deixa de ser uma missão formal da governança dos países. Pois embora os cidadãos reconheçam os benefícios de uma vida em democracia, materialmente, é muito pouco o que eles podem receber dela. Um exemplo disso é o Relatório de Desenvolvimento Humano 2019, recentemente apresentado pelo Programa das Nações Unidas para o Desenvolvimento (PNUD), que destaca o problema da desigualdade no mundo, mas principalmente nos países da América Latina[18].

É verdade que, nessa busca constante de melhoria, ao longo dos anos, a humanidade tem adquirido um crescimento substancial em seus modos de vida. Entretanto, como todo processo evolutivo, à medida que os direitos são alcançados, outros surgem. Dessa forma, vemos que, nessa nova sociedade do século XXI, século do conhecimento, da informação, da tecnologia, a necessidade de estar conectado é reconhecida como um direito primário, que muitas vezes não pode ser exercido, precisamente, por causa daquelas diferenças tão marcantes que, ainda hoje, estão presentes em nossa sociedade.

A esse respeito, o Relatório recentemente publicado pelo PNUD destaca que:

> En el ámbito del desarrollo humano, las desigualdades son más profundas. Piénsese en dos niños nacidos el año 2000, uno en un país con desarrollo humano muy alto y el otro en un país con desarrollo humano bajo. Hoy en día el primero tiene una probabilidad superior al 50% de estar matriculado en la educación superior: en los países con desarrollo humano muy alto, más de la mitad de los jóvenes de 20 años se encuentran cursando estudios superiores. Por el contrario, el segundo tiene una probabilidad muy inferior de estar vivo: alrededor del 17% de los niños nacidos en países con desarrollo humano bajo en 2000 habrán muerto antes de cumplir los 20 años, frente a tan solo el 1% de los nacidos en países con desarrollo humano muy alto.

---

[17] BONOMETTI, Petra; RUIZ, Susana. *La Democracia en América Latina y la Constante Amenaza de la Desigualdad,* Andamios, Volumen 7, número 13, mayo-ago. 2010, p. 13-14.
[18] Programa de las Naciones Unidas para el Desarrollo (PNUD). Panorama General: Informe sobre Desarrollo Humano 2019. Más Allá del ingreso, más allá de los promedios, más allá del presente: Desigualdades del desarrollo humano en el Siglo XXI. Disponível em: http://hdr.undp.org/sites/default/files/hdr_2019_overview_-_spanish.pdf.

También es poco probable que el segundo muchacho esté realizando estudios superiores: tan solo el 3% de los jóvenes de esta generación lo logra en los países con desarrollo humano bajo. Las trayectorias tan desiguales (y, seguramente, irreversibles) que han seguido ambos niños están condicionadas por circunstancias sobre las que prácticamente no tienen control alguno.[19]

Essa desigualdade constitui precisamente o "calcanhar de Aquiles" de qualquer democracia, e assim o reconhecia Tocqueville, quando apontava que este era o principal problema da democracia na América, e que era fundamental focalizar, por razões políticas, sociológicas e filosóficas, o pensamento sobre a necessidade de igualar as condições sociais[20].

Os governos estão levando muito tempo para resolver as desigualdades básicas, de modo que, muito em breve, estaremos alcançando novas desigualdades; o século XXI traz consigo novos desafios, entre eles a mudança climática e a revolução tecnológica. Embora em alguns países em desenvolvimento possa haver a percepção de que se está muito melhor do que antes, isto em grande parte é influenciado pelo fato de que os indicadores de progresso estão concentrados no produto interno bruto. Portanto, para enfrentar as realidades, e é isso que o Programa das Nações Unidas para o Desenvolvimento afirmou, deve trabalhar-se com outros tipos de indicadores que permitam medir de forma real as diferenças e as grandes limitações que nossos países apresentam[21].

Atualmente, não ter acesso a um sistema de saúde de qualidade e a uma educação de alto padrão e pública abre uma brecha muito importante

---

[19] Idem, p. 2.
[20] DE TOCQUEVILLE, Alexis. *La Democracia en América*. Ediciones Akal, S.A., 2007. p. 771-772.
[21] Programa de las Naciones Unidas para el Desarrollo (PNUD). Panorama General: Informe sobre Desarrollo Humano 2019, ob. cit, cit, p. 4, "**En cuarto lugar, la evaluación de las desigualdades del desarrollo humano requiere una revolución en lo que atañe a su medición.** Las buenas políticas empiezan por mediciones adecuadas, y una nueva generación de desigualdades exige una nueva generación de herramientas de medida. Es necesario disponer de conceptos más claros vinculados a los desafíos de la época actual, combinaciones más amplias de fuentes de datos y herramientas analíticas más precisas. Los trabajos innovadores en curso sugieren que en muchos países los ingresos y la riqueza se pueden **estar acumulando en el extremo superior de la distribución.** Además, dicha acumulación se está produciendo a un ritmo muy superior al que sugieren las medidas sintéticas de la desigualdad. Una mayor sistematización y generalización de este tipo de iniciativas puede servir para aportar información de mayor calidad a los debates y las políticas públicas. Puede parecer que la medición no es un aspecto prioritario, **hasta que se tiene en cuenta el peso que han representado esos parámetros, como el producto interno bruto, desde su creación en la primera mitad del siglo XX**".

entre os cidadãos, e percentualmente os condena a uma vida muito semelhante àquela que viveram seus pais. Esta é uma indicação clara de que os sistemas democráticos na América Latina apresentam grandes deficiências, uma vez que não foram capazes de ser devidamente implementados nos diversos sistemas de governo. É importante, se não fundamental, que as classes menos privilegiadas tenham a mesma participação na governança que as que detêm o poder econômico, e que possam, assim, participar ativamente na construção das políticas públicas.

Este é, precisamente, um elemento crucial, já que a ausência de participação democrática na construção de políticas públicas é o terreno fértil para a manutenção a longo prazo de sociedades desiguais, favorecendo as condições daqueles que podem participar na sua estruturação.

Portanto, é vital que os países procurem concentrar seus esforços em alcançar um alto desenvolvimento humano que garanta uma participação genuína na sociedade.

Hoje, em meio à pandemia da Covid-19 que o mundo vive, além das repercussões econômicas a que essa grande crise nos submete[22], essas debilidades apresentadas pelos países da região afloraram de forma importante, expondo os dois setores mais sensíveis da sociedade: saúde e educação.

Por um lado, veio à tona o esquecimento e a pouca importância que damos ao sistema de saúde pública, o que envolve a necessidade de contar com hospitais de alta capacidade, com tecnologia de ponta, com pessoal qualificado, e, portanto, a necessidade de investir uma porcentagem maior do produto interno bruto de nossos países nesse setor. Além da necessidade de direcionar grandes quantias de dinheiro para a pesquisa científica, que deve ter como objetivo encontrar curas para doenças e, assim, preservar a qualidade de vida dos cidadãos e garantir a produtividade da classe trabalhadora e empreendedora e, portanto, daqueles que serão a renovação geracional. Da mesma forma, testemunhamos também a lacuna significativa que existe entre os estudantes da educação pública e aqueles que estudam em instituições privadas; mas, pior ainda, observamos como famílias de classe média fazem esforços sobre-humanos para tentar que seus filhos alcancem uma educação de qualidade, mesmo às custas de sua própria qualidade de vida como um núcleo social. Lamentavelmente, esta é a realidade de nossos países, mesmo daqueles que são considerados economias emergentes;

---

[22] Hevia, Contantino y Neumeyer, Andy, *Un Marco Conceptual para analizar el impacto económico del Covid-19, y sus repercusiones en las políticas*, Universidad Torcuato Di Tella, PNUD América Latina y el Caribe, Covid-19, Série de Documentos de Políticas Públicas, 20 de marzo de 2020.

portanto, vemos que muito pouco mudou desde aqueles movimentos libertadores da Grande Colômbia de Bolívar.

Entretanto, creio importante que todo cidadão que teve de nascer e crescer na América Latina deva se perguntar: o que posso fazer pelo meu país? Como posso contribuir para minha sociedade? Como posso ajudar a construir meu país? Os desafios apresentados pelo século XXI são cada vez mais decisivos, temos cidadãos que estão mais conscientes de seus direitos. No entanto, eles ainda têm as mesmas dificuldades para alcançá-los de 30 anos atrás. Portanto, diante de uma governança cada vez mais complexa, salta à vista que é indiscutível afirmar que a construção da sociedade não é apenas responsabilidade dos governos, mas de todos.

Mas, para contribuir, para ajudar a construir uma sociedade, devemos nos preparar, não apenas academicamente, mas integralmente e assumir ese desafio como uma responsabilidade social. Preparar-nos como indivíduos, como pais, para incutir em nossos filhos, que todo ser humano veio ao mundo para fazer transformações positivas, para ajudar a desenvolver um ambiente cada vez melhor.

3. CONTRIBUIÇÕES E PAPEL DA MULHER NA CONSTRUÇÃO DA DEMOCRACIA DO SÉCULO XXI

Na *República* de Platão (390 a.C. a 370 a.C.), podemos encontrar um extrato do diálogo entre Sócrates e Glauco, que nos remete à essência da história do pensamento, mas que por sua vez revela como tais filósofos não encontraram grandes diferenças ou limitações que poderiam surgir a partir do gênero. Esse diálogo é especialmente importante quando sabemos que a Grécia Antiga era considerada uma sociedade misógina. Portanto, podemos ressaltar que a partir deste trabalho é introduzida uma mudança conceitual em relação à mulher e seu papel na sociedade.

> Por lo tanto, querido amigo, no existe en el regimiento de la ciudad ninguna ocupación que sea propia de la mujer como tal mujer no del varón como tal varón, sino que las dotes naturales están diseminadas indistintamente en uno y otros seres, de modo que la mujer tiene acceso por su naturaleza a todas las labores y el hombre también a todas; únicamente que la mujer es en todo más débil que el varón[23].

---

[23] PLATÓN. *La República*. p. 175. Versión para Kindle Cloud Reader.

Isto explica como podemos encontrar na história antiga a participação ativa de mulheres que faziam parte da elite do conhecimento, como aquelas que integravam a Escola Neoplatônica, uma delas a famosa "Hipátia de Alexandria"[24]. Embora seja inquestionável que, após a obra de Platão, surgiram fortes críticas à visão igualitária da sociedade por ele exposta, uma das quais a do próprio Aristóteles em *Política* (1.260 a.C.)[25].

O ponto central que pretendo destacar da obra de Platão é que, em suas bases mais sublimes, podemos observar como alguns pensadores gregos não chegaram a identificar diferenças importantes entre o homem e a mulher, que, de seu ponto de vista, não afetavam seu desenvolvimento como membros de uma sociedade ativa e, portanto, envolvia seu exercício na construção dela.

Dessa forma, observamos como a história nos permite confirmar o fato de que as diferenças representam comportamentos aprendidos, pois "el género no es mas que el resultado de las ideas que nuestros padres, familia y amigos tienen en función a lo que se considera es la feminidad y masculinidad, es decir, el mismo esta predeterminado por nuestro entorno social"[26].

Não obstante, esses fatores ambientais constituíram um grande peso ao longo do tempo. Ainda que pudéssemos afirmar claramente que, quanto maior for a participação das pessoas na construção de uma sociedade, maior deve ser o projeto, a verdade é que nem sempre se pensou assim. Dado que quem detém o poder se inspirou em métodos estratégicos, que o levam a ter um maior controle das massas e do pensamento das pessoas. Independentemente da época, a frase "dividir para reinar" (*Divide et impera*), atribuída ao Imperador Júlio César, entre outros, não perdeu sua validade.

Assim, tal como na Grécia Antiga, em que não era permitido às mulheres a participação na política, nem na esfera militar, nem na civil. Aquelas que tinham a possibilidade de fazer parte de uma classe privilegiada demonstraram que não havia nenhuma limitação proveniente de sua biologia e que não lhes permitisse contribuir para a história do pensamento. Também, ao longo dos anos, e após grandes lutas, temos a percepção de que as mulheres

---

[24] MAYOR FERRANDIZ, Teresa María. Hipatia de Alejandría. El ocaso del paganismo. *Revista de Claseshistoria*, publicación digital de Historia y Ciencias Sociales, Artículo n. 406, 15 de diciembre de 2013, ISSN 1989-4988.
[25] DALTÓN PALOMO, Margarita. Mujeres, diosas y musas. El Colegio de México. 1996. La mujer en la política de Aristóteles. Disponível em: https://www.jstor.org/stable/j.ctvhn0ckr.17
[26] CASTILLO ARJONA, Mónica Ivette. *El problema no es el género*, Conferencia en Conmemoración al día internacional de la Mujer en la Procuraduría de la Administración, República de Panamá, 9 de mayo de 2019, p. 2.

obtiveram, em países democráticos, uma posição importante que lhes permitiu se integrar progressivamente na vida política, no sistema judicial, no serviço público, de forma bastante participativa, com uma presença que aumenta a cada dia.

Porém, estudos recentes nos trazem à realidade. O Relatório de Desenvolvimento Humano 2019, elaborado pelo PNUD, destaca o seguinte:

> Las disparidades de género figuran entre las formas de desigualdad más arraigadas en todo el planeta. Dado que estas desventajas afectan a la mitad de la población mundial, la desigualdad de género es uno de los mayores obstáculos a los que se enfrenta el desarrollo humano[27].

Essa forma de desigualdade, bem como a que pode existir com base na casta, etnia ou língua de um determinado indivíduo, embaça nossa falta de humanismo. E, portanto, nos mostra o quão fragmentada se encontra nossa sociedade. Por isso, o importante, com base nessa realidade, é começar a fomentar transformações que permitam gerar mudanças internas nos indivíduos.

Devemos começar a quebrar os ciclos de poder, e essas mudanças só devem ser forjadas a partir de dentro, devemos ensinar a nossos filhos que todos nós, independentemente do gênero, constituímos um elemento vital, para não dizer determinante, na estrutura de qualquer mudança social.

Da mesma forma, devemos ser conscientes de que todos e cada um de nós viemos para cumprir uma missão e, a partir daí, temos que nos preparar e nos educar naquilo que nos apaixona, precisamente para oferecer ao mundo o melhor de nós. As amarras e limitações sempre estiveram em nossas mentes, por isso Simone de Beauvoir destacava, entre suas muitas célebres frases, **"que o opressor não seria tão forte se não tivesse cúmplices entre os próprios oprimidos"**. Portanto, devemos esquecer aquilo que apontava Aristóteles[28], que uma das qualidades de toda mulher era "o silêncio", pois, hoje, é exatamente isso que constitui sua própria perdição.

A partir daí, devemos nos fazer a seguinte pergunta: o que a democracia do século XXI exige? Definitivamente, uma resposta concreta a essa preocupação seria uma mudança em seu modelo teórico.

---

[27] Programa de las Naciones Unidas para el Desarrollo (PNUD). Panorama General: Informe sobre Desarrollo Humano 2019, "Más Allá del ingreso, más allá de los promedios, más allá del presente…", cit., p. 14.
[28] DALTÓN PALOMO, Margarita. "Mujeres, diosas y musas…", cit., p. 367.

Uma mudança no conceito de poder popular, que, embora envolva a participação daqueles líderes comunitários na implementação de transformações sociais. O certo é que hoje em dia a construção de um novo modelo de Estado e de uma sociedade cada vez mais sensível a seus direitos implica necessariamente que a oferta popular seja a daquelas pessoas mais capacitadas e preparadas, que podem proporcionar a todos o tão desejado "bem-estar social".

Em outras palavras, tal como salientava Rousseau, a virtude e a igualdade são elementos-chave de qualquer democracia. No entanto, para poder alcançar um sistema democrático funcional, precisamos preencher aquelas lacunas tão presentes na América Latina e proporcionar a todos, mesmo antes de seu nascimento, os mesmos estímulos e oportunidades. Precisamos de sociedades com um nível de educação muito superior, que lhes permitam construir julgamentos críticos e debates maduros e generalizados, de forma muito mais participativa, de tal forma que gerem verdadeiras transformações e avanços progressivos em nossos países.

A implementação da tecnologia da informação como um instrumento de uma governança efetiva abre o caminho para essa verdadeira participação.

A integração da mulher na sociedade, e seu papel cada vez mais ativo, dependerá em grande parte da pouca ou muita convicção que mães ou pais têm hoje sobre o papel que seus filhos devem desempenhar na sociedade, e na construção desse interesse geral.

Em outras palavras, homens misóginos, ou mulheres sem confiança em si mesmas, nada mais são do que o resultado de núcleos familiares incapazes de transmitir-lhes aqueles valores que Rousseau considerou fundamentais para uma vida em democracia, e cujas condutas só servirão para condenar o destino das gerações futuras ao fracasso.

Esse papel dinamizador que todo cidadão deve desempenhar, e que responde às sociedades pluralistas de hoje, não pode ser construído sobre ideais preconcebidos, deve ser flexível e aberto a realidades cada vez mais mutáveis.

Da mesma forma, as autoridades devem se adaptar aos desafios permanentes e às grandes crises a que a humanidade se vê frequentemente submetida, situação que é particularmente relevante nesses momentos, dada a realidade que estamos vivendo como resultado desta pandemia, que levou os diversos governos a se reinventar diante de um evento que terá grandes repercussões não apenas no âmbito econômico, mas também no social.

Entretanto, nestes momentos, devemos nos concentrar em fazer uma análise daqueles comportamentos que não podemos continuar replicando.

É importante redirecionar nosso modelo de vida e que os governos definam os sistemas econômicos pelos quais devem conduzir seus países. A crise da Covid-19 nos mostrou que a América Latina não pode mais manter duas faces, a daqueles com alto poder aquisitivo e a daqueles esquecidos pelo sistema. Sempre que tivermos que enfrentar novamente situações difíceis, essas condições preexistentes apenas acabarão fragmentando ainda mais uma nação e um povo, e nos afastando de um verdadeiro processo construtivo.

A democracia do século XXI exige uma visão integradora, renovada, consciente das dificuldades de governar um país e da necessidade de moldar um sistema de governo que se construa a partir do mérito e da aptidão. Devemos aspirar que o aqui proposto seja verdadeiramente um reflexo do povo, da sua soberania, mas para isso é necessário que, por meio da família, das escolas e das universidades, seja feito um verdadeiro pacto para a transformação em uma sociedade mais madura, com objetivos claros, que em conjunto busque esse bem comum.

4. CONCLUSÕES

A título de conclusão, podemos destacar as seguintes ideias:

1. A sensibilidade apresentada pela sociedade atual frente a seus direitos exige que se busque um equilíbrio entre democracia representativa e democracia participativa. Esse equilíbrio só pode ser alcançado na medida em que o julgamento crítico coletivo adquira um nível de maturidade que lhe permita escolher candidatos para cargos eleitos popularmente que realmente satisfaçam os requisitos e méritos para administrar os bens públicos, e estar à altura da demanda que a complexa gestão pública implica[29].

2. Essa evolução da sociedade dará, naturalmente, origem a pactos sociais que permitam renovar as cartas políticas de constituição de nossos Estados. Assim, poderemos nos dar a oportunidade de experimentar uma renovação do poder popular, que permita definir claramente o objetivo de nossos países, sob diretrizes científicas, lideradas por tecnocratas, que realmente assegurem o desenvolvimento das nações e o progresso constante de todos os seus cidadãos. Mas sem esquecer que a característica de uma administração pública eficiente, eficaz e transparente será sempre saber ouvir as necessidades e preocupações do povo.

3. Assim, o planejamento se apresenta como ferramenta básica para uma gestão pública eficiente e efetiva. A possibilidade de projetar,

---

[29] HERNÁNDEZ VALLE, Rubén. *De la Democracia Representativa a la Democracia Participativa*. Dialnet, 2002, Anuario Iberoamericano de Justicia Constitucional, p. 199-220.

4. desenvolver e implementar políticas públicas só é alcançada por meio de sua rastreabilidade. E isto só pode ser alcançado por intermédio de processos de planejamento.
4. A participação ativa da sociedade na construção de políticas públicas, e em sua implementação, desempenha um papel preponderante. A aliança estratégica entre os setores público e privado sempre foi um elemento crucial; entretanto, diante dos desafios apresentados pelo século XXI, essa relação constitui não apenas a principal alternativa, mas também a que oferece o cenário mais encorajador.
5. O progresso de um país é responsabilidade de cada homem, mulher, adolescente, menino e menina; de todos os setores, organizações e movimentos sociais. Portanto, é importante empoderar as novas gerações, a fim de que possam alcançar suas metas, sem limitações. Para isso, precisamos evoluir para sociedades mais inclusivas, mais igualitárias.
6. A família, as escolas, as universidades e os governos da América Latina têm grandes desafios a enfrentar, mas também depende de cada indivíduo que eles possam ser alcançados.
7. A mulher, a esposa, a mãe, a filha, a irmã nunca devem ver seu desenvolvimento pessoal como uma limitação para alcançar seu desenvolvimento profissional e intelectual. Aquele não pode representar uma desculpa para as mulheres deixarem de ajudar a construir e contribuir, isto é, para gerar mudanças importantes em nosso ambiente social. A dependência da mulher não está intimamente ligada a suas necessidades econômicas e afetivas; ela é fortalecida por suas próprias amarras mentais. Isto significa que alcançaremos a verdadeira independência na medida em que nos despojemos dessas amarras, a fim de nos abrirmos a uma sociedade mais igualitária.

REFERÊNCIAS

BEAUVOIR, Simone. *El Segundo Sexo*. Ediciones Cátedra Universitat de Valéncia, 2019.

DESCOTTE, M. L. Thomas Hobbes: "Antropología y Política en el Leviatán". *Revista de la Universidad de Mendoza*.

DOMINGUEZ GONZALEZ, D. J. Los Poderes Feudales. Las maneras de extracción del excedente en la economía medieval. Universidad Autónoma de Madrid. *Nómadas Revista Crítica de Ciencias Sociales y Jurídicas*. 2008. Publicación Electrónica de la Universidad Complutense. Disponível em: https://www.redalyc.org/pdf/181/18100125.pdf.

MARTÍN RUÍZ, José María. ¿Democracia Liberal o Absolutismo en Hobbes?, Baética. Estudios de Arte, Geografía e Historia, 14, 1992, Facultad de Filosofía y Letras.

ROUSSEAU, Jean Jacques. *El Contrato Social*. Madrid: Mestas Ediciones, 2010.

VANEGAS USECHE, Isidro. Todas Son Iguales. *Estudios sobre la Democracia en Colombia*. Colombia: Universidad Externado de Colombia, 2011.

VERNAZZA, Diego. El Concepto de "Hombre Democrático" en Platón, Tocqueville y Nietzche. Nómadas. *Revista Crítica de Ciencias Sociales y Jurídicas*, Euro-Mediterranean University Institute, Roma, Italia,2012. Popper, Karl R. La Sociedad Abierta y sus enemigos, Paidos, 2008. Disponível em: http://dx.doi.org/10.5209/rev_NOMA.2012.v36.n4.42321.

SANTOFIMIO GAMBOA, Jaime Orlando. *Compendio de Derecho Administrativo*. Universidad Externado de Colombia, 2017.

BONOMETTI, Petra; RUIZ, Susana. La Democracia en América Latina y la Constante Amenaza de la Desigualdad, Andamios, Volumen 7, número 13, mayo-agosto de 2010.

Programa de las Naciones Unidas para el Desarrollo (PNUD). Panorama General: Informe sobre Desarrollo Humano 2019. Más Allá del ingreso, más allá de los promedios, más allá del presente: Desigualdades del desarrollo humano en el Siglo XXI. Disponível em: http://hdr.undp.org/sites/default/files/hdr_2019_overview_-_spanish.pdf.

DE TOCQUEVILLE, Alexis. La Democracia en América. Ediciones Akal, S.A., 2007, España.

Hevia, Contantino y Neumeyer, Andy, *Un Marco Conceptual para analizar el impacto económico del Covid-19, y sus repercusiones en las políticas*, Universidad Torcuato Di Tella, PNUD América Latina y el Caribe, Covid-19, Serie de Documentos de Políticas Públicas, 20 de marzo de 2020.

PLATÓN. *La República*. Versión para Kindle Cloud Reader.

MAYOR FERRANDIZ, Teresa María. Hipatia de Alejandría. El ocaso del paganismo. *Revista de Claseshistoria*, publicación digital de Historia y Ciencias Sociales, Artículo n. 406, 15 de diciembre de 2013.

DALTÓN PALOMO, Margarita. Mujeres, diosas y musas. El Colegio de México. 1996. La mujer en la política de Aristóteles. Disponível em: https://www.jstor.org/stable/j.ctvhn0ckr.17.

CASTILLO ARJONA, Mónica Ivette. *El problema no es el género*, Conferencia en Conmemoración al día internacional de la Mujer en la Procuraduría de la Administración, República de Panamá, 9 de mayo de 2019.

HERNÁNDEZ VALLE, Rubén. *De la Democracia Representativa a la Democracia Participativa*. Dialnet, 2002, Anuario Iberoamericano de Justicia Constitucional.